『十三五』国家重点图书出版规划项目
教育部人文社会科学重点研究基地兰州大学敦煌学研究所项目
教育部哲学社会科学创新团队『敦煌西域研究创新团队』

敦煌与丝绸之路研究丛书

郑炳林　主编

# 敦煌写本时日宜忌文书研究

宁　宇——著

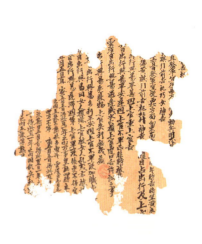

甘肃文化出版社

甘肃·兰州

**图书在版编目（ＣＩＰ）数据**

敦煌写本时日宜忌文书研究 ／ 宁宇著. -- 兰州 ：
甘肃文化出版社，2024. 12. -- （敦煌与丝绸之路研究丛
书 ／ 郑炳林主编）. -- ISBN 978-7-5490-3043-9

Ⅰ. K870.6；K892

中国国家版本馆CIP数据核字第2024FH0381号

# 敦煌写本时日宜忌文书研究
DUNHUANG XIEBEN SHIRI YIJI WENSHU YANJIU

宁　宇丨著

策　　划丨郧军涛
项目负责丨甄惠娟
责任编辑丨张　婧
封面设计丨马吉庆

出版发行丨甘肃文化出版社
网　　址丨http://www.gswenhua.cn
投稿邮箱丨gswenhuapress@163.com
地　　址丨兰州市城关区曹家巷1号丨730030（邮编）

营销中心丨贾　莉　王　俊
电　　话丨0931-2131306

印　　刷丨天津睿和印艺科技有限公司
开　　本丨787毫米×1092毫米　1/16
字　　数丨310千
印　　张丨28.25
版　　次丨2024年12月第1版
印　　次丨2024年12月第1次
书　　号丨ISBN 978-7-5490-3043-9
定　　价丨118.00元

兰州大学人文社会科学类高水平著作出版经费资助

国家科技支撑计划国家文化科技创新工程项目"丝绸之路文化主题创意关键技术研究"
（项目编号：2013BAH40F01)

教育部人文社会科学重点研究基地重大项目"俄藏敦煌文献分类整理与研究"
（项目编号：22JJD770065）

甘肃省哲学社会科学规划重点委托项目"敦煌学学科体系构建研究"
（项目编号：2023ZDWY04）

# 总　序

　　丝绸之路是东西方文明之间碰撞、交融、接纳的通道，丝绸之路沿线产生了很多大大小小的文明，丝绸之路文明是这些文明的总汇。敦煌是丝绸之路上的一颗明珠，它是丝绸之路文明最高水平的体现，敦煌的出现是丝绸之路开通的结果，而丝绸之路的发展结晶又在敦煌得到了充分的体现。

　　敦煌学，是一门以敦煌文献和敦煌石窟为研究对象的学科，由于敦煌学的外缘和内涵并不清楚，学术界至今仍然有相当一部分学者否认它的存在。有的学者根据敦煌学研究的进度和现状，将敦煌学分为狭义的敦煌学和广义的敦煌学。所谓狭义的敦煌学也称之为纯粹的敦煌学，即以敦煌藏经洞出土文献和敦煌石窟为研究对象的学术研究。而广义的敦煌学是以敦煌出土文献为主，包括敦煌汉简，及其相邻地区出土文献，如吐鲁番文书、黑水城出土文书为研究对象的文献研究；以敦煌石窟为主，包括河西石窟群、炳灵寺麦积山陇中石窟群、南北石窟为主的陇东石窟群等丝绸之路石窟群，以及关中石窟、龙门、云冈、大足等中原石窟，高昌石窟、龟兹石窟以及中亚印度石窟的石窟艺术与石窟考古研究；以敦煌历史地理为主，包括河西西域地区的历史地理研究，以及中古时期中外关系史研究等。严格意义上说，凡利用敦煌文献和敦煌石窟及其相关资料进行的一切学术研究，都可以纳入敦煌学研究的范畴。

　　敦煌学是随着敦煌文献的发现而兴起的一门学科，敦煌文献经斯坦因、伯希和、奥登堡、大谷探险队等先后劫掠，王道士及敦煌乡绅等人为流散，现分别收藏于英国、法国、俄罗斯、日本、瑞典、丹麦、印度、韩国、美国等国家博物馆和图书馆中，因此作为研究敦煌文献的敦煌学一开始兴起就是一门国际性的学术研究学科。留存中国的敦煌文献除了国家图书馆之外，还有十余省份的图书馆、博物馆、档案馆都收藏有敦煌文献，其次台北图书馆、台北"故宫博物院"、台湾"中央研究院"及香港也收藏有敦煌文献，敦煌文献的具体数量没有一个准确的数字，估计在五万卷号左右。敦煌学的研究随着敦煌文献的流散开始兴起，敦煌学一词随着敦煌学研究开始在学术界使用。

敦煌学的研究一般认为是从甘肃学政叶昌炽开始，这是中国学者的一般看法。而20世纪的敦煌学的发展，中国学者将其分为三个阶段：1949年前为敦煌学发展初期，主要是刊布敦煌文献资料；1979年中国敦煌吐鲁番学会成立之前，敦煌学研究停滞不前；1979年之后，由于中国敦煌吐鲁番学会的成立，中国学术界有计划地进行敦煌学研究，也是敦煌学发展最快、成绩最大的阶段。目前随着国家"一带一路"倡议的提出，作为丝路明珠的敦煌必将焕发出新的光彩。新时期的敦煌学在学术视野、研究内容拓展、学科交叉、研究方法和人才培养等诸多方面都有了一些进展，我们将之归纳如下：

第一，敦煌文献资料的刊布和研究稳步进行。目前完成了俄藏、英藏、法藏以及甘肃藏、上博藏、天津艺博藏敦煌文献的刊布，展开了敦煌藏文文献的整理研究，再一次掀起了敦煌文献研究的热潮，推动了敦煌学研究的新进展。敦煌文献整理研究上，郝春文的英藏敦煌文献汉文非佛经部分辑录校勘工作的成果已经出版了十五册，尽管敦煌学界对其录文格式提出了不同看法，但不可否认这是敦煌学界水平最高的校勘，对敦煌学的研究起了很大的作用。其次有敦煌经部、史部、子部文献整理和俄藏敦煌文献的整理正在有序进行。专题文献整理研究工作也出现成果，如关于敦煌写本解梦书、相书的整理研究，郑炳林、王晶波在黄正建先生的研究基础上已经有了很大进展，即将整理完成的还有敦煌占卜文献合集、敦煌类书合集等。文献编目工作有了很大进展，编撰《海内外所藏敦煌文献联合总目》也有了初步的可能。施萍婷先生的《敦煌遗书总目索引新编》在王重民先生目录的基础上，增补了许多内容。荣新江的《海外敦煌吐鲁番文献知见录》《英国国家图书馆藏敦煌汉文非佛经文献残卷目录（6981—13624）》为进一步编撰联合总目做了基础性工作。在已有可能全面认识藏经洞所藏敦煌文献的基础上，学术界对藏经洞性质的讨论也趋于理性和全面，基本上认为它是三界寺的藏书库。特别应当引起我们注意的是，甘肃藏敦煌藏文文献的整理研究工作逐渐开展起来，甘肃藏敦煌藏文文献一万余卷，分别收藏于甘肃省图书馆、甘肃省博物馆、酒泉市博物馆、敦煌市博物馆、敦煌研究院等单位，对这些单位收藏的敦煌藏文文献的编目定名工作已经有了一些新的进展，刊布了敦煌市档案局、甘肃省博物馆藏品，即将刊布的有敦煌市博物馆、甘肃省博物馆藏品目录，这些成果会对敦煌学研究产生很大推动作用。在少数民族文献的整理研究上还有杨富学《回鹘文献与回鹘文化》，这一研究成果填补了回鹘历史文化研究的空白，推动了敦煌民族史研究的发展。在敦煌文献的整理研究中有很多新成果和新发现，如唐代著名佛经翻译家义净和尚的《西方记》残卷，就收藏在俄藏敦煌文献中，由此我们可以知道义净和尚在印度巡礼的情况和遗迹；其次对《张议潮处置凉州进表》拼接复原的研究，证实敦煌文献的残缺不但是在流散中形成的，而且在唐五代的收藏中为修补佛经就已经对其进行分割，这个研究引起了日本著名敦煌学家池田温先生的高度重视。应当说敦煌各类文献的整理研究都有类似的发现和研究成果。敦煌学论著的出版出现了一种新的动向，即试图对敦煌学进行总结性的出版计划正在实施，如 2000 年甘肃文化出版社出版的《敦煌学百年文库》、甘肃教育出版社出版的"敦煌学研究"丛书，但都没有达到应有的目的，所以目前还没有一套研究丛书能够反映敦煌学研究的整个进展情况。随着敦煌文献的全部影印刊布和陆续进行的释录工作，将敦煌文献研究与西域出土文献、敦煌汉简、黑水城文献及丝绸之路石窟等有机结合起来，可预知只有进一步拓展敦煌学研究的领域，才能促生标志性的研究成果。

第二，敦煌史地研究成果突出。敦煌文献主要是归义军时期的文献档案，反映当时敦煌政治经济文化宗教状况，因此研究敦煌学首先是对敦煌历史特别是归义军历史的研究。前辈学者围绕这一领域做了大量工作，20世纪的最后二十年间成果很多，如荣新江的《归义军史研究》等。近年来敦煌历史研究围绕归义军史研究推出了一批显著的研究成果。在政治关系方面有冯培红、荣新江关于曹氏归义军族属研究，以往认为曹氏归义军政权是汉族所建，经过他们的详细考证认为曹议金属于敦煌粟特人的后裔，这是目前归义军史研究的最大进展。在敦煌粟特人研究方面，池田温先生认为敦煌地区的粟特人从吐蕃占领之后大部分闯到粟特和回鹘地区，少部分成为寺院的寺户。经过兰州大学各位学者的研究，认为归义军时期敦煌地区的粟特人并没有外迁，还生活在敦煌地区，吐蕃时期属于丝棉部落和行人部落，归义军时期保留有粟特人建立的村庄聚落，祆教赛神非常流行并逐渐成为官府行为，由蕃部落使来集中管理，粟特人与敦煌地区汉族大姓结成婚姻联盟，联合推翻吐蕃统治并建立归义军政权，担任了归义军政权的各级官吏。这一研究成果得到学术界的普遍认同。归义军职官制度是唐代藩镇缩影，归义军职官制度的研究实际上是唐代藩镇个案研究。归义军的妇女和婚姻问题研究交织在一起，归义军政权是在四面六蕃围的情况下建立的一个区域性政权，因此从一开始建立就注意将敦煌各个民族及大姓团结起来，借助的就是婚姻关系，婚姻与归义军政治关系密切，处理好婚姻关系归义军政权发展就顺利，反之就衰落。所以，归义军政权不但通过联姻加强了与粟特人的关系，得到了敦煌粟特人的全力支持，而且用多妻制的方式建立了与各个大姓之间的血缘关系，得到他们的扶持。在敦煌区域经济与历史地理研究上，搞清楚了归义军疆域政区演变以及市场外来商品和交换中的等价物，探讨出晚唐五代敦煌是一个国际性的商业都会城市，商品来自内地及其中亚、南亚和东罗马等地，商人以粟特人为主并有印度、波斯等世界各地的商人，货币以金银和丝绸为主。特别值得我们注意的是棉花种植问题，敦煌与高昌气候条件基本相同，民族成分相近，交往密切，高昌地区从汉代开始种植棉花，但是敦煌到五代

4

时仍没有种植。经研究，晚唐五代敦煌地区已经开始种植棉花，并将棉花作为政府税收的对象加以征收，证实棉花北传路线进展虽然缓慢但并没有停止。归义军佛教史的研究逐渐展开，目前在归义军政权的佛教关系、晚唐五代敦煌佛教教团的清规戒律、科罚制度、藏经状况、发展特点、民间信仰等方面进行多方研究，出产了一批研究成果，得到学术界高度关注。这些研究成果主要体现在《敦煌归义军史专题研究续编》《敦煌归义军史专题研究三编》和《敦煌归义军史专题研究四编》中。如果今后归义军史的研究有新的突破，那么定将主要体现在佛教等研究点上。

第三，丝绸之路也可以称之为艺术之路，景教艺术因景教而传入，中世纪西方艺术风格随着中亚艺术风格一起传入中国，并影响了中古时期中国社会生活的方方面面。中国的汉文化和艺术也流传到西域地区，对西域地区产生巨大影响。如孝道思想和艺术、西王母和伏羲女娲传说和艺术等。通过这条道路，产生于印度的天竺乐和中亚的康国乐、安国乐和新疆地区龟兹乐、疏勒乐、高昌乐等音乐舞蹈也传入中国，迅速在中国传播开来。由外来音乐舞蹈和中国古代清乐融合而产生的西凉乐，成为中古中国乐舞的重要组成部分，推进了中国音乐舞蹈的发展。佛教艺术进入中原之后，形成自己的特色又回传到河西、敦煌及西域地区。丝绸之路上石窟众多，佛教艺术各有特色，著名的有麦积山石窟、北石窟、南石窟、大象山石窟、水帘洞石窟、炳灵寺石窟、天梯山石窟、马蹄寺石窟、金塔寺石窟、文殊山石窟、榆林窟、莫高窟、西千佛洞等。祆教艺术通过粟特人的墓葬石刻表现出来并保留下来，沿着丝绸之路和中原商业城市分布。所以将丝绸之路称之为艺术之路，一点也不为过，更能体现其特色。丝绸之路石窟艺术研究虽已经有近百年的历史，但是制约其发展的因素并没有多大改善，即石窟艺术资料刊布不足，除了敦煌石窟之外，其他石窟艺术资料没有完整系统地刊布，麦积山石窟、炳灵寺石窟、榆林窟等只有一册图版，北石窟、南石窟、拉梢寺石窟、马蹄寺石窟、文殊山石窟等几乎没有一个完整的介绍，所以刊布一个完整系统的图册是学术界迫切需要。敦煌是丝绸之路上的一颗明珠，敦煌石窟在中国石窟和世界石窟上也有着特殊的地位，敦煌石窟艺术是中外文化交融和碰撞的结果。在敦煌佛教艺术中有从西域传入的内容和风格，但更丰富的是从中原地区传入的佛教内容和风格。佛教进入中国之后，在中国化过程中产生很多新的内容，如报恩经经变和报父母恩重经变，以及十王经变图等，是佛教壁画的新增内容。对敦煌石窟进行深入的研究，必将对整个石窟佛教艺术的研究起到推动作用。20世纪敦煌石窟研究的专家特别是敦煌研究院的专家做了大量的工作，特别是在敦煌石窟基本资料的介绍、壁画内容的释读和分类研究等基本研究上，做出很大贡献，成果突出。佛教石窟是由彩塑、壁画和建筑三位一体构成的艺术组合整体，其内容和形式，深受当时、当地的佛教思想、佛教信仰、艺术传统和审美观的影响。过去对壁画内容释读研究较多，但对敦煌石窟整体进行综合研究以及石窟艺术同敦煌文献的结合研究还不够。关于这方面的研究工作，兰州大学敦煌学研究所编辑出版了一套"敦煌与丝绸之路石窟艺术"丛书，比较完整地刊布了这方面的研究成果，目前完成了第一辑20册。

第四，敦煌学研究领域的开拓。敦煌学是一门以地名命名的学科，研究对象以敦煌文献和敦煌壁画为主。随着敦煌学研究的不断深入，敦煌学与相邻研究领域的关系越来越密切，这就要求敦煌学将自身的研究领域不断扩大，以适应敦煌学发展的需要。从敦煌石窟艺术上看，敦煌学研究对象与中古丝绸之路石窟艺术密切相关，血肉相连。敦煌石窟艺术与中原地区石窟如云冈石窟、龙门石窟、大足石窟乃至中亚石窟等关系密切。因此敦煌学要取得新的突破性进展，就要和其他石窟艺术研究有机结合起来。敦煌石窟艺术与中古石窟艺术关系密切，但是研究显然很不平衡，如甘肃地区除了敦煌石窟外，其他石窟研究无论是深度还是广度都还不够，因此这些石窟的研究前景非常好，只要投入一定的人力物力就会取得很大的突破和成果。2000年以来敦煌学界召开了一系列学术会议，这些学术会议集中反映敦煌学界的未来发展趋势，一是石窟艺术研究与敦煌文献研究的有力结合，二是敦煌石窟艺术与其他石窟艺术研究的结合。敦煌学研究与西域史、中外关系史、中古民族关系史、唐史研究存在内在联系，因此敦煌学界在研究敦煌学时，在关注敦煌学新的突破性进展的同时，非常关注相邻学科研究的新进展和新发现。如考古学的新发现，近年来考古学界在西安、太原、固原等地发现很多粟特人墓葬，出土了很多珍贵的文物，对研究粟特人提供了新的资料，也提出了新问题。2004 年、2014 年两次"粟特人在中国"学术研讨会，反映了一个新的学术研究趋势，敦煌学已经形成多学科交叉研究的新局面。目前的丝绸之路研究，就是将敦煌学研究沿着丝绸之路推动到古代文明研究的各个领域，这不仅仅是一个学术视野的拓展，而且是研究领域的拓展。

第五，敦煌学学科建设和人才培养得到新发展。敦煌学的发展关键是人才培养和学科建设，早在 1983 年中国敦煌吐鲁番学会成立初期，老一代敦煌学家季羡林、姜亮夫、唐长孺等就非常注意人才培养问题，在兰州大学和杭州大学举办两期敦煌学讲习班，并在兰州大学设立敦煌学硕士学位点。近年来，敦煌学学科建设得到了充分发展，1998 年兰州大学与敦煌研究院联合共建敦煌学博士学位授权点，1999 年兰州大学与敦煌研究院共建成教育部敦煌学重点研究基地，2003 年人事部博士后科研流动站设立，这些都是敦煌学人才建设中的突破性发展，特别是兰州大学将敦煌学重点研究列入国家 985 计划建设平台——敦煌学创新基地得到国家财政部、教育部和学校的 1000 万经费支持，将在资料建设和学术研究上以国际研究中心为目标进行重建，为敦煌学重点研究基地走向国际创造物质基础。同时国家也在敦煌研究院加大资金和人力投入，经过学术队伍的整合和科研项目带动，敦煌学研究呈现出一个新的发展态势。随着国家资助力度的加大，敦煌学发展的步伐也随之加大。甘肃敦煌学发展逐渐与东部地区研究拉平，部分领域超过东部地区，与国外交流合作不断加强，研究水平不断提高，研究领域逐渐得到拓展。研究生的培养由单一模式向复合型模式过渡，研究生研究领域也由以前的历史文献学逐渐向宗教学、文学、文字学、艺术史等拓展，特别是为国外培养的一批青年敦煌学家也崭露头角，成果显著。我们相信在国家和学校的支持下，敦煌学重点研究基地一定会成为敦煌学的人才培养、学术研究、信息资料和国际交流中心。在 2008 年兰州中国敦煌吐鲁番学会年会上，马世长、徐自强提出在兰州大学建立中国石窟研究基地，虽因各种原因没有实现，但是这个建议是非常有意义的，很有前瞻性。当然敦煌学在学科建设和人才培养中也存在问题，如教材建设就远远跟不上需要，综合培养中缺乏一定的协调。在国家新的"双一流"建设中，敦煌学和民族学牵头的敦煌丝路文明与西北民族社会学科群成功入选，是兰州大学敦煌学研究发展遇到的又一个契机，相信敦煌学在这个机遇中会得到巨大的发展。

第六，敦煌是丝绸之路上的一颗明珠，敦煌与吐鲁番、龟兹、于阗、黑水城一样出土了大量的文物资料，留下了很多文化遗迹，对于我们了解古代丝绸之路文明非常珍贵。在张骞出使西域之前，敦煌就是丝绸之路必经之地，它同河西、罗布泊、昆仑山等因中外交通而名留史籍。汉唐以来敦煌出土简牍、文书，保留下来的石窟和遗迹，是我们研究和揭示古代文明交往的珍贵资料，通过研究我们可以得知丝绸之路上文明交往的轨迹和方式。因此无论从哪个角度分析，敦煌学研究就是丝绸之路文明的研究，而且是丝绸之路文明研究的核心。古代敦煌为中外文化交流做出了巨大的贡献，在今天也必将为"一带一路"的研究做出更大的贡献。

由兰州大学敦煌学研究所资助出版的"敦煌与丝绸之路研究丛书"，囊括了兰州大学敦煌学研究所这个群体二十年来的研究成果，尽管这个群体经历了很多磨难和洗礼，但仍然是敦煌学研究规模最大的群体，也是敦煌学研究成果最多的群体。目前，敦煌学研究所将研究领域往西域中亚与丝绸之路方面拓展，很多成果也展现了这方面的最新研究成果。我们将这些研究成果结集出版，一方面将这个研究群体介绍给学术界，引起学者关注；另一方面这个群体基本上都是我们培养出来的，我们有责任和义务督促他们不断进行研究，力争研究出新的成果，使他们成长为敦煌学界的优秀专家。

# 凡 例

一、英国图书馆藏斯坦因所获文书编号为"S"，法国图书馆藏伯希和所获文书编号为"P"，俄罗斯科学院东方研究所圣彼得堡分所藏敦煌文献编号为"Дx"，北京大学藏敦煌文献编号为"北大D"。

二、国际敦煌项目（简称IDP），是世界各大敦煌西域文献收藏机构合作建设的珍贵文献数字化国际合作项目（网址为http://idp.nlc.cn/），目标是使敦煌及丝绸之路东段其他考古遗址出土的写本、绘画、纺织品以及艺术品的信息与图像能在互联网上自由地获取，并通过教育与研究项目鼓励使用者利用这些资源。

三、录文为保持原貌，以文书原卷每一行为一序列；对原卷残缺部分，用▭表示前缺，▭表示后缺，中间残缺而且不知为几字时用▬表示。

四、录文对原卷难以释读或有残损的字，用□表示，一个□表示缺一字，可以辨认据补的文字用字表示。

五、对原卷的脱文夺字，用 ［ ］ 括入所缺之字。

六、对原卷讹字，用 （ ） 括入正确的字。

七、对于有疑义的字，原字后用 (?) 表示。

八、为研究与印刷方便，除特殊需要外，原卷繁体字、异体字、俗体字统一改为简体字。

# 目　录

## 上　编　敦煌写本时日宜忌文书研究

附 录 敦煌写本时日宜忌文书内容检索

# 绪 论

## 第一节 选题缘起与研究意义

时日宜忌，五代后周的占卜分类中称为"时日"，《古今图书集成》中称为"选择"，陈永正主编的《中国方术大辞典》中称为"择吉"，李零《中国方术正考》中称为"择日""历忌"。时日宜忌类文书，就是用各种方法来辨别时日的吉凶，以判断做事的宜忌的文书。

敦煌时日宜忌类文书自问世以来，无论是受到的关注还是研究的力度，较之其他占卜文书，均明显不足。这首先是因为这一类文书比较繁杂琐碎，人们又往往将其与封建迷信联系在一起，导致研究者不愿涉足。其次，这类文书多出自民间，书写混乱，保存不完善，文书的残缺与文字的难以辨识都为研究带来了很大的困难，加之研究这类文书还需要相对专业的占卜知识，就更增加了研究的难度。

然而，敦煌时日宜忌类文书不仅仅是占文，更是唐五代民俗和社会生活史研究的珍贵资料。《牛津英语大辞典》中对"占卜"（divination）的释义为"通过超自然或巫术的方法预测未来事件或发现隐蔽难解的事物"。我们可以这样理解，占卜即为一种依靠超自然方法推测未来的实践，广泛存在于社会生活之中，其丰富多样的形式生动地反映了不同的文化特征。研究占卜文化，对理解特定社会形态与组织生活方式有着十分重要的意义。敦煌时日宜忌类文书是当时的民众生活中常见也常用到的生活指南，旨在用神祇的意志去指导民众的生活。对敦煌时日宜忌类文书进行研究，不仅可以了解这种占文本身的内容和方法，还有助于我们了解唐五代时期敦煌地区的民俗和社会生活，敦煌历史、宗教、政治交织互动而产生的影响，以及敦煌地区人们的吉凶观及其产生的原因。这对于唐五代政治、宗教、民俗与社会生活的研究也是大有裨益的。

黄正建的《敦煌占卜文书与唐五代占卜研究》（北京：学苑出版社，2001年）将敦煌占卜文书分为梦书、相书等十三类。本书在遵循黄正建先生观点的基础上有所发展①，将这类文书称为"敦煌写本时日宜忌文书"，研究范围界定为四个类别28件，大致情况如下表所示：

---

① 2014年，黄正建出版《敦煌占卜文书与唐五代占卜研究》（增订版），书中对时日宜忌类文书的范围界定较2001版有增有减。本书的初稿完成于2013年，故对黄先生2014版修改后的范围未作讨论。

表1-1 敦煌写本时日宜忌文书简表

| 序号 | 类属 | 卷号 | 题名 | 概况 |
|---|---|---|---|---|
| 1 | 七曜直类 | P.2693 | 《七曜历日一卷并十二时》 | 首尾全，存153行，以七曜为纲释名与阐释吉凶，之后从"子"到"亥"讲述十二宫的吉凶宜忌 |
| 2 | | P.3081 | 《七曜日吉凶推法》 | 首尾均残，存90行，先介绍各曜的胡名和宜忌，而后分别叙述各曜日得病、失物、禄命、发兵动马、出行见官、占五月五日直的吉凶宜忌 |
| 3 | | S.1396 | 《七曜历日》 | 首尾均残，存19行，以日为纲叙吉凶，并叙该日生人之命运，以及趋吉避凶之法等 |
| 4 | | S.8362 | 《七曜历日残卷》 | 前后上残，存20行，内容似与择日、吉凶宜忌有关 |
| 5 | 六十甲子历类 | S.6182 | 《六十甲子历残卷》 | 首尾上下均残，存11行，有《六十甲子历》"丁未"部分 |
| 6 | | P.3281 | 《六十甲子历》 | 前后残，部分下残，存327行左右，按六十甲子的顺序讲述每一干支之吉凶 |
| 7 | | P.3685 | 《六十甲子历》 | 首尾残，存18行，内容为各干支日的吉凶推断，按字迹内容似与P.3281为一卷 |
| 8 | | P.4680 | 《六十甲子历》 | 首尾上下残，存30行左右，内容似为己丑、庚寅、辛卯三个干支日的吉凶 |
| 9 | | Дx04960 | 《六十甲子历残卷》 | 残片，首尾下残，5残行，似为"庚寅"的结尾与"辛卯"开头 |
| 10 | | Дx01295、02976、03515 | 《六十甲子历残片》 | 2残片，8残行，叙某日某时做某事的吉凶，亦有与"五合五离择日法"相关内容 |

续表

| 序号 | 类属 | 卷号 | 题名 | 概况 |
|---|---|---|---|---|
| 11 | 神祇出行类 | S.2620 | 《年神方位图》 | 残存"丙辰"至"癸亥"8图,题记2行 |
| 12 | | S.5614 | 《占周公八天出行择日吉凶法》 | 上下均残,存7行,内容为周公出行到八天的吉凶 |
| 13 | | S.8350 | 《太岁等神游日与宜忌》 | 上残,中间大片浸濡难辨,存13残行 |
| 14 | | P.3594 | 《阴阳书残卷》 | 首尾残,存58行,插有2图,后有九宫图(有残缺),内容包括叙某月某日黑某地黄、推太岁游图法、推五姓墓月法、用石镇宅法、推五姓祭祀修造月日法、推伏龙法、以十二门配十二支断吉凶等 |
| 15 | | P.3602V | 《神龟推走失法等》 | 首尾残,存23行,残图5幅,内容包括神龟推走失法、孟遇禄命一部、宅内伏龙法等 |
| 16 | 推忌日月类 | S.0612V | 《推杂忌日法等》 | 首尾全,存11行,内容为推杂忌日法、推修造月法、推修造日法等 |
| 17 | | S.0813 | 《月占书》 | 存3行,后似有缺 |
| 18 | | S.9987B3 | 《裁衣吉日》 | 下残后缺,9行,以十二月为纲注明每日裁衣吉凶 |
| 19 | | S.11362BV | 《占日记》 | 前后上均残,存2残行,内容似为择日,存疑 |
| 20 | | P.2661V | 《诸杂略得要抄子》 | 首全尾残,存136行,内容包括选择时日、趋吉避凶法等 |
| 21 | | P.3064 | 《星占书》 | 一残片,两面书写。正面左画一北斗七星图,中写"北斗七星",右有一行字:"翁来北黄衣男子看病者凶";背面画一正方形,四边按顺时针顺序朝四个方向写十二支的占文 |
| 22 | | P.3803 | 《龙母决》 | 存5行,首写"龙母决",后画一表,似与后世"六壬课时""六韬时"或"六曜"等相似 |
| 23 | | P.3984V | 《六十甲子纳音》 | 首尾全,中间有残缺,前有2行字,而后写六十甲子纳音6行。6行中的不同部位分别插有"日月合""日月离"等字样,似用"五合五离"择日 |

续表

| 序号 | 类属 | 卷号 | 题名 | 概况 |
|------|------|------|------|------|
| 24 | | Дх01064、01699等 | 《推皇太子洗头择吉日法》 | 册页装,页脚处有部分残缺,存6残页,28残行,似正背面接抄,介绍了四种洗头择吉日的方法 |
| 25 | | Дх01258、01259等 | 《天牢鬼镜图并推得病日法》 | 册页装,正反面接抄,存14残页约83残行,后似有残缺,大致包括牢狱、诉讼、得病日的吉凶占断 |
| 26 | 推忌日月类 | Дх01274、03029 | 《占书残片》 | 首尾上下均残,存16残行,内容似是推丛辰所在,也有与二十八星宿相联系的内容 |
| 27 | | Дх12829、12830V | 《占出行择日吉凶法》 | 首尾上下均残,存9残行,是关于出行的择日宜忌 |
| 28 | | 北大D195V | 《择日占卜书》 | 存7残行,分两部分内容,前者为前两行,旁边写有"天地合"字样;后者以干支为纲阐明禁忌 |

　　20世纪初期,顾颉刚曾经说过:"宗教及迷信书:凡佛书、道书、善书、神道志、神像、符咒、卜筮书、星相书、堪舆书等均属此类。这一类书,是民众文化的核心,我们要知道民众的思想法则和生活法则,便不能不对于这一类书加以研究。"①对敦煌写本时日宜忌文书的研究也正是如此,"不仅有助于昭明特定文化的宇宙观、因果观、价值观、逻辑、信条、结构和语域风格,也将有助于昭明个人和政治的权利、阶级和性别、社会秩序和社会冲突、正统和异端等问题,对一个算命占卦广泛存在的社会而言尤其如此。占卜现象越普及深入,占卜研究作为一扇通向文化的窗口便越富有启发性"②。

　　① 顾颉刚:《购求中国图书计划书》,《文献》1981年第2期,第18—25页。
　　② 司马富:《中国古代的占卜与医学》,《医学与哲学》1997年第8期,第407—410页。

而且，对敦煌写本时日宜忌文书进行研究，也有助于我们理解其他的敦煌占文。"古代占卜，无论占断工具或方法如何不同，都有类似的占卜事项和占断术语（吉凶悔吝等）。这是它们的相通之处。属于同一时期的占卜，它们的共同性尤其明显。"①时日宜忌文书列出的占卜事象，往往可以单独使用，并不需要特别专业的占断。对其进行梳理和归纳，对理解敦煌其他占卜也是一种非常重要的参照。

此外，对敦煌写本时日宜忌文书进行研究，还具有重要的现实意义。择吉文化具有强烈的实践性和民众性，时日宜忌文书是当时的民众生活中常见也常用到的。现今，择吉文化也蕴藏在我们的生活之中。因此，研究敦煌写本时日宜忌文书，探索唐五代敦煌择吉文化，对了解现今的时日宜忌内容、民俗和社会生活也是非常有益的，可以让我们更好地理解这一类观念与活动，也为管理制度的制定提供依据，为如何处理相关问题提供参考。

## 第二节　学术史回顾

自敦煌写本时日宜忌文书问世以来，虽引起了中外学者的关注，但研究的质与量均远不及梦书、相书等其他敦煌占文。其研究大致可分为以下几个阶段：

---

① 李零：《中国方术考》，北京：中华书局，2019年，第35页。

## 一、发轫期

20世纪50年代，王重民首先在《敦煌古籍叙录》一书中收录了P.3081《七曜占星书》，引起了学术界对敦煌占文中时日宜忌文书的关注。王重民认为此文书 "无七曜历日之名而有七曜历日之实"①，并将其与P.2693《七曜历日》进行对比研究："此卷首尾残缺，无书题，存者八十九行。有子目七：曰七曜日忌不堪用等，曰七曜日得病望，曰七曜日失脱逃走禁等事，曰七曜日生福禄刑推，曰七曜日发兵动马法，曰七曜日占出行及上官，曰七曜日占五月五日直。每类依康居语所译七曜日名，系吉凶休咎于其下，盖周而复始。持与敦煌所出七曜历日（伯二六九三）相校，知为同类之著述，而详密则过焉。此卷分类编次，每事以七日为周，则检一事而七日俱备；七曜历日以日统事，揭一日则吉凶毕见，其书虽异，其事则一也。"②其后，王重民又简单探讨了七曜的源流等。

## 二、发展期

20世纪的后二三十年，学术界对敦煌写本时日宜忌文书的关注逐渐增强，研究队伍逐渐壮大，研究成果也与日俱增。

1986年，黄永武编写了《敦煌古籍叙录新编》，书中依旧收录P.3081，并与P.2693比较研究，还附上了P.3081的校录木刻本，为相关研究提供了方便。

1998年，《敦煌学大辞典》在介绍"九方色"和"年神方位图"词

① 王重民：《敦煌古籍叙录》，北京：中华书局，1979年，第178页。
② 王重民：《敦煌古籍叙录》，北京：中华书局，1979年，第177页。

条时提及P.3594、S.2620号文书。

邓文宽的论文《敦煌文献中的天文历法》《敦煌文献S.2620〈年神方位图〉试释》《敦煌历日中的〈年神方位图〉及其功能》等对敦煌写本时日宜忌文书中的S.2620等进行研究。他还于1996年出版《敦煌天文历法文献辑校》一书，对敦煌历书等相关内容进行介绍，为日后的进一步研究夯实基础。

高国藩是关注敦煌写本时日宜忌文书较多的学者，他的著作《敦煌古俗与民俗流变》《敦煌俗文化学》中均涉及了敦煌写本时日宜忌文书中的某些内容，而且是以民俗学的角度展开研究，如P.2661V中有关裁衣、妇女、干支日等的禁忌和P.3081的七曜日禁忌等，虽录文较少，却将敦煌写本时日宜忌文书的研究拓展到了民俗学与社会生活史的领域。

日本学者菅原信海的《占筮书》收录于池田温主编的《敦煌汉文文献》中，文中也涉及了敦煌写本时日宜忌文书的内容，他介绍了十五类敦煌占文，不过研究中还存在错误，分类也应进一步商榷。

此外，还有法国学者茅甘的《敦煌写本中的"五姓堪舆法"》和《敦煌写本中的"九宫图"》，也涉及了敦煌写本时日宜忌文书的研究。1993年中华书局出版的《法国学者敦煌学论文选萃》收录了这些论文。

### 三、勃兴期

进入21世纪以来，随着占卜研究的愈发兴旺，敦煌写本时日宜忌文书的研究也进入了一个新的阶段。这一时期的研究，主要可以归纳为三个方面：

第一，对敦煌写本时日宜忌文书的总体考察。

黄正建是这一时期敦煌写本时日宜忌文书研究方面首先要推崇的一位学者。2001年，他的著作《敦煌占卜文书与唐五代占卜研究》将敦煌占文分为梦书、相书等十三类，首次将"时日宜忌文书"这一概念引入研究领域。他将时日宜忌文书归纳为25件，分成杂抄类、七曜直类、六十甲子历类、神祇出行类、推忌日月类和杂写类六大类，对其进行梳理和分类，并与传世典籍进行比较，是目前学界关于敦煌写本时日宜忌文书研究的非常重要的成果。2014年，黄正建又出版《敦煌占卜文书与唐五代占卜研究》（增订版），对2001版中的文书范围作小幅修订，对唐五代占婚嫁、丧葬择日等进行讨论。

2003年，王爱和的《敦煌占卜文书研究》将时日类文书归纳为52个写卷，包括十干推病、十干卜失、十二支推病、十二支推命、十二支卜失、周公孔子占法、推胞胎月法、六十甲子纳音性行、六十甲子历、推年立灾厄、推五子日病法、推五行日得病法、推五命人得病法、五姓婚嫁法、天勾大禁图、建除推病、建除推命、周公八天、推四方神头肋足日、七曜历日、诸杂宜忌等卜术，并对其进行校录研究，但研究尚待深入，范围界定也还需商榷。

同年，法国马克主编的《中古中国的占卜与社会：英法藏敦煌写本研究》出版，此书是西方学者对英法藏敦煌占文的研究总结。

2013年，王晶波的《敦煌占卜文献与社会生活》将占婚嫁、病、死丧、走失类文书纳入时日宜忌类文书的研究范围，讨论了敦煌占文所见唐五代宋初婚姻、子孙、疾病、猜物游戏等。

2014年，郑炳林、陈于柱的《敦煌占卜文献叙录》在"其他"中对部分时日宜忌文书进行研究。

2019年，邰惠莉主编，马德等编的《俄藏敦煌文献叙录》中也提及了俄藏的6件时日宜忌文书，并介绍了文书存几页或几行，每行多少个字等。

第二，对敦煌藏文本时日宜忌文书的探讨。

2012年，陈于柱等的《敦煌藏文本S.6878V〈出行择日吉凶法〉考释》对唯一一件完整记录出行占、婚嫁占及失物占的敦煌藏文占卜文献进行研究。

2017年，陈践在《英藏敦煌藏文文献IOL Tib J 506号时日宜忌文书译释》中对相关文书进行释读，并于次年出版《敦煌吐蕃文献选辑·占卜文书卷》，收录22份敦煌藏文占文。

第三，对时日宜忌文书乃至所有敦煌占文的宗教学、宗教社会史、医疗史考察。

2005年，余欣的《敦煌灶神信仰稽考》涉及P.3821、P.2661V的研究，其于次年出版《神道人心：唐宋之际敦煌民生宗教社会史研究》一书，从宗教社会史的视角研究"出行"相关的宜忌吉凶，涉及的文书有S.5614、S.0813、P.3081、P.2693、P.2661V等。

2007年，刘永明的《敦煌本〈六十甲子历〉与道教》涉及了六十甲子历类的研究，探讨了其形成与道教的关系。

2012年，陈于柱的《区域社会史视域下的敦煌禄命书研究》在对敦煌禄命书进行考释的基础上，将敦煌占文引入医疗社会史与宗教社会史的研究领域中。

2017年，程一凡等的《敦煌卷子P.2856〈发病书〉中的病症研究》从病症入手，将文书纳入医疗史研究范畴。

此外，还有一些论文涉及择吉内容的研究，如刘道超的《择吉民俗之性质、特征与长期传承之原因探析》、刘自兵的《先秦时期的"日者"与择日制》、杨华的《出土日书与楚地的疾病占卜》，等等。

与此同时，敦煌其他占文的研究也成果颇丰。

2003年，郑炳林发表论文《晚唐五代敦煌占卜中的行为决定论》等，通过对晚唐五代敦煌占梦书、相面书进行研究，提出敦煌占卜文书中的"行为决定论"及其在社会生活中的意义，并首次探讨了敦煌相面书中的占相方法与相术理论等问题，将12个卷号的相面书分为五个系统进行考察，同时对许负系统相书进行深入细致的分析研究。

2004年，郑炳林、王晶波的《敦煌写本相书校录研究》由民族出版社出版。该书首次对敦煌相书的12个卷号进行了全面释读与校注，为敦煌占文的进一步研究奠定了基础。

2005年，民族出版社出版了郑炳林的《敦煌写本解梦书校录研究》。该书在《敦煌本梦书》的基础上进行了修订和完善，收录了俄藏敦煌文献中保存的一篇解梦书残卷Дх10787号文书，认为其与S.620、P.3990为同一种解梦书的不同抄本；将文书Дх1327与Дх2844、P.3281与P.3685进行拼接并重新校注；增加了关于敦煌解梦书研究方法部分，主要论述了解梦书占辞的一象多解和多象一解，以及解梦中的行为决定论；对《敦煌本梦书》研究的不完善部分做了补充，并取消附录二，将内容重新编排为研究上和校录下两部分，使结构更加合理，研究更加完善。

2007年，民族出版社出版金身佳的《敦煌写本宅经葬书校注》。该书对敦煌写本中的宅经和葬书分类逐一进行校注，将敦煌宅经分为五姓阴阳类、八宅经类、一般宅经类及护宅神历类，将敦煌葬书分为葬书葬事类和山岗地脉类，为敦煌宅经、葬书的进一步研究奠定了坚实的基础。同年又出版陈于柱的《敦煌写本宅经校录研究》，该书对敦煌写本宅经产生的历史背景、分类、相宅镇宅之法等进行了研究，并从宗教文化的角度分析了唐五代宋初敦煌占卜的兼容性，是敦煌宅经研究的又一硕果。

2010年，民族出版社出版了王晶波的《敦煌写本相书研究》。该书是敦煌相书研究的一大硕果，不仅对敦煌相书进行了梳理，还对其作了进一步的文本分析；结合对中国古代相术源流的考察，从相书所反映的身体符号体系、占相内容和命相类别的考察分析出发，探究其体现的社会欲望与文化价值观念。在此基础上，该书还结合其他文献记载，探讨了佛教文化对相术的影响，考察了相术在隋唐五代社会生活中所发挥的作用及其文化境遇。

前辈时贤在敦煌时日宜忌文书的梳理、分类、叙录等方面做了一定的工作，并从民俗学、宗教学、宗教社会史、医疗社会史等方面对文书进行探讨，积累了一批宝贵的资料。但通过分析研究，笔者也发现了其中的不足：

第一，未将敦煌写本时日宜忌文书作为独立的考察对象，进行系统整体的研究。目前研究多以单篇论文的形式就其中某篇或某类文书展开孤立探讨，缺乏整体观照，所得结论有待商榷。

第二，文书中所蕴含的丰富的社会生活史信息，还未得到充分的挖掘和阐释。现有研究多从民俗、宗教等角度出发，热衷于考察中古敦煌的婚姻、子孙、丧葬择日、佛教、道教等。作为民众日常"民生占卜"的时日宜忌文书，内容鲜活丰富，如何充分地利用这些宝贵的文字记录，扩充文本载体的研究内容，加深今人对唐五代敦煌社会的认识，是值得思考的课题。

第三，文书的整理工作有待加强。时日宜忌文书作为一个研究概念，被黄正建引入敦煌占文的研究中来。可是目前对于文书本身尚缺乏很好的研究和总结，很多文书都还没有被完整地释读出来。而以上研究不足出现的重要原因之一，正是由于文书缺乏校录，研究时查阅不便。要破解这一困局，就需要对文书进行全面的整理。

综上所述，如果将敦煌写本时日宜忌文书的研究进一步深入，在对文书进行校录的基础上展开探讨，运用文献学、民俗学、社会学、考古学、历史学、统计学等多种方法进行综合研究，并通过文书内容来窥探唐五代敦煌社会与民俗的多面性，那么，必定为民俗学与唐五代社会生活史的研究提供许多新的资料。

## 第三节　基本立场与思路

敦煌写本时日宜忌文书是唐五代时期敦煌民众最常用到的生活指南，所展现的不仅是多种占卜方法，还有与民俗文化及社会发展密切相关的一些内容，它们在唐五代这个朝代更迭频繁、社会变迁迅速的特殊历史时期扮演着非常重要的角色，在中国古代思想文化史上占据着非常重要的地位。

本书上编为研究篇，主要从以下四方面内容展开研究：

第一章直接切入文书研究。首先，以文献学的视角对敦煌写本时日宜忌文书进行叙录，将28件文书分为七曜直类、六十甲子历类、神祇出行类和推忌日月类四大类展开研究。而后，将敦煌写本P.3081《七曜日吉凶推法》作为个案进行阐述，从宏观的研究转向微观的比较，以期给读者一个全方位的认识。

第二章主要探讨敦煌写本时日宜忌文书产生的历史背景及其自身的编撰特点。时日宜忌最早的正史记载可以追溯到司马迁的《史记》，文化的传承对敦煌写本时日宜忌文书产生了重要的影响。这些历史传承下来的文化，与当时的敦煌文化，以及中原移民带来的中原文化，甚至西方文化交织作用，形成了我们看到的敦煌写本时日宜忌文书。这类文书的编撰兼收并蓄，以实用为先，或以时间为纲，或以占卜事象为纲，或者是多种占法的杂抄，虽杂芜却有章可循。

第三章主要研究敦煌写本时日宜忌文书的内容事象及其占断方法。敦煌写本时日宜忌文书的内容事象关乎人们生活的方方面面，主要有洗头、裁衣、修井、买卖奴婢、占病、占失脱等，通过干支法、阴阳五行法、神祇丛辰法、七曜法、五姓法、建除法、九宫法、伍胥法等进行推占。这些事象的产生及占断都与当时的历史背景密不可分，为民俗学和社会生活史的研究提供了大量的资料。

第四章主要讨论敦煌写本时日宜忌文书的思想主题。敦煌写本时日宜忌文书是用神祇的意旨来指导人们的生活，是用"天道"去安排"人事"，这就反映了天人合一、阴阳五行、社会伦理道德等思想观念。此外，择吉本身与传统宗教有着千丝万缕的联系，既有传统宗教的印迹，又游离于传统宗教之外。可以说，时日宜忌文书是最切近人们生活的"民生占卜"，在当时的敦煌社会中发挥着不可小觑的作用。

下编为校录篇，将28件敦煌写本时日宜忌文书进行录文并校注，以期为世人展现敦煌写本时日宜忌文书的概貌，为进一步研究夯实基础。

在上述研究的基础上，本书还对敦煌写本时日宜忌文书的内容进行分类检索，以期为相关研究提供便利。

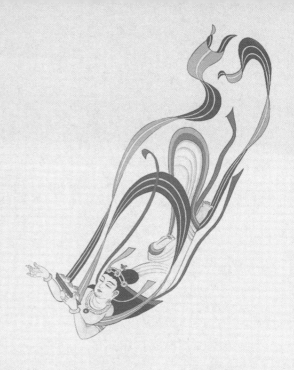

上编

# 敦煌写本时日宜忌文书研究

# 第一章　敦煌写本时日宜忌文书叙录与写本研究个案

## 第一节　敦煌写本时日宜忌文书叙录

时日宜忌类文书，最早的正史记载可见于司马迁的《史记》，其先流行于官府，而后在民间盛行。《史记·五帝本纪第一》云："於是帝尧老，命舜摄行天子之政，以观天命。舜乃在璿玑玉衡，以齐七政。遂类于上帝，禋于六宗，望于山川，辩于群神。揖五瑞，择吉月日，见四岳诸牧，班瑞。"①《魏书·肃宗孝明帝纪》载："有司可豫缮国学，图饰圣贤，置官简牲，择吉备礼。"②简单地说，时日宜忌文书就是用某种或多种方法来选择时日、推断吉凶，进而判断某种行为或事象之宜忌，以指导民众日常生活的一种内容极为丰富、使用较为频繁的实用占卜书。

清末，伴随着藏经洞这一巨大宝藏的发现，英、法、俄等国的探险家接踵而来。当时的清政府已陷入严重的内忧外患之中，根本无暇顾及偏居西北一隅的藏经洞。于是，藏经洞的宝贵财富没能及时被我国学术界全部收藏，从而造成了出土文书流散世界的遗憾，"主要的

---

① ［西汉］司马迁撰：《史记》第1卷，北京：中华书局，1959年，第24页。

② ［北齐］魏收撰：《魏书》第9卷，北京：中华书局，1974年，第229页。

收集品集中在伦敦、巴黎、圣彼得堡和北京，还有大大小小的收藏分散在中国、日本、欧洲、美国公私收藏者手中，给研究者造成极大的不便"。①敦煌写本时日宜忌文书也不例外，其共计28件，主要收藏在英、法、俄等处。

敦煌写本时日宜忌文书是唐五代敦煌民众最常用的日常生活指南，其用神祇的意旨去指导民众的生活，即用"天道"去安排"人事"，关乎民众生活的方方面面，内容也蔚为大观。按内容，黄正建在《敦煌占卜文书与唐五代占卜研究》一书中将其分为推忌日月类、七曜直类、六十甲子历类、神祇出行类、杂抄类和杂写类六大类。②通过对敦煌写本时日宜忌文书展开研究，我们不难发现，这一类文书的内容纷繁复杂，贴近民众的日常生活，而且很多又是当时多种择日以及趋吉避凶方法的杂抄，虽略显杂芜却都紧贴择日断吉凶这一主题。故而，本书拟将敦煌写本时日宜忌文书分为七曜直类、六十甲子历类、神祇出行类和推忌日月类四大类进行研究，不揣浅陋，以俟大方。

## 一、七曜直类

七曜直类时日宜忌文书共4件。这一类文书或以七曜为纲，或以占断事象为纲，通过七曜占断吉凶。七曜纪日的方法8世纪通过摩尼教传入中国。"夫七曜，日月五星也"，日精曰太阳，月精曰太阴，火精曰荧惑，水精曰辰星，木精曰岁星，金精曰太白，土精曰镇星。③但受中

---

① 荣新江：《敦煌学十八讲》，北京：北京大学出版社，2001年，第87页。

② 黄正建：《敦煌占卜文书与唐五代占卜研究》，北京：学苑出版社，2001年，第89—106页。

③ [清]陈梦雷编，蒋廷锡校订：《古今图书集成·博物汇编艺术典·选择部汇考》，北京：中华书局，成都：巴蜀书社（影印本第47册），1985年，第58267—58268页。

西文化交融的影响，敦煌写本时日宜忌文书中出现的七曜名称皆用康居语音译：蜜日、莫日、云汉日、嘀日、郁没斯日、那颉日、鸡缓日。公元759年，不空译有《文殊师利菩萨及诸仙所说吉凶时日善恶宿曜经》①（后文简称《宿曜经》）。从内容上看，敦煌写本时日宜忌文书中的七曜直类文书或有《宿曜经》的印迹。

这里要说明的是，诸如P.3403《雍熙三年具注历日并序》中的"推七曜直日吉凶法"这样的一小段内容，虽然与P.2693的七曜历日部分接近，但其也仅仅是该具注历内容的一部分，不能单独列为敦煌写本时日宜忌文书中的七曜类文书。这是因为，完整的具注历包括总的序言、每月的序言以及历日的内容，其中总序中一般还包括该年的九宫图和年神方位图、男女命宫、推七曜直日吉凶、各种从辰项目的简述、五姓宜忌等。也就是说，虽然内容有相似和重合，但我们依旧不能把时日宜忌文书与具注历等同，更不能将具注历序言中的七曜内容断章取义为七曜直类文书。

（1）P.2693《七曜历日一卷并十二时》

敦煌写本P.2693号文书（图1-1），卷名为《七曜历日一卷并十二时》，图版收录于上海古籍出版社与法国国家图书馆合编《法藏敦煌西域文献》第17册②。该文书首尾全，起自"七曜历日一卷/蜜/宜谒君及受名位图百官等＿＿＿见官谒人求事，养取他人男女，出东西远近"，止于"亥，重厄：入此名宫，其人父母眷属合一人死哀，亦合遭忧着孝

---

① 台湾佛陀教育基金会影印：《大正新修大藏经·第二十一卷·密教四部》，台北：佛陀教育基金会出版部，1990年，第387—399页。

② 图版见上海古籍出版社与法国国家图书馆合编《法藏敦煌西域文献》第17册，上海：上海古籍出版社，2001年，第274—276页。

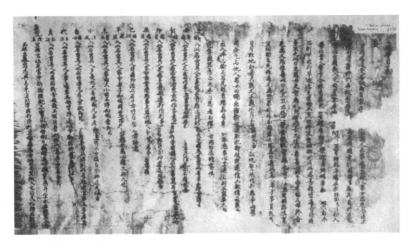

图1-1　P.2693《七曜历日一卷并十二时》（局部，采自《法藏敦煌西域文献》第17册）

衣，钱物奴婢散失，自身亦合患，宜作功/德，善□□□/七星历日一卷并十二时"，存153行。其以七曜为纲释名和阐释吉凶，之后从"子"到"亥"讲述十二宫的宜忌吉凶，将十二宫分别命名为美食、胜酬、分离、困之、称心、肠胀、重耗、丰钱、吉祥、讼论、重厄、愁苦、快乐、损耗等。该文书中既出现了"十二宫"，又出现了"十二时"，既运用了七曜推占，又运用了干支与五行，是典型的中西文化交流融合的产物。

《敦煌遗书总目索引》中将P.2693录为《七曜历日一卷》[①]，《敦煌遗书总目索引新编》中将其录为《七曜历日一卷》（首题）[②]，《敦煌古籍叙录》《敦煌古籍叙录新编》中均将其作为与P.3081号文书的比较文书而提出，"七曜历日以日统事，揭一日则吉凶毕见，其书虽异，

---

① 商务印书馆编：《敦煌遗书总目索引》，北京：中华书局，1983年，第270页。
② 敦煌研究院编：《敦煌遗书总目索引新编》，北京：中华书局，2000年，第251页。

其事则一也"①，并未单独列出收录。余欣在《神道人心：唐宋之际敦煌民生宗教社会史研究》一书中对该文书进行研究时，指出其与P.3081的异同，将其中的"出行"内容列表研究，并有部分录文。②

（2）P.3081《七曜日吉凶推法》

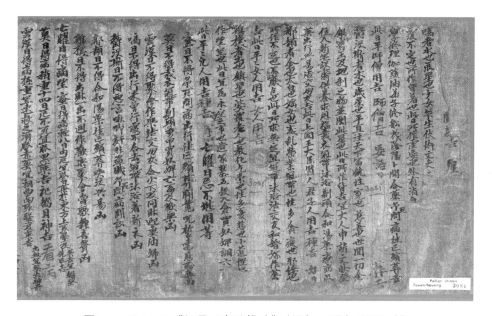

图1-2　P.3081《七曜日吉凶推法》（局部，采自IDP网站）

敦煌写本P.3081号文书（图1-2），卷名为《七曜日吉凶推法》，图版收录于上海古籍出版社与法国国家图书馆合编《法藏敦煌西域文献》第21册③。该文书首尾均残，起自"▦▦▦▦吉隆。/嫡者，水也，辰星也。少女乐生攸术文吏之▦▦▦▦"，止于"鸡缓日，五月五日得此直日，一

① 王重民：《敦煌古籍叙录》，北京：中华书局，1979年，第177页。

② 余欣：《神道人心：唐宋之际敦煌民生宗教社会史研究》，北京：中华书局，2006年，第272—275页。

③ 图版见上海古籍出版社与法国国家图书馆合编《法藏敦煌西域文献》第21册，上海：上海古籍出版社，2002年，第259—261页。

年之内五谷薄熟，日涝不调，四时失节"，存90行，以事为纲，列出关于七曜日的七种占法，故也有前人将其定名为《七曜日占法七种》，内容大致包括：1.列出七曜的胡名，分别阐释其含义与吉凶；2.分述七曜日得病的吉凶宜忌；3.七曜日抓获逃失的占断；4.七曜日生日的禄福刑推；5.七曜日发兵动马的吉凶宜忌；6.七曜日出行见官的吉凶宜忌；7.七曜日占五月五日直的吉凶宜忌。

《敦煌遗书总目索引》将其录为《七曜日吉凶推》，"七曜日用粟特名，背为另一种星占书"①；《敦煌遗书总目索引新编》中将其录为《七曜日吉凶推法》②。

P.3081号文书是唯一一篇收录在王重民《敦煌古籍叙录》中的敦煌写本时日宜忌文书，"每类依康居语所译七曜日名，系吉凶休咎于其下，盖周而复始"③。王重民认为此文书"无七曜历日之名而有七曜历日之实"④，并简单探讨了"七曜"的源流。王重民原编，黄永武新编的《敦煌古籍叙录新编》子部二以《七曜星占书》为题记载了P.3081号文书，将其与P.2693《七曜历日》比较研究："持与敦煌所出七曜历日（伯二六九三）相校，知为同类之著述，而详密则过焉。此卷分类编次，每事以七日为周，则检一事而七日具备；七曜历日以日统事，揭一日则吉凶毕见，其书虽异，其事则一也。"⑤并附校录木刻本。高国藩的《敦煌俗文化学》将P.3081号文书与P.3779《推九曜行年容厄法》

① 商务印书馆编：《敦煌遗书总目索引》，北京：中华书局，1983年，第279页，应为粟特名。
② 敦煌研究院编：《敦煌遗书总目索引新编》，北京：中华书局，2000年，第67页。
③ 王重民：《敦煌古籍叙录》，北京：中华书局，1979年，第177页。
④ 王重民：《敦煌古籍叙录》，北京：中华书局，1979年，第178页。
⑤ 王重民原编，黄永武新编：《敦煌古籍叙录新编》子部二，台北：新文丰出版公司，1986年，第170页。

进行对比研究，将该文书定名为《七曜吉凶避忌条项》，指出七曜是九曜的前七颗星，其称呼、吉凶、内容细节等均有所相似[1]；该书后文研究"民间择吉"时，也列举了P.3081号文书进行说明[2]。余欣在《神道人心：唐宋之际敦煌民生宗教社会史研究》一书中对P.3081文书进行研究时，探讨了七曜日占法的曜名来源、内容等，并有部分录文。[3]

（3）S.1396《七曜历日》

S.1396号文书（图1-3），卷名为《七曜历日》，图版收录于《英藏敦煌文献》第3册[4]。文书首尾均残，存19行，起自"▢▢▢▢喜乐作歌舞凶。病者重，差迟。诈，耻辱。宜专做好事。出行/不吉，当被留滞，抑塞口舌官府，虽难平安，毕竟无利益"，止于"心吉利；亥时兴易得倍利，到处皆通达，加官秩益财产；/子时兴易得通达，求财得财，求官得官"。文书内容以日为纲，

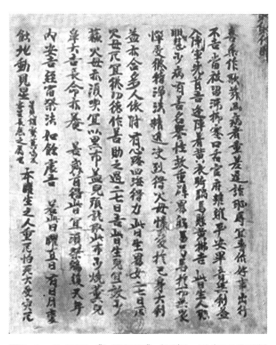

图1-3　S.1396《七曜历日》（局部，采自IDP网站）

---

① 高国藩：《敦煌俗文化学》，上海：三联书店，1999年，第71—73页。

② 高国藩：《敦煌俗文化学》，上海：三联书店，1999年，第186页。

③ 余欣：《神道人心：唐宋之际敦煌民生宗教社会史研究》，北京：中华书局，2006年，第270—272页。

④ 图版见中国社会科学院历史研究所、中国敦煌吐鲁番学会敦煌古文献编辑委员会、英国国家图书馆、伦敦大学亚非学院合编《英藏敦煌文献》第3卷，成都：四川人民出版社，1990年，第11页。

详述此日吉凶与此日生人的命运等，并有趋吉避凶之法。黄正建的《敦煌占卜文书与唐五代占卜研究》将其归在禄命书范畴，但究其编撰形式及内容，均与P.2693《七曜历日一卷并十二时》相似，故而本书将此文书归为七曜类。文书中有吃牛肉、胡饼等语，有明显的敦煌地方色彩。王爱和认为七曜历日"有不同的版本，该卷似属于比较原始的本子；从该卷到P.2693再到P.3081，正显示了该卜法越来越密切地与中国本土文化结合的线索；可以说，到P.3081，该卜法的本土化已基本完成"①。

（4）S.8362《七曜历日残卷》

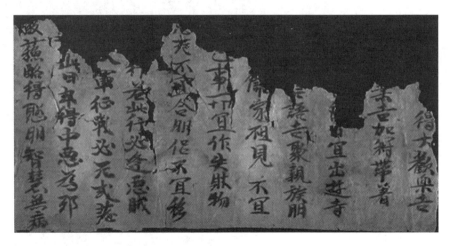

图1-4　S.8362《七曜历日残卷》（局部，采自IDP网站）

敦煌写本S.8362号文书（图1-4），卷名为《七曜历日残卷》，图版收录于《英藏敦煌文献》第12卷②。文书前后上均残，存20残行，起自"▢▢得大欢乐，吉/▢▢药吉，加冠带着/▢▢日宜出游寺"，止于"▢▢

① 王爱和：《敦煌占卜文书研究》，兰州大学博士学位论文，2003年，第306页。
② 图版见中国社会科学院历史研究所、中国敦煌吐鲁番学会敦煌古文献编辑委员会、英国国家图书馆、伦敦大学亚非学院合编《英藏敦煌文献》第12卷，成都：四川人民出版社，1995年，第117页。

葡萄酒好。若兵贼起，欲有讨/□□蚀地，其年足风尘。/□马失及四方贼动/□求财物，亦合加官/□□向君王边得/□宠"。文书虽残损严重难知其详，但从仅见的只言片语依然可以看出其内容大概为择日与推断吉凶宜忌。黄正建认为该文书有佛教印迹，可能是敦煌当地编写的时日宜忌文书[①]，将其归为"推忌日月类"。但文书中有"得此日，其年"语，与P.3081号文书的"七曜日占五月五日直"部分内容的占断形式相似，不知是否有关联。故而，这里将其归为七曜类。

## 二、六十甲子历类

六十甲子历类时日宜忌文书共6件。这类文书以六十甲子为纲，并将其拟神化，详叙每一甲子日做某事的吉凶宜忌，包括日常生活相关的方方面面，后代似不见。

（1）S.6182《六十甲子历残卷》

敦煌写本S.6182号文书（图1–5），卷名为《六十甲子历残卷》，图版收录于《英藏敦煌文献》第10卷[②]。首尾上下均残，存11残行，起自"［丁］未，姓石字叔通，正月□，二月□，三月□，四月满，五月□，六月□，七月闭，八月开，九月收，十月成，十一月□，十二月□。/水，羽，是玄武，商、角二姓造举百事大富贵，宜子孙，宫、羽、徵三姓用凶，见大宦"，止于"县官煞四人，造立舍宅安定吉，余□妇—并失□/□□□门吉，作东门，忌六月十日—忌三月十一日□"。文书内容

---

① 黄正建：《敦煌占卜文书与唐五代占卜研究》，北京：学苑出版社，2001年，第103页。

② 图版见中国社会科学院历史研究所、中国敦煌吐鲁番学会敦煌古文献编辑委员会、英国国家图书馆、伦敦大学亚非学院合编《英藏敦煌文献》第10卷，成都：四川人民出版社，1994年，第153页。

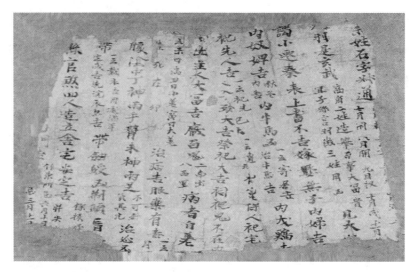

图1-5　S.6182《六十甲子历残卷》（采自《英藏敦煌文献》第10卷）

大致为《六十甲子历》的"丁未"部分，与P.3281《六十甲子历》中的"丁未"部分大致相同。

《敦煌遗书总目索引》将其录为《阴阳书》（拟）①，《敦煌遗书总目索引新编》将其录为《阴阳书残片》，"按：黄永武定名为'六十甲子推吉凶书'"②。从内容上看，该文书属于六十甲子历类，以六十甲子为纲推断吉凶宜忌，并将六十甲子命名为"丁未，姓石字叔通"，颇具神化色彩。

（2）P.3281《六十甲子历》

敦煌写本P.3281号文书（图1-6），卷名为《六十甲子历》，图版收录于上海古籍出版社与法国国家图书馆合编《法藏敦煌西域文献》第23册③。文书前后残，部分下残，起自"〔辛丑〕祠祀神在，得□三人，

① 商务印书馆编：《敦煌遗书总目索引》，北京：中华书局，1983年，第236页。
② 敦煌研究院编：《敦煌遗书总目索引新编》，北京：中华书局，2000年，第192页。
③ 图版见上海古籍出版社与法国国家图书馆合编《法藏敦煌西域文献》第23册，上海：上海古籍出版社，2002年，第19—31页。

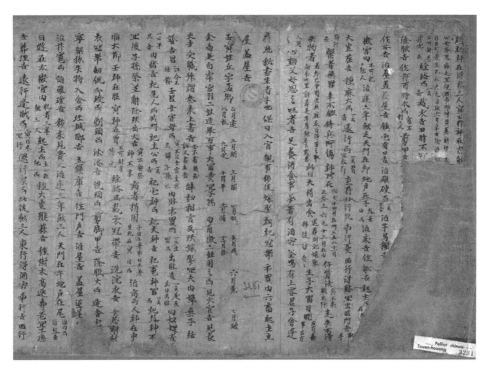

图1-6　P.3281《六十甲子历》（局部，采自IDP网站）

寅丑时神在家，解□□□/公女子鬼病之，宜使西南师将黄药解治之，天一百日大差，生死在亥，之自取，十一月辛丑除治，收□□□"，止于"□□□出，主人得财。厌百鬼，鬼□□/□人神在□□□"，存327行左右，按六十甲子的顺序讲述每一干支的吉凶，残存有壬寅、癸卯、甲辰、乙巳、丙午、丁未、戊申、己酉、庚戌、辛亥、壬子、甲寅、乙卯、丙辰、丁巳、戊午、己未的内容及辛丑、癸丑、庚申的部分内容等，每一条都很详尽地记述了与生活相关的方方面面内容。

《敦煌遗书总目索引》中将其录为《卜筮书》（甚长，每节以干支起端而称姓某字某不详书名），"背1.宅经，无书题及撰人。2.马通达状三件。3.周公解梦书残卷（第一二章被裱纸掩盖，次为'杂事章第三，哀乐章第四，器服章第五，财物章第六')"①；《敦煌遗书总目索引新编》中将其录为《卜筮书》②。余欣《敦煌灶神信仰稽考》一文对灶神进行研究时也提及该文书："在P.3821《六十甲子历》中每条都有'祀灶'或者'祀灶主公'的宜忌。"③由于该文书行文不避讳"丙"，黄正建认为"疑是唐以后的抄本"④。

(3) P.3685《六十甲子历》

敦煌写本P.3685号文书（图1-7），卷名为《六十甲子历》，图版收录于上海古籍出版社与法国国家图书馆合编《法藏敦煌西域文献》第26册⑤。文书首尾残，存18行，起自"▢▢（庚子）奏表、上书、合▢，娶妻妨子▢/内奴婢必死，一云庚日大吉。庚不内金钱，家不详，内财吉，此日天帝内金钱财宝吉日，一云是道日，内财大吉；一云买物得百倍利，大吉，好。内牛"，止于"土，宫，是勾陈，商、徵二姓造举百事大富贵，宜子孙▢▢"。其内容为各干支日的吉凶推断，包括嫁娶、修屋、生子、买牛马、出行等诸多方面，按内容和字迹应与P.3281为一卷。《敦煌遗书总目索引》中载："《解梦书》背为占星书。"⑥《敦煌遗书总目索引新编》将其录为《卜筮书》⑦。

---

① 商务印书馆编：《敦煌遗书总目索引》，北京：中华书局，1983年，第283页。

② 敦煌研究院编：《敦煌遗书总目索引新编》，北京：中华书局，2000年，第275页。

③ 余欣：《敦煌灶神信仰稽考》，《敦煌学辑刊》2005年第3期，第155—160页。

④ 黄正建：《敦煌占卜文书与唐五代占卜研究》，北京：学苑出版社，2001年，第94页。

⑤ 图版见上海古籍出版社与法国国家图书馆合编《法藏敦煌西域文献》第26册，上海：上海古籍出版社，2002年，第309—310页。

⑥ 商务印书馆编：《敦煌遗书总目索引》，北京：中华书局，1983年，第292页。

⑦ 敦煌研究院编：《敦煌遗书总目索引新编》，北京：中华书局，2000年，第292页。

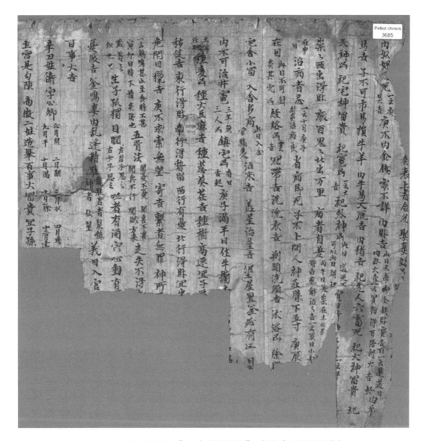

图1-7　P.3685《六十甲子历》（采自IDP网站）

（4）P.4680《六十甲子历》

敦煌写本P.4680号文书（图1-8），卷名为《六十甲子历》（拟），图版收录于上海古籍出版社与法国国家图书馆合编《法藏敦煌西域文献》第33册①。文书首尾上下均残，存30行左右，起自"［己丑］买吉，乙不纳财钱，不成，不纳金器字。/祀土公富，祀外神生子吉，忧秋冬"，止于"▆▆有凶。出财吉，此日及交日出财吉。内马□□猪豚吉，

----

① 图版见上海古籍出版社与法国国家图书馆合编《法藏敦煌西域文献》第33册，上海：上海古籍出版社，2005年，第77—78页。

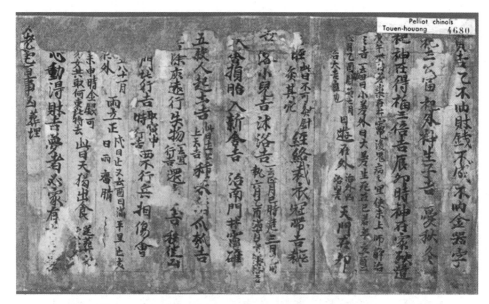

图1-8　P.4680《六十甲子历》（局部，采自IDP网站）

买蚕子吉。/□凶，一云大神吉。□□□□"。本件文书似在讲某日做某事的吉凶，内容包括搬家、上梁、出行等生活中的诸多方面，某些还附有趋吉避凶的方法，如"此日取厕中草三寸烧无病"。但是由于残损严重，我们只能从其内容判断似为《六十甲子历》的部分内容，具体是哪几个干支日，则要参照其他六十甲子历类文书进行推断，似应为己丑、庚寅、辛卯三个干支日的残文。《敦煌遗书总目索引》将其录为《筮书残片》①，《敦煌遗书总目索引新编》中将其录为《筮书残片》②。

　　（5）Дx04960《六十甲子历残卷》

　　敦煌写本Дx04960号文书（图1-9），卷名《六十甲子历残卷》（拟），图版收录于《俄罗斯科学院东方研究所圣彼得堡分所藏敦煌文献》第

---

① 商务印书馆编：《敦煌遗书总目索引》，北京：中华书局，1983年，第306页。

② 敦煌研究院编：《敦煌遗书总目索引新编》，北京：中华书局，2000年，第322页。

11册第369页①。该文书应为《六十甲子历》的一个残片，首尾残，下残，仅存5残行："□□□〔嫁〕娶移徙皆吉，生不□凡常□□/者虎也，当路君者，狼也；称令长者□□/寅日釜鸣，有嫁娶庆会事□□/辛卯，姓即字子良，正月除，二月〔建，三月闭，四月开，五月收，六月成，七月危，八月破，〕九月执，十月定，〔十一月平，十二月满。〕/□□徵、羽二姓造举百□□。"从内容上看，该文书似为"庚寅"的结尾和"辛卯"的开头部分。

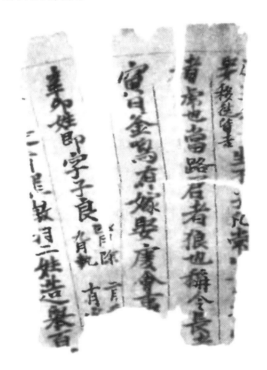

图1-9　Дх04960《六十甲子历残卷》（采自《俄罗斯科学院东方研究所圣彼得堡分所藏敦煌文献》第11册）

---

① 图版见俄罗斯科学院东方研究所圣彼得堡分所、俄罗斯科学出版社东方文学部、上海古籍出版社编《俄罗斯科学院东方研究所圣彼得堡分所藏敦煌文献》第11册，上海：上海古籍出版社，1999年，第369页。

（6）Дх01295、02976、03515《六十甲子历残片》

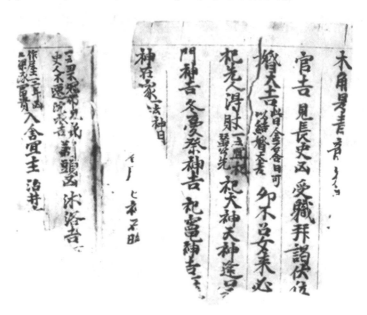

图1–10　Д x 01295、02976、03515《六十甲子历残片》（采自《俄罗斯科学院东方研究所圣彼得堡分所藏敦煌文献》第8册）

　　该文书是敦煌写本Дх01295、02976、03515号文书的部分内容（图1–10），卷名《六十甲子历残片》，其前似为药方，图版收录于《俄罗斯科学院东方研究所圣彼得堡分所藏敦煌文献》第8册[①]。文书包括三个残片，第一个残片似为药方，不做研究；后两个残片看内容似与时日宜忌有关，前后下均残，约存9残行，起自"木，角，是青龙□□/［见］官吉，见长史凶，受职、拜谒、伏位□□/婚大吉，此日金石合日，可以结婚，大吉。卯不召女，来必□□"，止于"一云丑不冠带，

――――――――――

　　① 图版见俄罗斯科学院东方研究所圣彼得堡分所、俄罗斯科学出版社东方文学部、上海古籍出版社编《俄罗斯科学院东方研究所圣彼得堡分所藏敦煌文献》第8册，上海：上海古籍出版社，1997年，第68页。

兄弟史（使）人不迁。浣衣吉。剃头凶。沐浴吉□□／作屋三年凶，上梁逐富贵，入舍宜主，治井□□"。其内容主要是说某时或某日做某事的吉凶，包括结婚、见官、剃头、沐浴、上梁等日常生活的诸多方面。文书中出现"此日金石合日，可以结婚，大吉"的内容，似是与"五合五离择日法"相关。看文书的行文模式与内容，显然与六十甲子历类文书一致，从而可以推断，该文书实际上是一件六十甲子历类文书的残片，故将其归为此类。

## 三、神祇出行类

神祇出行类时日宜忌文书共5件，通过神祇出行的年、月、方位等占断吉凶。

（1）S.2620《年神方位图》

敦煌写本S.2620号文书（图1–11），卷名为《年神方位图》，图版收于《英藏敦煌文献》第4卷[①]。残存"丙辰"至"癸亥"八图，后有题记2行："右从下元天宝九载至庚寅，覆前勘算至乙未。天宝十五载改为至德，自后计算于今，却入／上元甲子旬中已来，一十八年至辛巳年。"[②]这是唐代用来推算年神方位的图像。《敦煌遗书总目索引》将其录为《大唐麟德历》，后附说明"后有阴阳人神智恭病患感应文四短

---

① 图版见中国社会科学院历史研究所、中国敦煌吐鲁番学会敦煌古文献编辑委员会、英国国家图书馆、伦敦大学亚非学院合编《英藏敦煌文献》第4卷，成都：四川人民出版社，1991年，第132页。

② 图版见中国社会科学院历史研究所、中国敦煌吐鲁番学会敦煌古文献编辑委员会、英国国家图书馆、伦敦大学亚非学院合编《英藏敦煌文献》第4卷，成都：四川人民出版社，1991年，第132页。

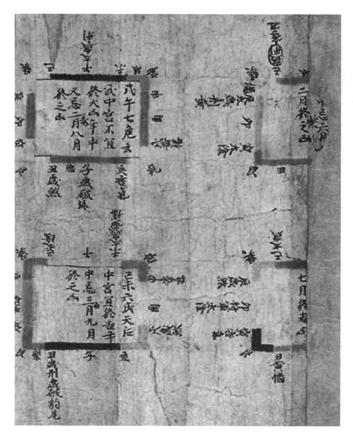

图1-11　S.2620《年神方位图》（局部，采自IDP网站）

行"[①]；《敦煌遗书总目索引新编》中将其录为《唐年神方位图》[②]。

　　本卷"庚申"图上方倒写"大唐麟德历"五字，故有前人以此名之，但似与本卷内容关系不大。由题记可知，前面残损的部分应包括"覆前勘算"的内容，后一部分为"天宝十五载改为至德"开始计算，直至再入上元甲子。邓文宽认为"戊午"至"癸亥"六图对应的是"由大历十三年戊午岁（778）至建中四年癸亥岁（783）共六年，每年

---

① 商务印书馆编：《敦煌遗书总目索引》，北京：中华书局，1983年，第162页。

② 敦煌研究院编：《敦煌遗书总目索引新编》，北京：中华书局，2000年，第80页。

一图"①。每图框内第一行首先标出本年干支，之后的内容包括每年的年神、忌月、九宫、建除十二客、六壬十二神等。每图均在四周以乾艮巽坤和十二地支表示方位，乾为西北，艮为东北，巽为东南，坤为西南，子在下为北，午在上为南，卯在左为东，酉在右为西，以此类推。

邓文宽著文《敦煌文献S.2620号〈唐年神方位图〉试释》（文载《邓文宽敦煌天文历法考索》，上海：上海古籍出版社，2010年，第53—60页）对该文书进行了较为系统和全面的研究。《敦煌学大辞典》在介绍"九方色"和"年神方位图"词条时也提及该文书："九方色，表示年九宫和月九宫图形的颜色，一白、二黑、三碧、四绿、五黄、六白、七赤、八白、九紫，唐以前仅以数字表示，配色从唐代开始（见P.3594、S.2620)"，"年神方位图，唐代推算年神方位的图像……唐代九宫图形用数字、表示颜色的字及直接涂成彩色三种方法表示，此图同时具备三种方法，且有机地配合在一起，为敦煌文献所仅见"。②

（2）S.5614《占周公八天出行择日吉凶法》

本文书卷名为《占周公八天出行择日吉凶法》（图1–12），图版收录于《英藏敦煌文献》第8卷③。该写本是S.5614号文书中的一小部分，其前内容为悬象占、占十二时卜法等，其后为张仲景《五脏论》一卷。文书尾下均残，存7行，起自"占周公八天出行择日吉凶法。每月一

① 邓文宽：《邓文宽敦煌天文历法考索》，上海：上海古籍出版社，2010年，第53页。

② 季羡林主编：《敦煌学大辞典》，上海：上海辞书出版社，1998年，第612—613页。

③ 图版见中国社会科学院历史研究所、中国敦煌吐鲁番学会敦煌古文献编辑委员会、英国国家图书馆、伦敦大学亚非学院合编《英藏敦煌文献》第8卷，成都：四川人民出版社，1992年，第150页。

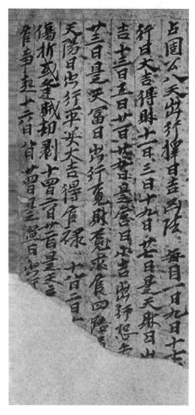

图1-12　S.5614《占周公八天
出行择日吉凶法》(采自IDP网站)

日、九日、十七[日、廿五日]□□/行
日大吉，得财；十一日、三日、十九
日、廿七日，是天财日，出□□"，止
于"伤折或逢贼劫剥；十四日、六日、
廿二日，是天集[日，出行]□□/官
事起；十六日、八日、廿四日，是[天]
盗日，出行□□"，内容为周公出行八
天的吉凶。

《敦煌遗书总目索引》将其录为
《占周公八天出行择日吉凶法》①，《敦
煌遗书总目索引新编》中将其录为《占
周公八天出行择日吉凶法》（首题）②。
余欣在《神道人心：唐宋之际敦煌民生
宗教社会史研究》一书中从宗教社会史
的视角研究了唐宋之际敦煌地区与"出
行"相关的择吉与宜忌吉凶，对该文书
进行了校录，并将其与S.612《宋太平兴国三年戊寅岁（978）应天具注
历日》中的"周公八天出行图"进行对比研究，同时列举南宋《事林
广记》和明刻本《居家必用事类全集》中的"周公出行吉日"来考察
其源流与演变。③

---

① 商务印书馆编：《敦煌遗书总目索引》，北京：中华书局，1983年，第224页。
② 敦煌研究院编：《敦煌遗书总目索引新编》，北京：中华书局，2000年，第174页。
③ 余欣：《神道人心：唐宋之际敦煌民生宗教社会史研究》，北京：中华书局，2006年，第259—
261页。

## (3) S.8350《太岁等神游日与宜忌》

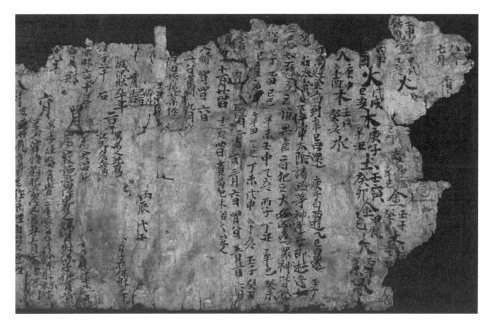

图1-13 S.8350《太岁等神游日与宜忌》（采自IDP网站）

该文书为敦煌写本S.8350号文书的中间一部分内容（图1-13），卷名《太岁等神游日与宜忌》，其前写《六十甲子纳音》，其后是《推命书》，图版收录于《英藏敦煌文献》第12卷①。文书上部有残损，中间有大片被濡湿无法辨识，存13残行，起自"□□［丙子］日南游至子日，到辛巳日还；庚子日西游，乙巳日还；壬子/［日北游，丁巳日］还。右太岁以下将军、太阴、诸煞等神，逢子即游，逢"，止于"□□辟□己酉□丙辰，戊子□□/□□贾吉□乙□□"。其内容主要可分为两部分，前一部分写"太岁等神游日"，后一部分则是沐浴等事象的择日与

① 图版见中国社会科学院历史研究所、中国敦煌吐鲁番学会敦煌古文献编辑委员会、英国国家图书馆、伦敦大学亚非学院合编《英藏敦煌文献》第12卷，成都：四川人民出版社，1995年，第114页。

吉凶宜忌。从内容上看，敦煌写本S.8350号文书应该是一件杂抄当时的包括太岁等神游日和沐浴等事象的吉凶宜忌、六十甲子纳音、推命书等多类占文的文书。

（4）P.3594《阴阳书残卷》

图1-14　P.3594《阴阳书残卷》（局部，采自IDP网站）

敦煌写本P.3594号文书（图1-14），卷名为《阴阳书残卷》，图版收录于上海古籍出版社与法国国家图书馆合编《法藏敦煌西域文献》第26册①。文书首尾残，存58行，插有2图，后有九宫图（有残缺），起自"（前缺）南□□/上□□□□□/祭之。凡人疾病、移徙、嫁娶□□/天下一州省黄一，一县有黄一，一乡有黄一，一里。犯天形（刑），治土德"，止于"求九方色。从开元十二年甲子入下元，今合用下元甲子/每一周年用一图，一［百八十］年三元毕，周而复始"。其内容大致包括叙某月某地黄或某地黑、推太岁游图法、推五姓墓月法、用石镇宅法、推五姓

---

① 图版见上海古籍出版社与法国国家图书馆合编《法藏敦煌西域文献》第26册，上海：上海古籍出版社，2002年，第39—41页。

祭祀修造月日法、推伏龙法、以十二门配十二支断吉凶等。《法藏敦煌西域文献》将其录为《宅经》，似与其中包括"用石镇宅法"等内容有关，但纵览整篇文书，大部分内容与推断时日宜忌相关，且很多为后世选择术所继承。另外，该写本中的"土公图"和"伏龙"形象与同属时日宜忌文书的写本P.3602V中的相关内容基本一致，可见二者之间存在着某种关系。

《敦煌遗书总目索引》将该文书收录为《阴阳书残卷》：子目有推五姓墓月法、用石镇宅法、推伏龙法，内有"从开元十二年甲子入下元"语，应为晚唐著作。[①]《敦煌遗书总目索引新编》中将其收录为《阴阳书残卷》，说明：有九方色；中有子目：推五姓墓月法、用石镇宅法、推伏龙法；又，内有"从开元十二年甲子入下元"语，应为晚唐著作。[②]《敦煌学大辞典》在介绍"九方色"词条时也提及该文书。[③]余欣在《神道人心：唐宋之际敦煌民生宗教社会史研究》中解析术语"大岁"时，提及该文书，指出"太岁"出游时须避之，不宜修造、出行。[④]

（5）P.3602V《神龟推走失法等》

敦煌写本P.3602V号文书（图1-15），卷名《神龟推走失法等》，图版收于上海古籍出版社与法国国家图书馆合编《法藏敦煌西域文献》第26册[⑤]。该文书极不清楚，首尾残，约存23残行，起自"天日□/得之，出即不得；人日失，人□/来自求，得之；时日失，灯时得，迟

---

① 商务印书馆编：《敦煌遗书总目索引》，北京：中华书局，1983年，第290页。
② 敦煌研究院编：《敦煌遗书总目索引新编》，北京：中华书局，2000年，第288页。
③ 季羡林主编：《敦煌学大辞典》，上海：上海辞书出版社，1998年，第612页。
④ 余欣：《神道人心：唐宋之际敦煌民生宗教社会史研究》，北京：中华书局，2006年，第285页。
⑤ 图版见上海古籍出版社与法国国家图书馆合编《法藏敦煌西域文献》第26册，上海：上海古籍出版社，2002年，第64—65页。

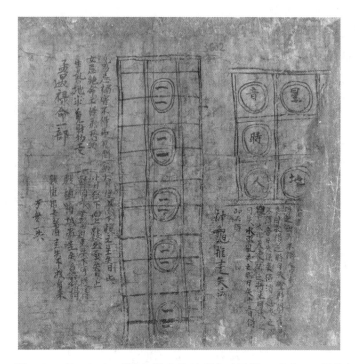

图1-15 P.3602V《神龟推走失法等》（局部，采自IDP网站）

即"，止于"正月一日灶前六十日/六月十一日在东北六十日"，残存图5幅，内容大致包括神龟推走失法、孟遇禄命一部、宅内伏龙法、不完整的土公出游图等，正面为《庄子释文残卷》。因其内容包括"土公出游图"，还有关于伏龙的占辞，故黄正建将其同时放在"宅经"与"时日宜忌"两类中。①

《敦煌遗书总目索引》将其录为《星占书》②，《敦煌遗书总目索引新编》中将其录为《神龟推违失法》（首题）、《孟遇禄命一部》（首题）③。

---

① 黄正建：《敦煌占卜文书与唐五代占卜研究》，北京：学苑出版社，2001年，第98页。

② 商务印书馆编：《敦煌遗书总目索引》，北京：中华书局，1983年，第291页。

③ 敦煌研究院编：《敦煌遗书总目索引新编》，北京：中华书局，2000年，第289页。

### 四、推忌日月类

推忌日月类文书共13件，是用某一种或多种方法择日、占断吉凶的文书。本书所列此类文书与黄正建所归纳的"推忌日月类"有出入，多出四件文书，即Дx01258、Дx12829+12830V、P.2661V和P.3064号文书；又减少两件文书，即S.8362与Дx01295、02976、03515号文书，依据行文模式与内容判断将减少的两件文书分别归于七曜直类和六十甲子历类，上文已分别讨论，不多赘言。而Дx01258《天牢鬼镜图并推得病日法》（拟），黄正建虽已指出其中部分内容似与选择时日有关，却并未将其列入时日宜忌文书范畴。笔者考其内容，确与择吉断凶相关，为研究需要而按内容将其归为此类。Дx12829+12830V《占出行择日吉凶法》（拟）是关于出行的择日宜忌文书，内容自然与时日宜忌相关，故将其纳入一并研究。P.2661V和P.3064号文书，黄正建分别将其单列为杂抄类和杂写类。笔者考其内容，虽然或繁多芜杂或残损不清，但仍然离不开用一种或多种方法择吉断凶的大方向，而且单独成类又略显单薄而不利于研究，故笔者也将P.2661V和P.3064号文书收入"推忌日月类"，以下逐一进行探讨。

（1）S.0612V《推杂忌日法等》

该文书是敦煌写本S.0612V号文书中的一部分（图1–16），其前写《推五音建除法》，其后写《推十二禽兽法》等，卷名为《推杂忌日法等》，图版收录于《英藏敦煌文献》的第2卷①。文书首尾全，上下亦未

---

① 图版见中国社会科学院历史研究所、中国敦煌吐鲁番学会敦煌古文献编辑委员会、英国国家图书馆、伦敦大学亚非学院合编《英藏敦煌文献》第2卷，成都：四川人民出版社，1990年，第76页。

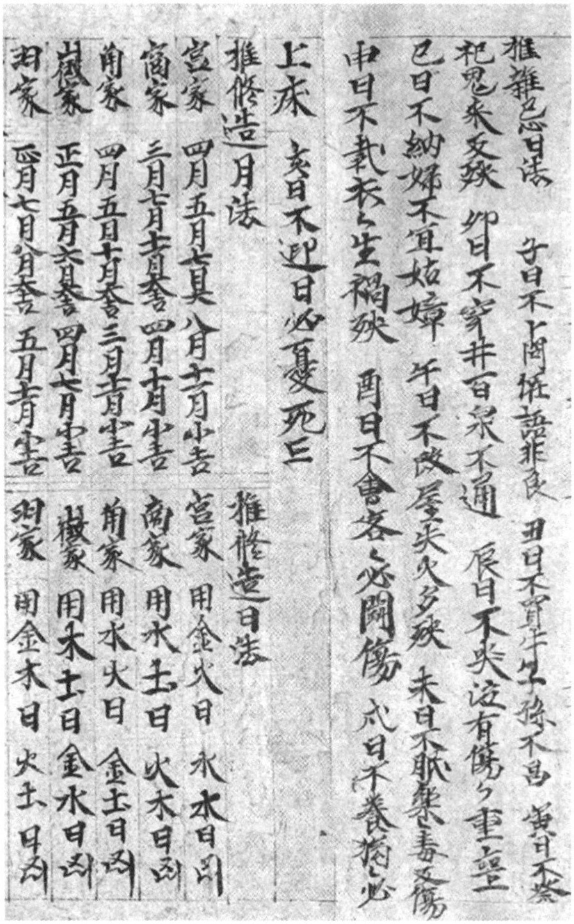

图1-16　S.0612V《推杂忌日法等》（采自《英藏敦煌文献》第2卷）

残损，存11行，起自"推杂忌日法。子日不卜问，怪语非良；丑日不
买牛，子孙不昌；寅日不祭/祀，鬼来反殃；卯日不穿井，百泉不通；
辰日不哭泣，有伤重丧"，止于"羽家：用金木日，火土日凶"。其内
容为推杂忌日法与推修造月法、推修造日法，先依序写十二地支日的
禁忌，后用类似于列表的形式写出推修造月法和推修造日法所推出的
吉月和吉日、凶日。

《敦煌遗书总目索引》将其录为《推五音建除法、推杂忌日法、推

修造月法、推修造日法等》①，《敦煌遗书总目索引新编》中将其录为
《推五音建除法、推杂忌日法、推修造月法、推修造日法等》②。黄正
建的《敦煌占卜文书与唐五代占卜研究》中将该文书的"推杂忌日法"
部分内容与P.2661V等文书乃至清代《钦定协纪辨方书》的相关内容进
行比较研究，认为宜忌的基本内容在数百年中未发生太大变化，而最
明显的变化是丑日由"不买牛"变为"不冠带"，
亥日也由早时的"不育猪"转化为"不嫁娶"，似
与十二属相逐渐与宜忌脱钩有关；P.2661V处于从
"不买牛"到"不冠带"的过渡期，且有十天干的
忌日，这在《历日》中不见而在后世选择书中有，
故而P.2661V应晚于S.0612V。③

（2）S.0813《月占书》

该文书为敦煌写本S.0813号文书的一小部分
（图1–17），其前写"立成孔子马坐卜占法"，卷名
《月占书》，图版收录于《英藏敦煌文献》第2卷④。
文书存3行："每月一日，见月，大吉；二日，见
月，所求称心；三日，见月，斗净；四日，见月，
大利；/四（五）日，见月，悲哀；六日，见月，
所求称意；七日，见月，损才（财）；八日，见

图1–17　S.0813
《月占书》（采自《英
藏敦煌文献》第2卷）

①　商务印书馆编：《敦煌遗书总目索引》，北京：中华书局，1983年，第122页。

②　敦煌研究院编：《敦煌遗书总目索引新编》，北京：中华书局，2000年，第21页。

③　黄正建：《敦煌占卜文书与唐五代占卜研究》，北京：学苑出版社，2001年，第98—100页。

④　图版见中国社会科学院历史研究所、中国敦煌吐鲁番学会敦煌古文献编辑委员会、英国国
家图书馆、伦敦大学亚非学院合编《英藏敦煌文献》第2卷，成都：四川人民出版社，1990年，第
193页。

月，所见欢喜；/九日，见月，凶；十日，见月，平安之事。"其内容为一日至十日见月的吉凶，从内容可以看出后似有残缺，似应继续写十一日至月底每日见月的吉凶。

《敦煌遗书总目索引》将其录为《立成孔子马坐卜占法》[①]；《敦煌遗书总目索引新编》将其录为《立成孔子马坐卜占法》，"下有一至十日之吉凶"[②]。余欣在《神道人心：唐宋之际敦煌民生宗教社会史研究》一书中从宗教社会史的视角研究了唐宋之际敦煌地区与"出行"相关的择吉与宜忌吉凶，涉及S.0813号文书，但仅对其前的《立成孔子马坐卜占法》进行了研究，其后的三行因为是另一部占卜书，没有进行深入研究。[③]

（3）S.9987B3《裁衣吉日》

图1-18　S.9987B3《裁衣吉日》（采自《英藏敦煌文献》第13卷）

---

① 商务印书馆编：《敦煌遗书总目索引》，北京：中华书局，1983年，第126页。

② 敦煌研究院编：《敦煌遗书总目索引新编》，北京：中华书局，2000年，第28页。

③ 余欣：《神道人心：唐宋之际敦煌民生宗教社会史研究》，北京：中华书局，2006年，第265页。

敦煌写本S.9987B3号文书（图1-18），卷名为《裁衣吉日》（自题），图版收录于《英藏敦煌文献》第13卷[①]。文书下残后缺，存9行，起自"裁衣吉日　约□宿日终而复始，十二月□□/正月：三日、四日、七日、九日、十日、十五日、十六日□"，止于"[四月]━━━十二日、[十三日]□□/[五月]□□[日]、十一日□□"，以十二月为纲注明每日裁衣的吉凶。虽残损严重，但依稀可辨认出其内容表述的是正月至三月的大部分裁衣吉日，以及四月的十二日、十三日和五月的十一日等裁衣吉日。

（4）S.11362BV《占日记》

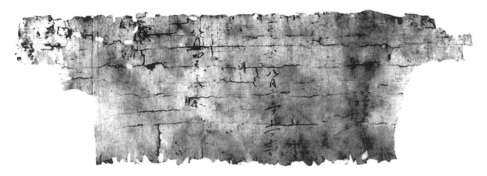

图1-19　S.11362BV《占日记》（采自《英藏敦煌文献》第13卷）

敦煌写本S.11362BV号文书（图1-19），卷名为《占日记》（拟），图版收录于《英藏敦煌文献》第13卷[②]。文书前后上下均残，存2残行："━━━八月二日、三日、十一日、十二日□□/□八月四[日]□合木

---

① 图版见中国社会科学院历史研究所、中国敦煌吐鲁番学会敦煌古文献编辑委员会、英国国家图书馆、伦敦大学亚非学院合编《英藏敦煌文献》第13卷，成都：四川人民出版社，1995年，第7页。

② 图版见中国社会科学院历史研究所、中国敦煌吐鲁番学会敦煌古文献编辑委员会、英国国家图书馆、伦敦大学亚非学院合编《英藏敦煌文献》第13卷，成都：四川人民出版社，1995年，第244页。

▭"。从内容上看，该文书似乎是在择日，但残损太严重，实在无法辨识究竟是何内容。黄正建认为该文书"或许也是《裁衣吉日》类时日宜忌文书的残片，但因太残无法判断，只好存疑"①。

（5）P.2661V《诸杂略得要抄子》

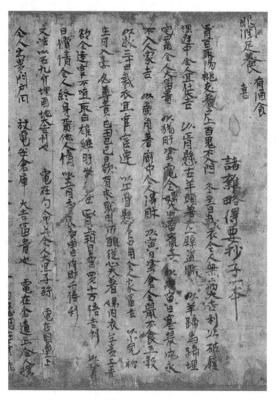

图1-20　P.2661V《诸杂略得要抄子》（局部，采自IDP网站）

敦煌写本P.2661V号文书（图1-20），卷名为《诸杂略得要抄子》（自题），图版收录于上海古籍出版社与法国国家图书馆合编《法藏敦煌西域文献》第17册②。该文书存136行，首全尾残，中间有文字模糊

① 黄正建：《敦煌占卜文书与唐五代占卜研究》，北京：学苑出版社，2001年，第104页。
② 图版见上海古籍出版社与法国国家图书馆合编《法藏敦煌西域文献》第17册，上海：上海古籍出版社，2001年，第131—134页。

难以辨识之处，起自"诸杂略得要抄子一本。/正月一日，取杨桃支着户上，百鬼不入门。冬至日，裁衣令人无病，大吉利。以破履"，止于"凡欲远行，东行持槐枝东枝一寸，南行持李南一寸，西行持柳枝西一寸，北行持囗枝一寸，依此▢▢"，内容包括选择时日、趋吉避凶之法等。其前为面热足痒类杂占，其后是"推养犬之法"，背面为《尔雅》（残卷，郭璞注）。

黄正建《敦煌占卜文书与唐五代占卜研究》中将该文书单独列为"杂抄类"，不知是否与其自题名《诸杂略得要抄子一本》有关。黄正建认为"本件文书确如题目所言，内容极杂，但大致不出选择时日，以及用种种方法驱邪避凶的范围……其中还有一些是《宅经》的内容，或诸神名，可与其他有关文书对照"①。笔者考其内容，确如黄氏所言，虽芜杂却不出择吉与避凶之范畴，故而也可以谓之杂而不乱，与"推忌日月类"用一种或多种方法择吉或占断吉凶的大方向是相符的。因此，笔者不采黄氏"杂抄类"的分类方法，而将敦煌写本P.2661V号文书归为"推忌日月类"进行研究。

《敦煌遗书总目索引》中载"存释天至释地。背为方技书，名《诸杂略得要抄子》"②；《敦煌遗书总目索引新编》中将其录为《方技书》，"中有诸杂略得要抄子一本"③。王重民原编，黄永武新编的《敦煌古籍叙录新编》子部二附录P.2661V《诸杂略得要抄子》图版，但将其列为《相书》。④高国藩的《敦煌俗文化学》中曾列举该文书中的某

① 黄正建：《敦煌占卜文书与唐五代占卜研究》，北京：学苑出版社，2001年，第89—90页。
② 商务印书馆编：《敦煌遗书总目索引》，北京：中华书局，1983年，第269页。
③ 敦煌研究院编：《敦煌遗书总目索引新编》，北京：中华书局，2000年，第249页。
④ 王重民原编，黄永武新编：《敦煌古籍叙录新编》子部二，台北：新文丰出版公司，1986年，第261—280页。

些条款对敦煌数字与俗文化的关系进行研究，将该文书定名为《吉凶避忌条项》①；其书后文研究"民间择吉"时，也列举了该文书的内容②。

余欣在《神道人心：唐宋之际敦煌民生宗教社会史研究》一书中从宗教社会史的视角研究了唐宋之际敦煌地区与"出行"相关的择吉与宜忌吉凶，认为该文书"是一件关于时日宜忌和辟邪方法的杂抄类文献"，并对"四绝"和"三长三短日"两个术语加以阐释，认为"四绝"即"四立"，是二十四节气中的立春、立夏、立秋、立冬。但后世有异说，一说"四绝"是"四立"前一日，一说"四绝"乃"四立"前一辰；每年正月初一为岁长，每月一日为月长，每逢甲子日为日长，每年十二月三十日为岁短，每月三十日为月短，每逢癸亥日为日短，合称"三长三短日"。③余欣还举该文书中"凡欲远行，初发家，东行，避日出；南行，避日午；西行，避日入；北行，避夜半。慎之，大吉"的例子，探讨了五行与出行方位宜忌占卜的关系。④另外，余欣《敦煌灶神信仰稽考》一文提及该文书对作灶的方位和大小等方面的宜忌的种种指示，如"灶在勺命上，令人大宜子孙""妇人灶前不哭"等。⑤

（6）P.3064《占星书》

敦煌写本P.3064号文书（图1-21），卷名为《占星书》，图版收录于上海古籍出版社与法国国家图书馆合编《法藏敦煌西域文献》第21册⑥。

---

① 高国藩：《敦煌俗文化学》，上海：三联书店，1999年，第24—30页。

② 高国藩：《敦煌俗文化学》，上海：三联书店，1999年，第186—195页。

③ 余欣：《神道人心：唐宋之际敦煌民生宗教社会史研究》，北京：中华书局，2006年，第285—287页。

④ 余欣：《神道人心：唐宋之际敦煌民生宗教社会史研究》，北京：中华书局，2006年，第289页。

⑤ 余欣：《敦煌灶神信仰稽考》，《敦煌学辑刊》2005年第3期，第155—160页。

⑥ 图版见上海古籍出版社与法国国家图书馆合编《法藏敦煌西域文献》第21册，上海：上海古籍出版社，2002年，第214页。

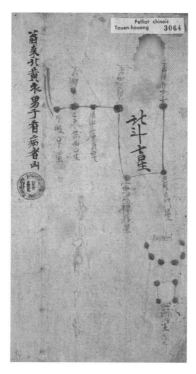

图1-21　P.3064《占星书》（局部，采自IDP网站）

文书两面书写，正面画有"北斗七星"，其下画"文昌星"与"四辅星图"，图左竖写一行字："翁来北黄衣男子看病者，凶"，从这句话可以推断此文书似与时日宜忌有关，但无法推断出文书全部的内容。背面画一方框，围绕这个正方形的四个边朝四个方向写有十二支的占文，按顺时针方向排列。占文中有"利道吉""利道大吉"之语，似与时日宜忌有关。但文书标题为《占星书》，再加上残损无法得知全貌，尚不可知这些占文是否是由占星而得出的。

黄正建《敦煌占卜文书与唐五代占卜研究》中将其单独列为"杂写类"，认为"文书太残，性质不明，疑是选择吉凶类占卜书的残片"[1]。

① 黄正建：《敦煌占卜文书与唐五代占卜研究》，北京：学苑出版社，2001年，第105页。

笔者考其内容，虽残损严重，但从可辨识之处依然可以看出与占断吉凶有关，似是用占星或者某种方法择吉断凶，这与"推忌日月类"是相符的。为便于研究，笔者将敦煌写本P.3064号文书归入"推忌日月类"。

《敦煌遗书总目索引》将其录为《残星占书一小节》[①]，《敦煌遗书总目索引新编》中将其录为《残星占书》[②]。

（7）P.3803《龙母决》

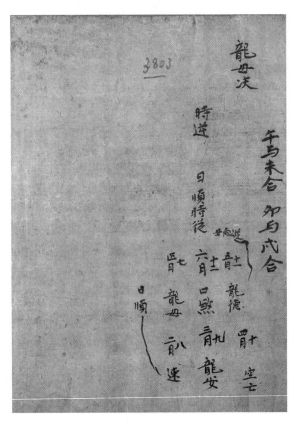

图1-22　P.3803《龙母决》（采自IDP网站）

① 商务印书馆编：《敦煌遗书总目索引》，北京：中华书局，1983年，第278页。
② 敦煌研究院编：《敦煌遗书总目索引新编》，北京：中华书局，2000年，第266页。

该文书为敦煌写本P.3803号文书最末的一小部分内容（图1-22），卷名为《龙母决》，其前写《灵棋经》(残卷)、《咏黄道决歌》、《推六合法》，图版收录于上海古籍出版社与法国国家图书馆合编《法藏敦煌西域文献》第28册①。文书存5行，首写"龙母决"似为标题，后列一表大致如下：

表1-1　龙母决

| 日起逆 | | | | | |
| --- | --- | --- | --- | --- | --- |
| 时逆　日顺时从 | 十一、五月 | 龙德 | 十、四月 | 空亡 |
| | 十二、六月 | 口煞 | 九、三月 | 龙安 |
| | 七、正月 | 龙母 | 八、二月 | 速 |
| 日顺 | | | | | |

从上表我们可以看到，《龙母决》应为某种推断吉凶的方法。黄正建指出，表中"从月份、神煞的安排顺序看，似与后世的'六壬课时''六韬时'或'六曜'等相似"，并归纳《事林广记》中提到的"六壬课时"为下表与之对照研究：

表1-2　六壬课时②

| 四月、十月 | 赤口 | 五月、十一月 | 小吉 |
| --- | --- | --- | --- |
| 三月、九月 | 速喜 | 六月、十二月 | 空亡 |
| 二月、八月 | 留连 | 正月、七月 | 大安 |

---

① 图版见上海古籍出版社与法国国家图书馆合编《法藏敦煌西域文献》第28册，上海：上海古籍出版社，2004年，第104页。

② 黄正建：《敦煌占卜文书与唐五代占卜研究》，北京：学苑出版社，2001年，第102页。

对比上述两表，我们可以发现，虽然后面表述吉凶的断辞不甚一致，但月份的分布却是完全相同的，二者必有关联，有助于进一步探讨这种吉凶断法的演变。另外，由于"六壬课时"还有各时吉凶的占辞，是否可推知《龙母决》后面还有残缺的占辞呢？本卷字迹尚属清晰，没有被水濡湿的模糊印记，《龙母决》之后有不小的空白，故无法推知是当时尚无占辞，还是抄写的人没有抄录，抑或是抄录在已亡佚的下一页。

《敦煌遗书总目索引》将其录为《占卜书残卷》（无题），与周公卜法相近①；《敦煌遗书总目索引新编》中将其录为《占卜书残卷》②。

（8）P.3984V《六十甲子纳音》

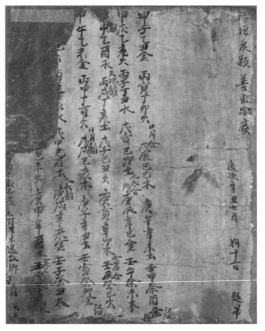

图1-23　P.3984V《六十甲子纳音》（采自IDP网站）

---

① 商务印书馆编：《敦煌遗书总目索引》，北京：中华书局，1983年，第295页。

② 敦煌研究院编：《敦煌遗书总目索引新编》，北京：中华书局，2000年，第299页。

敦煌写本P.3984V号文书（图1-23），卷名《六十甲子纳音》，图版收录于上海古籍出版社与法国国家图书馆合编《法藏敦煌西域文献》第30册①。文书首尾全，中间部分内容有残缺或模糊不清的现象，前面写有两行文字"福增众显 普出皆庆/岁次辛丑七月 朔十三日 题毕"，不知是否与本文书有关；然后写六十甲子纳音，存6行，起自"甲子乙丑金，丙寅丁卯火，日月合；戊辰己巳木，庚午辛未土，壬申癸酉金，江河离"，止于"［甲寅乙卯水，天地合；丙辰丁巳土，戊午］己未火，庚申辛酉木，金石离；壬戌癸亥水"。黄正建认为"辛丑"或为公元821年（长庆元年）。②6行中的不同部位有"日月合""日月离""金石合""金石离""人民合""人民离""江河合""江河离"等字样，似为用"五合五离"择日。③

该文书正面为《传赞文残卷》（末题：岁次辛丑年七月朔至十三日题毕）④。《敦煌遗书总目索引》将其录为《干支五行配属表》⑤，《敦煌遗书总目索引新编》中将其录为《六十甲子纳音》⑥。《敦煌学大辞典》在介绍"六甲纳音歌诀"词条时提及该文书，指出：六甲纳音歌诀是记忆纳音方法的歌诀，全文共三十句，本以六十甲子与五音相配，

---

① 图版见上海古籍出版社与法国国家图书馆合编《法藏敦煌西域文献》第30册，上海：上海古籍出版社，2003年，第316页。

② 黄正建：《敦煌占卜文书与唐五代占卜研究》，北京：学苑出版社，2001年，第101页。

③ 隋萧吉《五行大义》第八《论合》里讲述了这种择日方法，参见《续修四库全书术数类丛书》第13册，上海：上海古籍出版社，2006年，第224页。清代"天地合、天地离"演变为"日月合、日月离"，而原来的"日月合、日月离"则变为"阴阳合、阴阳离"，其他则没有变化。

④ 商务印书馆编：《敦煌遗书总目索引》，北京：中华书局，1983年，第299页。

⑤ 商务印书馆编：《敦煌遗书总目索引》，北京：中华书局，1983年，第299页。

⑥ 敦煌研究院编：《敦煌遗书总目索引新编》，北京：中华书局，2000年，第308页。

又因五音可与五行相配而以五行代五音。①

（9）Дx01064、01699、01700、01701、01702、01703、01704《推皇太子洗头择吉日法》

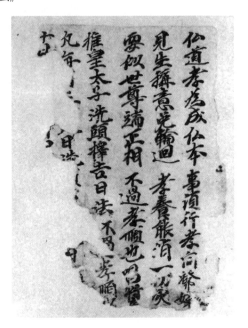

图1-24　Д x 01064、01699、01700、01701、01702、01703、01704《推皇太子洗头择吉日法》（局部，采自《俄罗斯科学院东方研究所圣彼得堡分所藏敦煌文献》第7册）

该文书是敦煌写本Дx01064、01699、01700、01701、01702、01703、01704号文书中的一部分（图1-24），卷名为《推皇太子洗头择吉日法》，图版收录于《俄罗斯科学院东方研究所圣彼得堡分所藏敦煌文献》第7册②，其前为《故圆鉴大师二十四孝押座文》，其后是《讲经文》。此文

---

① 季羡林主编：《敦煌学大辞典》，上海：上海辞书出版社，1998年，第614页。

② 图版见俄罗斯科学院东方研究所圣彼得堡分所、俄罗斯科学出版社东方文学部、上海古籍出版社编《俄罗斯科学院东方研究所圣彼得堡分所藏敦煌文献》第7册，上海：上海古籍出版社，1996年，第294—295页。

书为册页装，似为正背面接抄，页脚处有部分残缺，存6残页，28残行，起自"推皇太子洗头择吉日法 不独孝顺□/凡每［月三日、八］日洗［头］＝＝＝日□＝＝＝"，止于"洗头，令人颜色好；十月四日、十一日［洗头］，令［人］□/贵；十一月＝＝＝日洗头，［令人］＝＝＝十［二］月□/洗头＝＝富贵□＝＝"。从内容上看，文书介绍了四种"推皇太子洗头择吉日"的方法，包括：1.列出若干日，之后写"已（以）上日吉"；2.按十二地支日的顺序叙吉凶，依次列出子日洗头如何、丑日洗头如何等，如"子日洗头令人有好事及得财吉"；3.列出十二个月中每个月的洗头吉日，指出这些是吉日，余日则为凶日；4.依照十二月的顺序依次列出每个月的洗头吉日，并说明有何吉，如"八月廿一日洗头令人大吉贵"等。从本件文书的题目中有"皇太子"语以及内容等方面上看，黄正建认为"文书的时代可能比较晚"。①

（10）Дx01258、01259、01289、02977、03162、03165、03829《天牢鬼镜图并推得病日法》

敦煌写本Дx01258、01259、01289、02977、03162、03165、03829号文书（图1–25），卷名《天牢鬼镜图并推得病日法》，图版收录于《俄罗斯科学院东方研究所圣彼得堡分所藏敦煌文献》第8册②。文书册页装，似为正反面接抄，存14残页，约83残行，起自"天牢鬼镜图并推得日法，张师天撰。/□系无罪，病者自差。/［第一牢内］者，囚系速出，家□"，止于"南树神，丈人嗔责，遣客死鬼为［祟］，/解谢送

① 黄正建：《敦煌占卜文书与唐五代占卜研究》，北京：学苑出版社，2001年，第104页。
② 图版见俄罗斯科学院东方研究所圣彼得堡分所、俄罗斯科学出版社东方文学部、上海古籍出版社编《俄罗斯科学院东方研究所圣彼得堡分所藏敦煌文献》第8册，上海：上海古籍出版社，1997年，第38—41页。

图1-25　Д x 01258、01259、01289、02977、03162、03165、03829《天牢鬼镜图并推得病日法》（局部，采自《俄罗斯科学院东方研究所圣彼得堡分所藏敦煌文献》第8册）

吉，七日小降，十日大差"。写本分为"天牢鬼镜图"和"推得病日法"两部分，前一部分因残损严重而难辨识，后一部分则较为清晰。"天牢鬼镜图"是有关牢狱、诉讼、得病等吉凶的占断；"推得病日法"则大致按建除十二客的顺序依次列出建日、除日等得病的吉凶宜忌，后面似残缺成日、收日、开日、闭日得病的吉凶宜忌内容，而且中间还插有"寅日小降、辰日大善、生死在子日、女轻男重"等配合地支日的得病日吉凶占断。黄正建虽指出"《天牢鬼镜图》中的第1项和第3项似亦与选择时日有关"①，但并未将该文书归为"时日宜忌"

① 黄正建：《敦煌占卜文书与唐五代占卜研究》，北京：学苑出版社，2001年，第105页。

类。笔者考其内容，认为其大多与吉凶占断相关，故按内容归为"推忌日月类"一并进行研究。

（11）Дx01274、03029《占书残片》

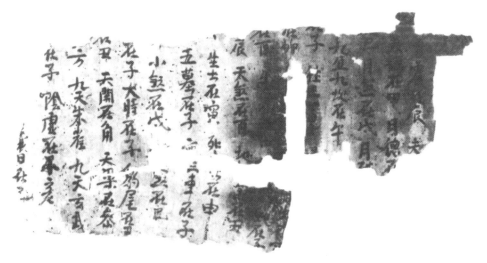

图1-26 Д x 01274、03029《占书残片》（采自《俄罗斯科学院东方研究所圣彼得堡分所藏敦煌文献》第8册）

敦煌写本Дx01274、03029号文书（图1-26），卷名《占书残片》，图版收录于《俄罗斯科学院东方研究所圣彼得堡分所藏敦煌文献》第8册①。文书为一残片，首尾上下均残，约存16残行，起自"☐☐震在辰，夫☐/☐天德在甲，月德在☐"，止于"☐在丑，天开在角，天梁在参☐/☐方，九天朱雀，九天玄武☐/☐在子，阴虚在亥☐/☐日在巳☐☐☐"。其内容为推丛辰所在，如"天德在甲"等，也有与二十八星宿相联系的内容，如"天开在角"等。因该文书有《具注历》

① 图版见俄罗斯科学院东方研究所圣彼得堡分所、俄罗斯科学出版社东方文学部、上海古籍出版社《俄罗斯科学院东方研究所圣彼得堡分所藏敦煌文献》第8册，上海：上海古籍出版社，1997年，第50页。

中没有的二十八星宿内容，黄正建将其归为"时日宜忌"类①。

（12）Дx12829、12830V《占出行择日吉凶法》

图1-27　Дx12829、12830V《占出行择日吉凶法》（采自《俄罗斯科学院东方研究所圣彼得堡分所藏敦煌文献》第16册）

敦煌写本Дx12829、12830V号文书（图1-27），卷名《占出行择日吉凶法》，图版收录于《俄罗斯科学院东方研究所圣彼得堡分所藏敦煌文献》第16册②。文书首尾上下均残，存9残行，起自"凡行，有四火出日：己卯□□"，止于"□正月三日、〔二〕月□□"，内容主要为关于出行的择日与吉凶占卜。

余欣在《神道人心：唐宋之际敦煌民生宗教社会史研究》一书中从宗教社会史的视角研究了唐宋之际敦煌地区与"出行"相关的择吉与宜忌吉凶，对本件文书进行研究并录文，认为该文书很可能是由《日

---

① 黄正建：《敦煌占卜文书与唐五代占卜研究》，北京：学苑出版社，2001年，第104页。

② 图版见俄罗斯科学院东方研究所圣彼得堡分所、俄罗斯科学出版社东方文学部、上海古籍出版社编《俄罗斯科学院东方研究所圣彼得堡分所藏敦煌文献》第16册，上海：上海古籍出版社，2001年，第176页。

书》衍变而来，并对其中出现的术语"四火出日""天陷""五穷日"
"大岁日"等进行阐释。他认为"四火"是火星的四个躔度，"日"即
太阳，"四火出日"意即日躔四火位之时，遇此日，出行不利；"天
陷"是每个月都有的一种凶日，不宜出行；"五穷日"即是"五墓日"，
正、二月乙未，四、五月丙戌，七、八月辛丑，十月、十一月壬辰，四
季月戊辰，土盛而不宜出行；"大岁"即"太岁"，又称"大时""咸
池"，是在某一周期内按固定方向运行于四方的神煞（凶煞）。①

（13）北大D195V《择日占卜书》

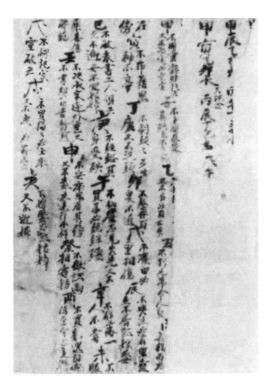

图1-28　北大D195V《择日占卜书》（采自《北京大学图书馆藏敦煌文献》第2册）

---

① 余欣：《神道人心：唐宋之际敦煌民生宗教社会史研究》，北京：中华书局，2006年，第278—
285页。

北大D195V号文书（图1-28），图版收录于《北京大学图书馆藏敦煌文献》第2册第217页[①]，收录时定名为《具注历》，但似不甚准确，按内容应为《择日占卜书》。文书残存7行，先写"甲辰乙巳火，丙午丁未水，[戊申己酉土，人民离；庚戌辛亥金，壬子癸丑木]/甲寅乙卯水，天地合；丙辰丁巳土，戊午[己未火，庚申辛酉木，金石离；壬戌癸亥水]"，其后以干支为纲阐明禁忌，每一干支日均列出几种禁忌，如"戌不祠祀，家室破亡；戌不买狗，狗必上床，又不庆，必有凶亡；亥不嫁娶，必煞姑嫜，又不迎妇"。

其中，按天干地支顺序排列，可知写成"戍"的条项，实应为"戌"字条。另此条前写有"戊"字条，而按干支顺序，"戊"字条先前已出现在"卯"字条与"辰"字条之间。那么，为何"戊"字条会出现两次？两条项又似在讲述不同的内容，前一条讲"不庆田"，后一条讲"不祠祀"。若"庆田"是用作祭祀之意，则两条似在说同一类事情，尚有关联，但按黄正建所言，"不庆田"实应作"不受田"[②]，则两条是在讲两项不同的禁忌。那么，这是抄写者遗漏"戊日禁忌"而在此补璧，还是另有他意呢？有待我们进一步探讨。

另外，"甲寅乙卯水"旁有"天地合"字样，应为"五合五离择日法"。

## 五、小结

综上所述，敦煌写本时日宜忌文书写卷共28件，是当时敦煌民众使

---

① 图版见北京大学图书馆、上海古籍出版社编《北京大学图书馆藏敦煌文献》第2册，上海：上海古籍出版社，1995年，第217页。

② 黄正建：《敦煌占卜文书与唐五代占卜研究》，北京：学苑出版社，2001年，第101页。

用较多的占卜文书，因其贴近日常生活而成为民众所依循的生活准则。
正因其内容关乎民众生活的方方面面，敦煌写本时日宜忌文书蕴含着
异常丰富的社会史与民俗学的宝贵资料，成为了我们研究当时民众生
活与民俗的巨大宝库。

　　然而，对于敦煌写本时日宜忌文书研究的关注度还远远不够。李学
勤在阐明《日书》的研究方向时指出："至少可从两方面去研究：一
方面是从数术史的考察……另一方面，对《日书》的内容还可以作社
会史的考察。"①对敦煌写本时日宜忌文书的研究亦如是。尽管其中仍
然包含很多随着社会的进步和发展而应当被扬弃的糟粕，但其中所蕴
含的当时民众的吉凶观和丰富的民俗学、社会史资料却是弥足珍贵的，
值得我们去重视和深入研究。

　　"唐代在精英思想史上，或许是一个平庸的时代，但从庶民文化来
看，反而恰好是一个逐渐蓬勃兴起的转折期。体现在术数上，那就是
占卜的普及化和简易化两大趋势，我们不妨姑且名之为'庶民化'。"②
从这一角度来看，对敦煌占卜文书中的时日宜忌写本加以释读和研究，
不仅有利于厘清术数文化的发展脉络，还能深刻地认识唐五代的基层
社会，对理解唐宋之际的社会变迁也有所裨益。

---

① 李学勤：《睡虎地秦简〈日书〉和楚、秦社会》，《江汉考古》1985年第4期，第60—64页。
② 余欣：《神道人心：唐宋之际敦煌民生宗教社会史研究》，北京：中华书局，2006年，第276—
277页。

## 第二节　写本研究个案——P.3081《七曜日吉凶推法》研究

在敦煌写本时日宜忌文书当中，七曜直类文书共4件，或以七曜为纲，或以占断事象为纲，通过七曜占断吉凶。其中，敦煌写本P.3081《七曜日吉凶推法》就是以七曜日为纲，对得病、失脱、禄命、发兵、出行、上官等事象进行占卜，使用起来有针对性，也很便捷。值得注意的是，该类文书将关于七曜日五月五日直的占卜单独列出，足见五月五日直占卜的重要地位，这与中国传统的五月五日禁忌不谋而合，而该类文书又有印度《宿曜经》的印迹，那么，对五月五日的关注究竟是巧合还是文化互动的结果？本章节从敦煌写本P.3081号文书出发，与敦煌写本P.2693《七曜历日》以及印度的《宿曜经》进行对比研究，同时对唐代"五月五日禁忌"这一民俗现象进行初步解读。

### 一、文书略陈

敦煌写本P.3081，卷名为《七曜日吉凶推法》，图版收于上海古籍出版社与法国国家图书馆合编《法藏敦煌西域文献》第21册[1]。文书书写尚算工整，少量文字字迹模糊，大约保留了90行内容。文书以事为纲，列出关于七曜日的七种占法，故也有前人将其定名为《七曜日占法七种》。《敦煌遗书总目索引》将其录为《七曜日吉凶推》[2]，《敦煌遗书总

---

[1] 图版见上海古籍出版社与法国国家图书馆合编《法藏敦煌西域文献》第21册，上海：上海古籍出版社，2002年，第259—261页。

[2] 商务印书馆编：《敦煌遗书总目索引》，北京：中华书局，1983年，第279页，应为粟特名。

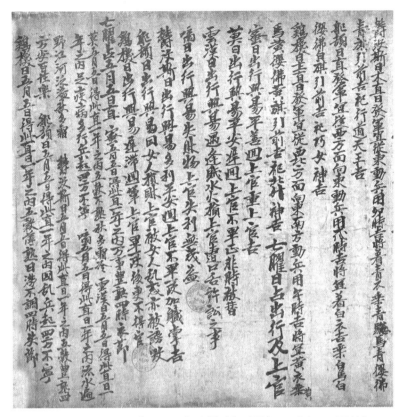

图1-29　P.3081《七曜日吉凶推法》（局部，采自IDP网站）

目索引新编》中将其录为《七曜日吉凶推法》[1]。

　　为便于研究，笔者已将敦煌写本P.3081《七曜日吉凶推法》作以校录，为本书校录部分的第二篇。由录文可见，该文书以事为纲，先为各曜释名叙吉凶（从内容可推知，前面缺失的应为蜜日、莫日和云汉日的释名与吉凶），而后按各曜日依次叙"七曜日忌不堪用等""七曜日得病望""七曜日失脱逃土之禁等事""七曜日生禄福刑推""七曜日发兵动马法""七曜日占出行及上官""七曜日占五月五日直"。

① 敦煌研究院编：《敦煌遗书总目索引新编》，北京：中华书局，2000年，第67页。

《宿曜经》则以七曜为纲，揭一曜而吉凶毕现，无论是宜忌、禄命还是五月五日直，都囊括在内，如：

> 日精曰太阳，太阳直日，宜策命拜官，观兵习战，持直言，行医药，放群牧，远行、造福、设斋、祈神、合药、内仓库、入学、论官，并吉。不宜诤斗、作誓、行奸，对阵不得先起。若人此曜直日生者，法合足智策，端正美貌，孝顺，短命。若五月五日得此曜者，则其岁万物丰熟。若有亏蚀地动者，则万物莫实，不千日为殃。①

正如上文所言，《宿曜经》以七曜为纲，将各曜直如发兵、失脱、得病、禄命、五月五日直等的宜忌囊括其中，但并非每一曜都包括所有的这些方面，如太阳直日就没有提及占病和失脱。

## 二、相关比较研究

与敦煌写本P.3081号文书相似的还有P.2693号文书。敦煌写本P.2693号文书（图1-30），卷名为《七曜历日一卷并十二时》，图版收录于《法藏敦煌西域文献》第17册②。该文书首尾全，本书下编中也有录文，存153行，以七曜为纲释名与阐释吉凶，之后从"子"到"亥"讲述十二宫的宜忌吉凶。

---

① [清]陈梦雷编，蒋廷锡校订：《古今图书集成·博物汇编艺术典·选择部汇考》，北京：中华书局，成都：巴蜀书社影印本第47册，1985年，第58268页。
② 图版见上海古籍出版社与法国国家图书馆合编《法藏敦煌西域文献》第17册，上海：上海古籍出版社，1995—2005年，第274—276页。

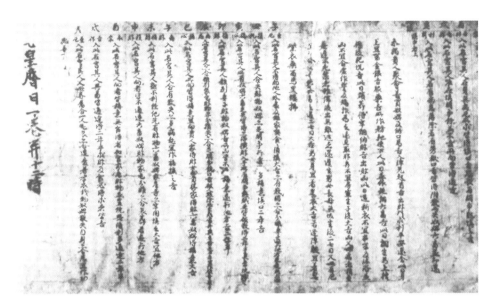

图1-30　P.2693《七曜历日一卷并十二时》（局部，采自《法藏敦煌西域文献》第17册）

从形式上看，P.2693号文书似乎与《宿曜经》更为接近，都是以七曜为纲，揭一曜而吉凶毕现。但不管是P.3081还是P.2693号文书，都是与《宿曜经》相似，并非完全一致，它们或结合中国传统文化，或考虑到实用需要，均有所创新和改良。这些因时制宜而进行的变化和创新，使得它们的文书内容比《宿曜经》更丰富，使用更便捷，更切合当时的民众生活。P.2693《七曜历日》中发展出的七曜日结合十二地支的占断，也使其内容更加丰满。

从内容上看，上述三者基本一致，吉凶的大方向是相同的，有细微处存在差异，可互为补充。为使三者的比较研究更加直观，现将主要内容列表如下：

表1-3 七曜日推占比较

| | P.3081 | P.2693 | 《宿曜经》 |
|---|---|---|---|
| 蜜日 | 吊死问病、出行、往亡、殡葬、斗竞、咒誓等凶。得病轻，八日内危，东取白药，祭先亡。失脱自得，求日神。生人禄二千石，通于文武。太阳日，日出处卯时发兵，将白衣白马缨绯白旗，祀天大将军。出行上官吉。五月五日得此直，一年内万事丰熟，四时衣节 | 不宜断竞角讼、咒誓煞，伐行恶事凶，宜谒君及受名位、卖奴婢，所为善务皆通吉。逃走失物不觅自得，得病重不死。生人足智、孝顺。逢阵敌，白衣白马白缨拂。五月五日遇此直，一年万事丰熟。若日月蚀地动者，大熟又不熟 | 宜策命拜官、观兵习战、持真（直）言、行医药，放群牧、远行、造福、设斋祈神、合药、内仓库、入学、论官并吉，不宜净竞作誓行奸，对阵不得先起。若人此曜直日生者，法合足智策、端政（正）美貌、孝顺、短命。若五月五日得此曜者，则其岁万物丰熟。若有亏蚀地动者，则万物莫实，不千日为殃 |
| 莫日 | 裁衣、冠带、剃头、剪甲、买奴婢六畜、欢乐，凶。得病稍重，十四日内死，不死宜服黑药，祀月神。逃者难得，禁者难出。生人禄至五品。太阴日，西北向东子时发兵，将黑衣紫骢马黑缨绯黑旗，祀月神。出行兴易平安，迟回。上官不毕正，非时被替。五月五日得此直，一年内五谷不熟，秋多霜冷 | 宜见官、穿渠、五谷宜入仓、嫁娶、兴易，东、北出行得利，不宜新入宅、结友、出财放债、造举动事，禁者不出，逃亡不还，失物不得，病难差，为恶不顺。生人九十日厄。绿衣骢马青缨拂。五月五日遇此直，多疾病，秋多霜冷加寒苦。此日遇日月被蚀及地动，其年多疾死复多苦，触事渐贫，损财物 | 宜造功德成就、作喜乐僚教女人、裁衣服、造家具、安床、穿渠、修井灶、买卖财物、仓库内财、洗头、割甲、著新衣并吉。不宜婚嫁、入宅、结交、私精，出行大凶。奴婢逃走难捉得，囚系者出迟。不宜杀生及入阵并凶。此日生人合多智策美貌，乐福田，好布施，孝顺。若五月五日得此曜者，岁多疾病，秋足霜冷。若有亏蚀地动者，则岁中饶疾死 |

续表

| | P.3081 | P.2693 | 《宿曜经》 |
|---|---|---|---|
| 云汉日 | 聚会作乐、结交朋友、合火伴及同财、迎妻纳妇，凶。得病极重，西南取赤药，祭火神。失脱不可得，逃者可寻得。生人禄至二千石。火直，南向北辰时发兵，将绯衣赤马赤缨绯赤旗，祀五道大将军。出行兴易，遇逢贼，水火损。上官遭口舌、诉讼之事。五月五日得此直，一年内足疾病，多行兵起，四方不宁 | 宜动兵马、修理甲仗，入阵冲贼得胜，及见官论理争斗，觅财物先者吉。病者静禁，若加病后得凶，逃亡难追，失物难获。生人聪明孝顺，短命多因力伤死，妨亲眷。逢阵赤缨拂赤马。五月五日遇此，其年多斗战，急须多兵马，亦有病疫，畜死损。若此日月被蚀、地动，其年多动，兵马死伤，富有流血 | 宜决罚罪人、国取盗贼、作欺诳事、买金宝牛羊。动甲兵修戎具教旗，克贼必胜，诉讼先起，合药、种莳、割甲、结婚，不得出财征债。禁者难出，病者必死。若此直日生人，法合丑陋，恶性妨亲害族，便弓马多嗔。若五月五日得此曜者，则岁中多争竞，若亏蚀地动者，则岁中多有兵马损伤 |
| 嫡日 | 出行，未曾行处不合去，冠带、沐浴、着新衣，凶。得病严重，十四日内差，北求黑药，祭河伯将军水神。失脱合得，逃者被捉回，求河伯水神。生人禄至三品。水直，北向南子时发兵，将黑衣骢马黑缨黑旗，祀河伯将军。出行兴易，失财物。上官失利，无成益。五月五日得此直，一年内流水遍野，江河泛滥，秋多霜 | 宜官参谒官府、修伽蓝、纳弟子、修船筏、造营、起首交、开买卖、和婚定礼、出行、兴易等。病者难除，禁者易出，逃者难获，失者觅得。生人智虑短命。逢阵敌碧衣碧缨拂吉。五月五日遇此日，其多江河泛滥，百物薄熟，冬加寒冷 | 宜入学事师长，学工巧伎，能攻城。又宜举债、出行、怨敌伏仇、得财，唯不宜修造宅舍、对战斗敌，做贼妄语并凶。被囚者即后必有阴谋，说动当时。若五月五日得此曜者，岁中有水灾。亏蚀地动则百物不熟，人多瘴疠耳 |

续表

| | P.3081 | P.2693 | 《宿曜经》 |
|---|---|---|---|
| 郁没斯日 | 恶言啾唧、奸非盗贼、吊死问病、斗讼，凶。得病不轻足忧，青药正东求，求家亲先亡、九子母吉。失脱自得。生人禄至二千石，位至三品。木直，卯时从东动兵，将青衣青骢马青缨绯青旗，祀行道天王。出行上官吉。五月五日得此直，一年内五谷丰熟、四方安、百姓乐 | 宜谒君王、升官位、修功德、持斋戒、修宅造舍等，不宜咒誓、斗争、看病，作诸不善，大凶；病者愈，逃者不获，禁者难出，失物难得。生人长命有智。逢敌宜着白衣白马白缨白拂。五月五日遇此直，其年田苗万物丰熟，四时依节。若日月被蚀及地动，三官贵人多灾厄，贫贱者诸事皆好 | 宜策命、使王及求善知识，并学问、礼拜、修福、布施、嫁娶，作诸吉事，请谒及结交、入宅、着新衣、沐发、种菜木、调伏象马、买奴婢并吉。若为凶事则大凶。若人此日生者，法合贵重荣禄。若五月五日得此曜者，岁中丰熟。若有亏蚀地动，则公王必死 |
| 那颉日 | 合和汤药、往亡、殡葬、哭泣、兴易，凶。得病恶，为邪鬼所着，难差、白药。失脱不可得，家贼相知取，逃者不可捉，宜急求九子母、巧女神吉。生人性好媱荡，禄至五品。日直，从西向东戌时动兵，着白衣白马白缨绯白旗，祀巧女神。出行兴，易因女人损财，上官被女人乱惑，亦被谤毁。五月五日得此直，一年之内国乱兵起，四方不宁 | 宜修功德、沐浴、婚嫁，不宜合朋侣为密事，患者难差，禁者恐死，逃者不获，入阵恐身亡马堕。生男难少积，神倩好装束，得人敬爱；生女多清正被人嫌谤。逢阵敌黄衣黄马黄缨拂。五月五日遇此直，世间人畜多有惊失复失，四方贼动，亡贼，取好日从东击之。遇日月交动蚀及地动，则其年足风尘、雷电，散损多少田苗，余并吉 | 宜见大人、官长，沐浴，冠带，求亲结婚，良友罪馔宜入宫至并吉。逃亡难得，狩猎并战不吉。若人此直日生者，法合短命好善，人皆钦慕。若五月五日得此直日者，则下田不牧，岁中惊扰之事。若亏蚀地动者，则六畜多损伤耳 |

续表

| | P.3081 | P.2693 | 《宿曜经》 |
|---|---|---|---|
| 鸡缓日 | 出财不回、作欢乐、聚会，凶。得病唯重不死，黄药，求本命君及北斗。失脱虽迟，到头必得，求宅君。生人恶性，无禄米。土直，西北向东南午时动兵，将黄衣黄马黄缨绋黄旗，祀北斗神。出行兴易，迟滞回军。上官毕一政后，更不得官。五月五日得此直日，一年内五谷薄熟，日涝不调，四时失节 | 参谒贵人、聚会、买奴婢、入阵先起首、服药、纳财吉，出财凶，造新衣不宜串带及沐浴，并凶。病者稍重，差迟不死；禁者虽滞，后出无难；逃者还迟。生男女后二七日父母有厄，男女身着黑衣吉。逢阵敌宜着皂紫衣，乘白马，黑缨拂 | 宜修园圃、买卖田地、弓马、合药、伏怨放火、立精舍、作井灶吉，唯不宜结婚、冠带及出行。若人此日生者，法合少病，足声名，少孝顺，信朋友。若五月五日得此直者，则合岁中多土功。若亏蚀地动者，则国中人民不安泰 |

从表1-3不难看出，不管是嫁娶、占病，还是禄命、出兵，尽管细微处存在差异，但三者的吉凶大方向基本一致。单看表中所列的内容，可以归纳出以下三点：

第一，虽说这两件敦煌藏经洞发现的七曜直类文书都有印度《宿曜经》的影子，但都有所改良有所变革，所包含的内容均比《宿曜经》丰满得多。很多事象《宿曜经》的占断最简略，而P.3081号文书则最为详尽。比如说，占断禄命，P.3081号文书不仅说出品性，还详叙禄米几何，妻儿如何，宜忌为何，等等；占动兵，不仅说出将军衣着等的颜色宜忌，还包括发兵时间、方向、祭祀神祇等；占病，不仅叙吉凶，还叙宜某方向求取某色药，祀何神祇等，这些都是另外二者所未包含的内容，是P.3081号文书的独特之处。另外，P.2693号文书与《宿曜经》以七曜为纲，但是并非每一曜都完全包括所列出的七项占断。

第二，P.2693号文书与《宿曜经》在"七曜占五月五日直"的占断后，基本上都有一条"若此曜日逢亏蚀地动"的占断，而P.3081号文书则没有，可见，P.3081号文书对《宿曜经》不仅有继承，还有舍弃。至于为何舍弃，或许是当时敦煌地区不常出现月食和地震，而从实用主义的角度出发的缘故。

第三，P.2693号文书内容丰富但繁复杂乱，《宿曜经》条理稍微清晰些却内容单薄，唯独P.3081号文书以占断事象为纲，既包含了丰富详尽的内容，又条理清晰，便于使用。从实用的角度上讲，着实优于另外两者。

### 三、文书所见"五月五日"现象研究

从上面文书中可见，占病、占失物、占禄命、占发兵、占出行上官等都是当时民众十分关注的重要事象。那么，为什么将"七曜日五月五日直"的占卜列于与它们同等重要的地位呢？黄正建认为，这一点源于《宿曜经》，或许是印度的习俗。①事实上，五月五日自先秦开始就已经是中国民俗文化中的凶日、禁忌日，在唐代也是如此，但对于五月五日生人的禁忌已逐渐淡化，如唐代崔信明于五月五日正午时出生：

> 有异雀鸣集庭树，太史令史良为占曰："五月为火，火主离，离为文，日中，文之盛也，雀五色而鸣，此儿将以文显，然雀类微，位殆不高邪。"②

---

① 黄正建：《敦煌占卜文书与唐五代占卜研究》，北京：学苑出版社，2001年，第92页。
② [北宋]欧阳修等：《新唐书》第210卷，北京：中华书局，1975年，第5731页。

盖其父"仍有所疑也，特不杀耳"。①

五月，自古以来就被民间视为凶月，有"五月到官，至免不迁""五月盖屋，令人头秃"等俗语。五月五日为重五，则更为不吉，传说春秋介之推当日被迫害死亡。王充《论衡·四讳》曰：

> 四曰讳举正月、五月子。以为正月、五月子杀父与母，不得举也。已举之，父母祸死，则信而谓之真矣。夫正月、五月子何故杀父与母？人之含气，在腹肠之内，其生，十月而产，共一元气也。正月与二月何殊？五月与六月何异？而谓之凶也？世传此言久矣，拘数之人，莫敢犯之；弘识大材，实核事理，深睹吉凶之分者，然后见之。②

这一观念可以追溯到先秦时期，孟尝君就有这种经历：

> 初，田婴有子四十余人。其贱妾有子名文，文以五月五日生。婴告其母曰："勿举也。"其母窃举生之。及长，其母因兄弟而见其子文于田婴。田婴怒其母曰："吾令若去此子，而敢生之，何也？"文顿首，因曰："君所以不举五月子者，何故？"婴曰："五月子者，长与户齐，将不利其父母。"文曰："人生受命于天乎？将受命于户邪？"婴默然。文曰："必受命于天，君何忧焉。必受命于户，则可高其户耳，谁能至者！"婴曰："子休矣。"久之，文

---

① 尚秉和：《历代社会风俗事物考》，北京：中国书店，2001年，第309页。
② 黄晖：《论衡校释》，北京：中华书局，1990年，第977—978页。

承间问其父婴曰："子之子为何?"曰:"为孙。""孙之孙为何?"曰:"为玄孙。""玄孙之孙为何?"曰:"不能知也。"文曰:"君用事相齐,至今三王矣,齐不加广而君私家富累万金,门下不见一贤者。文闻将门必有将,相门必有相。今君后宫蹈绮縠而士不得裋褐,仆妾余粱肉而士不厌糟糠。今君又尚厚积余藏,欲以遗所不知何人,而忘公家之事日损,文窃怪之。"于是婴乃礼文,使主家待宾客。宾客日进,名声闻于诸侯。诸侯皆使人请薛公田婴以文为太子,婴许之。婴卒,谥为靖郭君。而文果代立于薛,是为孟尝君。[①]

孟尝君以自己的聪慧与贤能争取到其父的赏识乃至众人的敬佩,用自己的努力改变了当时的人们认为"五月五日子"不祥的迷信观念,用自己的经历告诉世人"五月五日子"不仅不会妨害父母,通过努力还会有所建树,有所成就。也正因为有此先例,所以才会出现:

王凤以五月五日生,其父欲不举,曰:"俗谚:举五日子,长及户则自害,不则害其父母。"其叔父曰:"昔田文以此日生,为薛公。以古事推之,非不祥也。"遂举之。[②]

孟尝君、王凤无疑是幸运者,他们虽然受到了封建禁忌观念的影响,但最终并没有被遗弃。汉代的胡广就没有这么幸运了:

胡广本姓黄,以五月五日生,其父母置瓮中,流于江湖。胡公

---

① [西汉]司马迁:《史记》第75卷,北京:中华书局,1959年,第2352—2353页。

② 尚秉和:《历代社会风俗事物考》,北京:中国书店,2001年,第309页。

取之，养为己子，后登台司。①

胡广虽后有所成，但幼时被父母遗弃，便是深受五月五日禁忌之害。刘宋时的王镇恶五月五日出生，虽然没有被遗弃，但名字中却依然有五月五日禁忌的印迹。

上述诸人，无论是胡广还是王镇恶，无论他们是否被遗弃，都是因为见于史册才为我们所知。然而，史书中记载下来能够让我们了解的何其少，受这种封建思想的荼毒而被遗弃的无疑是更大的群体。

五月五日禁忌，自周至六朝未已，迄唐渐衰。前文提及的崔信明生于五月五日，其父也只是心有所疑，并没有将其遗弃或杀害。太史令为其占卜也是客观的而没有受到传统的五月五日生人禁忌的影响。虽然宋代仍然有所禁忌，如宋徽宗就生于五月五日，以俗忌改作十月十日了，但远不如前代强烈，反而逐渐演化成一个民俗岁时文化中的节日——端午节。《旧唐书》《新唐书》中始见"端午"这一名词。

唐代五月五日禁忌的发展变革除了表现在五月五日生人禁忌的逐渐淡化外，还表现在民众面对五月五日禁忌时主动性的增强。

　　禁忌也像宗教一样对人有一种心理上的安慰、麻醉和精神寄托作用……如果有时不慎，或无法回避，因而违犯了禁忌，人们也能想法解脱……这不是一般的睿智，而是表现了人在禁锢自己的同时又能自行开通的双重状态。②

---

① 尚秉和：《历代社会风俗事物考》，北京：中国书店，2001年，第309页。
② 李绪鉴：《禁忌与惰性》，北京：国际文化出版公司，1994年，第51页。

由于五月五日禁忌的存在，相应地出现了驱邪避灾的应对措施。

周时用五月五日蓄兰为沐浴的方法驱邪避灾，汉时则是"以五彩丝系于臂上，以驱瘟病，止邪气，辟恶鬼……又要门饰朱索五色印，以止恶气……在汉代人看来，这种五色彩丝或五色印，具有厌禳、驱邪、避瘟功能"①。

唐代，民众除了沿袭之前的门饰朱索、五彩丝，以及纪念屈原吃粽子等习俗外，更加强了应对五月五日禁忌的主动性，敦煌写本P.3081中关于七曜日五月五日直的占卜就是这一变化的产物。该文书的内容是在唐代的敦煌地区流传使用的，体现了当时民众面对五月五日禁忌的反应。按文书中所载：

> 蜜，五月五日得此直，一年之内万事丰熟，四时衣节。莫，五月五日得此直，一年之内五谷不熟，秋多霜冷。云汉日，五月五日得此直日，一年之内足疾病，多行兵起，四方不宁。嘀，五月五日得此直日，一年之内流水遍野，江河泛滥，秋多霜。郁没斯日，五月五日得此直日，一年之内五谷丰熟，四方安，百姓乐。那颉日，五月五日得此直，一年之内国乱兵起，四方不宁。鸡缓日，五月五日得此直日，一年之内五谷薄熟，日涝不调，四时失节。②

民众可以由落在五月五日的各曜分别推占这一年的吉凶，包括关乎民生的五谷丰熟、疾病霜冷、江河泛滥、兵连祸结等。简单地说，若

① 周耀明、万建中、陈华文等：《汉族风俗史》第2卷，上海：学林出版社，2004年，第185页。
② 图版见上海古籍出版社与法国国家图书馆合编《法藏敦煌西域文献》第21册，上海：上海古籍出版社，2002年，第259—261页。

五月五日正值蜜日或郁没斯日则是吉利的，五谷丰熟，四方安乐；若五月五日正值莫日、嘀日、鸡缓日则秋多霜冷，旱涝不调，影响农作物的成熟与收获；若五月五日正值云汉、那颉日则多疾病、兵祸。得出这些推断之后，便可以此为据指导当年的生活。由此，再一次反映出五月五日在民众观念中的重要地位。

七曜术源自印度，在东传的过程当中浸染了浓烈的中亚色彩，出现了很多变革和创新，盛于六朝唐宋时期。《隋书·经籍志》中就有七曜术著作22种56卷，《旧唐书·经籍志》中录5种，《新唐书·艺文志》中又多出《七曜符天历》一卷和《七曜符天人元历》三卷两种，南宋郑樵《通志》载30种，《宋史·艺文志》载11种17卷，大多为《隋书·经籍志》中所未见。由此，我们可以知道，七曜术在当时是很常见的，敦煌藏经洞中能够发现有关七曜术的文书绝非偶然。

敦煌写本P.3081《七曜日吉凶推法》虽有印度《宿曜经》的痕迹，但还根据使用的需要而进行了很多形式和内容上的革新，其以占卜事象为纲，内容更为饱满，使用起来也更为便捷。

敦煌写本P.3081号文书的出现，不仅为当时民众提供了日常生活的行为指导，更增强了他们应对五月五日禁忌的主动性。五月五日禁忌起自先秦，发展到唐代这个时期已逐渐式微，由最初的"五月五日生人"禁忌逐渐演变为趋吉避凶的端午节。这一方面归功于唐代文化的繁荣和东西方文化交流的增多，另一方面也是人类对自然界认识加深的必然结果。早期很多禁忌都是由人类对于大自然的恐惧和敬畏而产生的，随着人类对自然界认识的深入，适应自然的能力的增强，这些禁忌势必会逐渐衰落。

# 第二章　敦煌写本时日宜忌文书产生的历史背景 与编撰特点

## 第一节　敦煌写本时日宜忌文书产生的历史背景

世上万物都不可能是孤立的，都与周围的一切存在着千丝万缕的联系，敦煌写本时日宜忌文书亦如此。要更好地理解和研究敦煌写本时日宜忌文书，就要将其置于当时的历史大背景之下，了解其产生的历史背景。

时日宜忌类文书最早的正史记载可追溯到《史记》，讲述了尧禅位于舜后，舜祭祀天地的事迹。在继承和发展古代流传下来的择吉文化的基础上，敦煌写本时日宜忌文书还受到同期的中原文化和西方传入的佛教、摩尼教等外来宗教文化的影响。当然，文书的形成与敦煌当时的社会需求也是密不可分的。也就是说，在上述因素交织互动的作用下，敦煌写本时日宜忌文书应运而生。

### 一、古代择吉文化的历史传承

趋吉避凶，一直为人们所向往。择吉之俗由来已久，《诗经》《尚书》中就已经可以见到"择吉""吉日"等相关字眼。可以说，择吉文化的历史差不多与人类的历史一样悠久。很早的时候，择吉文化就已经渗入社会生活的方方面面。《史记》中《日者列传》便有对这方面内容的记载，言：

> 自古受命而王，王者之兴何尝不以卜筮决于天命哉！其于周尤甚，及秦可见。代王之入，任于卜者。太卜之起，由汉兴而有。①

裴骃为其作集解：

> 古人占候卜筮，通谓之"日者"。《墨子》亦云，非但《史记》也。②

唐代司马贞为其所作索隐中说道：

> 名卜筮曰"日者"以墨，所以卜筮占候时日通名"日者"故也。③

郭正谊在《中国占卜的起源》中写道：

> 原始民族未能掌握自然规律，为了判断狩猎、游牧、去从、是非等，就要进行占卜。④

---

① ［西汉］司马迁：《史记》第127卷，北京：中华书局，1959年，第3215页。
② ［西汉］司马迁：《史记》第127卷，北京：中华书局，1959年，第3215页。
③ ［西汉］司马迁：《史记》第127卷，北京：中华书局，1959年，第3215页。
④ 郭正谊：《中国占卜的起源》，《科学与无神论》2001年第5期，第11页。

郭正谊认为，这便是中国古代占卜的起源，最初是掷钱占卜，当然，那时候的钱币是贝币；而后发展成八卦，慢慢地衍生出六十四卦，甚至其他占法，这是人类认识发展的一个必然过程。

另外，透过一些出土文物，我们也可以略窥古代择吉文化的概貌。比如说，从放马滩秦简和睡虎地秦简的《日书》中，我们可以看到很多当时的择吉文化印迹，虽然有残缺，但不妨碍我们看出战国时的择吉文化就已经与社会生活的各个方面紧密结合，包括出行、嫁娶、祭祀、上官、冠带、丧葬、修造等，里面还记载了很多选择时日的方法和规律。战国时期的择吉分为五行家、建除家、秀阳家、结阳家、吉实家和十二月吉凶体系六大流派，是后世择吉术的上溯渊源，其内容反映了当时饱受战乱之苦、生活颠沛动荡的人们对于美好安定生活的向往。与敦煌写本时日宜忌文书重视阴阳避忌、婚嫁葬病、宅户修造不同，战国时期的择吉更注重出行、嫁娶和修造，这与当时的社会不安定是密切相关的，同时也反映了择吉文化的功利性以及我国古代择吉敬天的观念。

事实上，秦汉以前，术数基本上是由统治者身边的专门官员所掌控，与社会生活的联系并不是那么紧密。直到春秋战国时期，原本掌控术数的官员因战乱而沦为平民，为谋生而开始给民众相面、卜筮，这便促进了术数在民间的发展和传播。而后，秦始皇焚书坑儒也将卜筮之书列于所焚烧的书目之外，使得大量的占卜书得以保存下来。及至汉朝刘歆作《七略》时，术数已经成为当时民众社会生活中的一项重要内容。《七略》中收录了术数著作190种2528卷，分为天文、历谱、五行、筮龟、杂占、形法六类。

随着术数的发展，择吉文化也愈发盛行起来。两汉时期，择吉文化已经渗入政治生活的各个层面，《后汉书·光武帝纪第一上》中就有这样的记载：

> 冯异与赤眉战于崤底，大破之，余众南向宜阳，帝自将征之。己亥，幸宜阳。甲辰，亲勒六军，大陈戎马，大司马吴汉精卒当前，中军次之，骁骑、武卫分陈左右。赤眉望见震怖，遣使乞降。丙午，赤眉君臣面缚，奉高皇帝玺绶，诏以属城门校尉。戊申，至自宜阳。己酉，诏曰："群盗纵横，贼害元元，盆子窃尊号，乱惑天下。朕奋兵讨击，应时崩解，十余万众束手降服，先帝玺绶归之王府。斯皆祖宗之灵，士人之力，朕曷足以享斯哉！其择吉日祠高庙，赐天下长子当为父后者爵，人一级。"[①]

这里说的是东汉光武帝在战胜赤眉军后择吉日祭祀并封赏的事情。事实上，不仅仅是祭祀，皇帝登基、封爵迁庙、婚丧嫁娶等，都要择吉日举行，太史令就是负责择吉日工作的人。对此，《后汉书·百官二》有载：

> 太史令一人，六百石。本注曰：掌天时、星历。凡岁将终，奏新年历。凡国祭祀、丧、娶之事，掌奏良日及时节禁忌。[②]

东汉时又有太常掌管礼乐社稷、宗庙礼仪，太史令实际上是太常的属官，故《后汉书》中也有"臣请大司空上舆图，太常择吉日，具

---

① ［南朝宋］范晔：《后汉书》第1卷，北京：中华书局，1965年，第32—33页。
② ［南朝宋］范晔：《后汉书·百官》第25卷，北京：中华书局，1965年，第3572页。

礼仪"①和"其敬举觞，太常择吉日策告宗庙"②等语。

到了唐五代，政府设置专门管理占卜的机构，称为太卜署。由政府主持管理的占卜活动是不允许民众参与的，甚至收藏有关书籍也是不可以的。政府干预占卜，禁止民众参与某些占卜，主要是担心民众借占卜来预测政局形势，蛊惑人心，对统治构成威胁，显然敦煌写本时日宜忌文书并不在此列。

## 二、西方宗教文化的传入

乌丙安认为，信仰习俗具有多重性，又称作多层复合信仰或多层结构。这里说的多重性、多层结构实际上是指民俗信仰不仅仅有自身的、原始的特点，有时还融入了许多佛教、道教等其他传统宗教的特点和观念。

敦煌位于丝绸之路的咽喉要地，西方外来宗教传入敦煌时，势必对敦煌的生活、习俗、文化等造成或多或少的影响。唐代是宗教繁盛的时期，不只有佛教、道教，还有后传入的景教、祆教、摩尼教等。这与唐朝统治者对宗教的接纳和包容态度密不可分。唐太宗时，景教大德阿罗本就曾留居宫中。后来，唐太宗还特地在京城为他建造了大秦寺。而后的高宗、玄宗等都支持并推广景教，在诸州设立景教的寺庙。

佛教作为较早传入中国的外来宗教，为传播而迎合民众的需要进行了中国本土化的变革，在唐代盛极一时。僧人玄奘是这一时期佛教发展中不得不提的人物。他为发展佛教，探求义理，不辞辛苦，西行取

① ［南朝宋］范晔：《后汉书》第1卷，北京：中华书局，1965年，第64—65页。
② ［南朝宋］范晔：《后汉书》第2卷，北京：中华书局，1965年，第121页。

经求佛；返回后又开创新宗，翻译佛经，讲经说法，极大地促进了佛教的进一步传播。玄奘根据自己西行的见闻所著的《大唐西域记》为古今学者所珍重，具有很高的学术价值。及至唐五代时期，佛教在中国的广袤大地上发展传播已有数百年之久，早已在敦煌这个中西方文化交流的要冲扎下牢固的根基。从敦煌写卷中，我们不难发现，唐五代时期的敦煌寺院林立，僧尼众多，佛教活动频繁，佛教如火如荼地发展，与同样在这片土地上植根滋长的道家、儒家思想有机融合。这些也体现在了敦煌写本时日宜忌文书之中。P.2693《七曜历日一卷并十二时》中既有"十二宫"又有"十二时"，是典型的中西方文化交融、佛家道家文化结合的表现。

景教，是唐朝时期传入中国的基督教聂斯脱利派，也就是东方亚述教会，起源于今日叙利亚，被视为最早进入中国的基督教派。明朝天启五年（1625），西安发掘出石碑《大秦景教流行中国碑》，记载着景教是唐贞观九年（635）传入中国的。唐朝时，景教曾一度在长安兴盛，并在全国设寺。

祆教，又叫火祆教、拜火教，流行于古代波斯及中亚等地，是基督教诞生之前中东最有影响的宗教，也是古代波斯帝国的国教。祆教唐贞观年间传入中国，在京师崇化坊建波斯寺。"祆"从示从天，关中谓天为祆，西北诸国事天最敬，称神曰"祆神"。其教义一般认为是神学上的一神论和哲学上的二元论，经典主要是《波斯古经》。

公元3世纪中叶，波斯人摩尼始创摩尼教。这是一种将基督教和伊朗马兹达教义混合而成的哲学体系。关于摩尼教何时传入中国，史上无考，但在唐代就已经兴盛了。唐代宗敕回纥建寺院，并赐"大云光明"匾额，又敕他州各设大云光明寺。后会昌灭佛时，也将摩尼寺一同救废。

敦煌是中西方文化交流的要冲，各种外来宗教文化的因素早已融入民众的生活之中。敦煌写本时日宜忌文书也必然会受到各种外来宗教文化的影响，如P.3081中的七曜和S.0813《月占书》中的月崇拜思想等，都有典型的外来文化印迹。

### 三、唐五代敦煌地区社会变迁的影响

初唐盛唐时期，敦煌由唐王朝直接统辖，中唐时期被吐蕃占领，晚唐五代乃至北宋被张氏、曹氏归义军统治，史称"归义军时期"。可以说，唐五代是敦煌地区社会变迁较为频繁的时期。

不可预期的因素增多，命运前途未知，于是，人们就不约而同地求助于占卜。这也是我们可以在藏经洞发现那么多件时日宜忌文书乃至占文的一个重要原因。时日宜忌占卜是古代的阴阳家依据经验，经过统计分析，最后总结、衍生、发展出来的一种预测未来命运的方法，是人们了解和掌握命运的一种努力和尝试。可以说，时日宜忌文书是应敦煌地区社会变迁需要而产生和传播的，其内容融入唐五代社会的方方面面。

作为术数的一种，敦煌写本时日宜忌文书与社会之间有着互动作用。在社会动荡的时代，占卜师不仅是历法官员、幕僚，同时也是帮助人们调节情绪的治疗者。术数虽有一定的稳定社会的作用，却也有消极的一面，即很容易成为占卜者的敛财工具，也容易使人产生依赖天意、相信宿命、投机取巧、不思进取等不良观念。在科学不发达而术数又广泛流行于民间的情况下，术数的预测预言对人的诱惑力和驱动力是很强的。敦煌写本时日宜忌文书也有类似的特点，它既受社会

变迁的影响，又对社会起着或积极或消极的复杂作用。

吐蕃占领敦煌后，州学、县学等传统的教育体制惨遭破坏，唯一留存的便是寺学。再加上吐蕃统治者的民族压迫和残暴统治，一些被压迫的汉族知识分子和不甘与吐蕃人为伍的文人志士纷纷遁入空门。这些人出家后发挥了不小的作用，他们给寺院带来了先进的汉文化，使寺学的教育更加完备，他们不仅讲授传统的四书五经、诗词歌赋，还讲授一些天文历法、阴阳杂占类的内容。到了归义军时期，官学恢复，然寺学仍旧兴盛。文书P.3984V的"福增众显，普出皆庆，岁次辛丑七月朔十三日题毕"①就有着明显的佛教印迹。

## 第二节　杂芜与有序：敦煌写本时日宜忌文书的编撰特点

敦煌写本时日宜忌文书在继承古代择吉文化的基础上，发扬河西本地择吉文化的特色，吸收西方外来宗教文化中的择吉因素，并对以上内容进行组合，形成了28件内容丰富、实用、富有时代感的占卜文书。这类文书帮助人们选择时日、趋吉避凶，往往是多种择日避凶方法的汇编。编者可能是当时或者其前某个时代的一位或者多位阴阳家，抄写者可能是当时活跃在敦煌地区的占卜师，也可能是出家人，抑或普通文人。粗略看来，敦煌写本时日宜忌文书有些杂乱无章，不似其他类文书般规整。但仔细推敲，我们还是可以在芜杂中发现这些文书

---

① 图版见上海古籍出版社与法国国家图书馆合编《法藏敦煌西域文献》第30册，上海：上海古籍出版社，2003年，第316页。

的内在联系与成文规律。

## 一、兼收并蓄

由于敦煌写本时日宜忌文书自身的特殊性，其编撰必然要兼收并蓄。敦煌写本时日宜忌文书是在继承和发扬古代择吉文化，吸纳西方外来宗教文化，融合敦煌本地文化与需要的基础上形成的，这就决定了其内容的芜杂性和多样性。文书中既有剪甲、裁衣、洗头、冠带的生活琐事，又有婚丧嫁娶、入学、上官的人生大事，既有出行兴易、买卖奴隶、财物出入的经济类活动，又有农林渔牧、狩猎、酿酒的生产类活动，既有佛教的斋修，又有道家的神祇，既有儒家的道德伦理，又有外来的七曜和月崇拜文化。例如：

1.巳不迎女，不宜姑嫜。辛不作酱，一人不喜。亥不嫁娶，必煞姑嫜，又不迎妇。（北大D195V）

2.正月一日买以牸牛，万倍。午卯日纳财，大吉利。丙子日不得与人钱及出粟与人，令人家贫，不利。癸丑日偿债，使人终身不负人债，吉。常以壬戌日还债，终身大吉，不负他人债，利。癸亥日还债，令人终身负他人债，凶，一凶云。常己巳、癸酉，此云债偿，终身不□人财，利。（P.2661V）

3.甲寅，种瓜瓠、小豆、葵、葱蒜、稷穄吉；种树木高迁，寿老宜子孙，吉。射猎吉。（P.3281）

4.蜜，宜清斋修供，布施求恩诸并得。（P.2693）

5.甲辰，祀天神富；祀大神吉；祀先人凶，一云三人死；祀宅神、外神吉；祀土公，长死；祀灶，口舌起。祭，奴婢续世。解，神在，大吉。祠祀，神不出，凶，此日司命死日，不祠祀，凶。辰时神在家。解殃遣祟，祟不出，害六畜。厌百鬼，鬼出万里。（P.3281）

6.鸡缓，诈，耻辱。宜专做好事。（S.1396）

7.每月一日，见月，大吉；二日，见月，所求称心；三日，见月，斗诤；四日，见月，大利；四（五）日，见月，悲哀；六日，见月，所求称意；七日，见月，损才（财）；八日，见月，所见欢喜；九日，见月，凶；十日，见月，平安之事。（S.0813）

以上仅列举裁衣、婚嫁、经济活动、生产活动、斋修、祭祀、道德影响、月崇拜等方面的例子，以期说明敦煌写本时日宜忌文书编撰的兼收并蓄。

敦煌写本时日宜忌文书编撰的兼收并蓄，不仅仅表现在某类时日宜忌文书的宏观总体方面，在其中的几篇文书中，也是能够体现的。最为典型的自然是P.2661V《诸杂略得要抄子一本》了。看这个题名，我们就可以知道其内容是很杂芜的，里面有各种趋吉避凶的方法，如：

正月一日，取阳桃支（枝）着户上，百鬼不入门。冬至日，裁衣令人无病，大吉利。以破履埋庭中，令人宜仕，大吉。以正月悬古羊头着户上，辟盗贼。以羊蹄马蹄埋宅四角，令人大富贵。以狗肝涂宅，令妇人生富贵子。以庚寅日塞鼠穴，永不入人家，吉。以鹿角着厕中，令人得财。以寅日涂仓，令鼠不食五谷。以岁三十日裁衣，宜官宦迁。以牛骨悬屋四角，令人家富，吉。以小儿初（出）生日入学，必尊贵。己丑、己巳日，欲有求聪明，所愿从心。夫着妇内衣，生贵子，吉。欲令达官不堕，取白雄鸡羽带之，吉。

正月上朔日卖买，十万倍，吉利。以癸亥日偿债，令人终身负他人债。以五月庚辰、庚申日纳财，千倍利。①

又如：

> 推作灶法。长七尺，阔四尺，高三尺。各不如法，神不居□，致虚耗。小儿初生时，煮虎头骨汤洗之，老无病，吉利。以五月五日，虾蟆左足系着右肩臂上博（搏）戏，决得胜吉。②

这一件《诸杂略得要抄子一本》着实让人眼花缭乱，既有禳灾的方法，又有做灶的宜忌，既有沐浴裁衣的吉日，又有诸多的禁忌，既有房宅的六虚、五耗，又有世人的五逆、六不祥，是典型的兼收并蓄的例子。

需要注意的是，文书兼收并蓄虽然能够让读者看到更多的推占择日、趋吉避凶的方法和内容，但也产生了一个问题，就是占断内容的相互矛盾，这甚至在同一篇文书内都有所体现。P.2693号文书中就既说了嘀日宜沐浴、剪甲、裁衣，又说了不宜沐发、着衣服、裁衣。这一方面可能是从不同的占文中杂抄摘录而形成的矛盾，因为时日宜忌的很多条目实际上并没有科学依据；另一方面也可能是抄录时的误抄。考P.3081号文书中也提及嘀日的宜忌，说嘀日冠带、沐浴、着新衣，凶。由是，我们姑且取其同义，去其相悖，认为P.2693号文书中嘀日的

---

①② 图版见上海古籍出版社与法国国家图书馆合编《法藏敦煌西域文献》第17册，上海：上海古籍出版社，2001年，第131—134页。

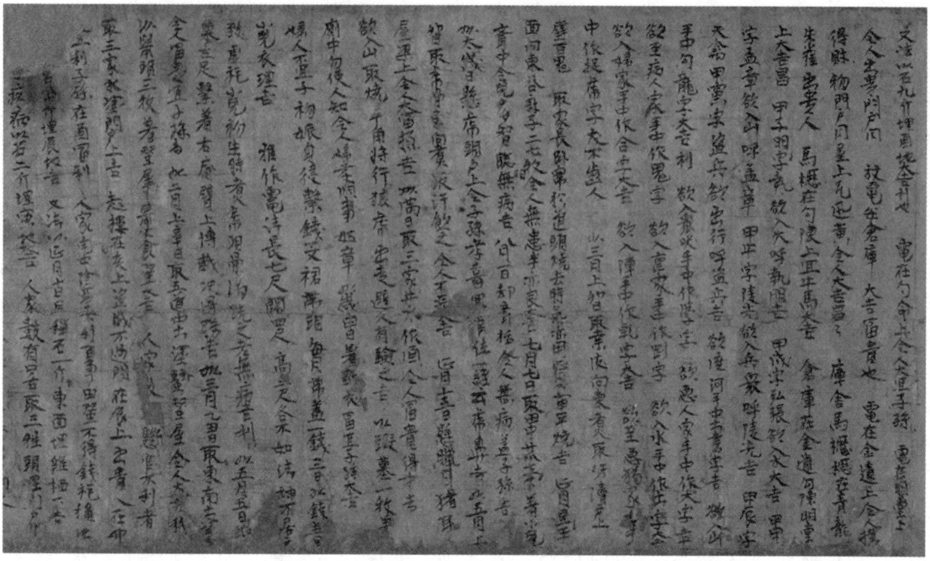

图2-1　P.2661V《诸杂略得要抄子》（局部，采自IDP网站）

宜忌抄录是有错误的，裁衣、沐浴或都为凶。

## 二、事日为纲

敦煌写本时日宜忌文书编撰兼收并蓄、内容杂芜繁多，但是，究其实质，旨在帮助人们选择做某事的合适时日，以达到趋吉避凶的目的。那么，这就脱离不开"事"与"日"，要么是以"事"为纲，查找适宜做这件事情的时间；要么是以"日"为纲，详叙这一日适宜做和不适宜做的事。当然，还有同一篇中两种体例都有的杂糅型文书。由于敦煌写本时日宜忌文书内容繁杂，出现这样的文书也并不奇怪。

第一，以事为纲的时日宜忌文书。

以事为纲，顾名思义，就是以要做的事情为纲，占断做这件事情的吉日或凶日。人们根据占断结果选择吉日去做，凶日去避忌，以取得好的结果。敦煌写本时日宜忌文书中，以事为纲的文书共11件。

S.5614《占周公八天出行择日吉凶法》，根据周公行至八天的天财日、天宫日、天富日、天阳日、天充日等，去占断出行的吉凶，显然以事（出行）为纲进行占断。

S.8350《太岁等神游日与宜忌》，如题，主要占断太岁等神的神游日及其宜忌，以事为纲。

P.3594《阴阳书残卷》，主要是在讲述移徙、修造动土、镇宅等内容，以事为纲。

P.3602V《孟遇禄命一部》，内容较杂，包括占失脱、镇宅等，以事为纲进行推占。

S.9987B3《裁衣吉日》，顾名思义，文书是在讲裁衣这一件事，显然以事为纲。

S.11362BV《占日记》，残损特别严重，仅存两残行，是八月中的几天。虽然无法确定它在讲什么事情，但按其书写形式，依然可以确定这篇文书是以事为纲，然后列出适宜做这件事的一些日子。

P.3064《占星书》，正反面书写，残存两图，从正面图旁文字可知似与占病有关，那么就不难将其归为此类。

P.3803卷名为《龙母决》，似为一种占断方法。如若占断，必有占断的事件，故而将文书归为此类。

Дx01064、01699、01700、01701、01702、01703、01704《推皇太子洗头择吉日法》，典型的以事为纲，记载了三种推断洗头吉日的方法。

Дx01274、03029《占书残片》，似为推丛辰的所在，可归为以事为纲范畴。

Дx12829、12830V《占出行择日吉凶法》，占出行，以事为纲。

第二，以日为纲的时日宜忌文书。

以日为纲，就是以要占断的时间为纲，推占这个时间做一些事情的吉凶宜忌。敦煌写本时日宜忌文书中，以日为纲的文书共计13件。

P.2693《七曜历日一卷并十二时》，以七曜日为纲，详叙各曜日做事的吉凶宜忌，还附有七曜日入十二宫的吉凶宜忌，是以日（时）为纲。

S.1396《七曜历日》，虽残缺不完整，但仍能看出是以日为纲，详叙这一日作乐、得病、出行、发兵、生人等的吉凶宜忌。后面不仅附有禳解之法，还有此曜日辰时、未时、亥时、午时等做事的吉凶宜忌。

S.8362《七曜占书》，虽然残损严重，但通过可辨识的文字能看出文书是以日为纲，详叙这一曜日冠带、出行、聚会、征战、生人、五月五日直、日月食地动等的吉凶。

S.6182《六十甲子历残卷》，记载了丁未做诸事的吉凶宜忌，包括建除十二直、推五姓修造法、见官、上书、嫁娶、市买、祭祀、治病、裁衣等社会生活的方方面面，显然是以日（干支）为纲。

P.3281《六十甲子历》以日（干支）为纲，详叙壬寅、癸卯、甲辰、乙巳、丙午、丁未、戊申、己酉、庚戌、辛亥、壬子、甲寅、乙卯、丙辰、丁巳、戊午、己未这17个干支建除、五姓、见官、上书、嫁娶、市买、祭祀、治病、裁衣、沐浴、人神所在、出行、失脱、发兵、雨占、伍胥法、逢精魅、天狗食日、手足痒等生活中遇到的各方面内容的杂占。

P.3685《六十甲子历》，与上述的"六十甲子历"类时日宜忌文书相同，这篇文书也是以干支为纲，详叙庚子、辛丑这两个干支诸事的吉凶宜忌。

P.4680《六十甲子历》，同样以干支为纲，详叙己丑、庚寅、辛卯这三个干支做事的吉凶宜忌。

Дx04960《六十甲子历残卷》虽然只是一残片，仍可依稀辨认是庚寅的尾与辛卯的头，依旧以日（干支）为纲。

S.2620《年神方位图》残存八幅图，从图的内容与旁边的文字看，是以日（年）为纲，绘出每年的年神方位等。

S.0813《月占书》，后似有残缺，似在讲述每月第一日到最后一日见月所预示的吉凶，典型的以日为纲。

P.3984V《六十甲子纳音》，前一部分是六十甲子纳音，后一部分是诸杂禁忌的内容，均可认为是以日为纲。

Дx01295、02976、03515《择日书残片》，似在叙某一日见官、结婚、祭祀等的吉凶宜忌，以日为纲。

北大D195V《择日占卜书》，前为六十甲子纳音，后按十天干与十二地支的顺序说明当日的禁忌，有的还附有原因，显然以日为纲。

第三，事日杂糅的时日宜忌文书。

事日杂糅，顾名思义，就是在这一篇文书中，既有以事为纲的内容，又有以日为纲的内容。在敦煌写本时日宜忌文书中，这样的文书有4件。

P.3081《七曜日吉凶推法》先以日为纲，详叙各曜日的吉凶宜忌，而后以事为纲，分叙七曜日忌不堪用、得病、失脱、禄福刑推、发兵动马、出行上官、五月五日直的吉凶占断。

S.0612V《失名占书（推杂忌日法等）》，前一部分为推杂忌日法，简单叙述十天干和十二地支的凶事与禁忌，以及不要避忌的原因，显然以日为纲；后一部分的"推修造月法"和"推修造日法"是推占适宜修造的时间，显然以事（修造）为纲。

P.2661V《诸杂略得要抄子一本》内容芜杂繁复，是典型的事日杂糅体例的文书。推断一些趋吉避凶的方法是以事为纲，其中直言某日做某事宜忌的内容则当属以日为纲，如：

> 甲子字明执，欲入火，呼执明（明执），吉。甲戌字弘张，欲入水，大吉。甲申字孟章，欲入山，呼孟章。甲午字陵光，欲入兵，众呼陵光，吉。甲辰字天禽。甲寅字盗兵，欲出行，呼盗兵，吉；欲渡河，手中书土字，吉；欲入山，手中勾龙字，大吉利；欲入众吠，手中作学字；欲恶人家，手中作大字，吉；欲至病人家，手中作鬼字；欲入丧家，手中作罡字；欲入水，手中作土字，大吉；欲入妇家，手中作合字，大吉；欲入阵，手中作乾字，大吉；欲至恶狗家中，手中作提虎字，犬不齿人。①

这里提供了入火、入水、入山、入兵、出行、渡河等的避凶之法，是以事为纲。而建除治病禁忌等内容则是以日为纲进行说明，如：

> 建不治头，除不治喉，满不治腹，平不治背，定不治脚，执不治手，破不治口，危不治鼻，成不治胃，开不治耳，闭不治目。②

Дх01258、01259、01289、02977、03162、03165、03829《天牢鬼镜图并推得病日法》内容复杂，也可归为杂糅类。前面的天牢鬼镜图部

---

① 图版见上海古籍出版社与法国国家图书馆合编《法藏敦煌西域文献》第17册，上海：上海古籍出版社，2001年，第131—134页。

② 图版见上海古籍出版社与法国国家图书馆合编《法藏敦煌西域文献》第17册，上海：上海古籍出版社，2001年，第131—134页。

分内容应该是以事为纲的，后面占病的内容则按照十二支或建除十二直的顺序进行说明，显然以日为纲：

> 建日病者，犯东方土公，丈人索食，祀祭不了，有龙蛇为在，家亲所为，解之吉，七日差。除日病者，客死鬼为祟，来去有时，耗人财物，令人斗讼，急需安宅，解之吉，五日差。满（日）病者，断后不葬鬼，与人为祟，病者（残）寒热，解送之吉，七日小降，十日大差。①

### 三、实用为先

与其他文书乃至其他占文不同，敦煌写本时日宜忌文书切近民众生活，几乎是人们每天都要用到的日常生活指南，其编撰以实用为第一原则。

敦煌写本时日宜忌文书从实用的角度出发，囊括了关乎生活的方方面面，这一点在P.3281《六十甲子历》这样以日（干支）为纲的文书中表现得尤为突出。

这篇文书以实用为先，详叙壬寅、癸卯、甲辰、乙巳等干支建除、五姓、见官、上书、嫁娶、市买等人们的生产生活中可能遇到的多方面内容的杂占，俨然一份当时敦煌民众日常生活的百科指南。

当然，实用为先的编撰原则在以事为纲和事日杂糅的文书中也明晰地显现出来。

---

① 图版见俄罗斯科学院东方研究所圣彼得堡分所、俄罗斯科学出版社东方文学部、上海古籍出版社编《俄罗斯科学院东方研究所圣彼得堡分所藏敦煌文献》第8册，上海：上海古籍出版社，1997年，第38—41页。

　　比如，Дx01064、01699、01700、01701、01702、01703、01704《推皇太子洗头择吉日法》，以事为纲，记载了三种推断洗头吉日的方法，使人们在使用时更有针对性。

　　又如，P.3081《七曜日吉凶推法》，先以日为纲详叙各曜日的吉凶宜忌，而后以事为纲，分叙七曜日忌不堪用、得病、失脱、禄福刑推、发兵动马、出行上官、五月五日直的吉凶占断，是印度的《宿曜经》传入我国后的又一次变革。显然，这次变革是以实用为先的，使用起来更为便利，实用性也更强。

# 第三章　征与象：敦煌写本时日宜忌文书的内容事象与占断方法

## 第一节　敦煌写本时日宜忌文书的内容事象

敦煌写本时日宜忌文书内容兼收并蓄，占断方法多样。据笔者统计，敦煌写本时日宜忌文书大致包含裁衣、冠带、洗头、沐浴、剪甲、修造、起土、穿井、入宅、安床、镇宅、请符、哭泣、殡葬、占病、服药、针灸、婚嫁、妊娠、生子、祭祀、卜筮、厌鬼、禳灾、除灰、五姓、建除、丛辰、神游、逢精魅、移徙、出行、兴易、财物出入、农林渔猎、酿酒、见官、入学、受名位、谒人、争讼、作誓、受寄、雇人、作乐、交友、失脱逃禁、日月、地动、晴雨占、解除、军事兵器、六十甲子、七曜等内容，共计1335条。大体上看，敦煌写本时日宜忌文书的内容事象可分为生活琐事、婚嫁葬病、社会活动、宅户修造、经济生产、天象神祇、阴阳避忌七大类（图3-1）。

图3-1　敦煌写本时日宜忌文书七类事象分布

## 一、生活琐事

生活琐事，指的是生活中经常做的小事，诸如裁衣、冠带、洗头、剪甲等。虽然都是琐碎的小事，但因为经常出现在生活中，所以民众还是比较重视的。故而，敦煌写本时日宜忌文书对这些琐事就有着比较详细的记述，大致包括裁衣洗衣40条、鞋相关内容3条、冠带25条、带剑印绶10条、洗头沐浴39条、剪甲剃头27条，总计144条内容。

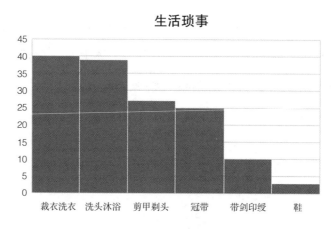

图3-2　生活琐事事象分布

由图3-2可见，生活琐事中，敦煌民众当时最关心的是裁衣洗衣、洗头沐浴和剪甲剃头。

裁衣，即裁剪衣料缝制衣服。择吉裁衣，主要包括裁制嫁衣或寿衣。中古时期，衣服都是手工裁制，人们认为选择一个合适的时日裁制新衣会更吉祥顺利，如文书P.3081中载：

郁没斯，宜裁衣。[①]

又如，P.2693《七曜历日一卷并十二时》中载：

嫡，宜裁衣、着衣服。[②]

再如，文书S.9987B3，按月记述了裁衣的吉日：

约□宿日终而复始，十二月（残）正月：三日、四日、七日、九日、十日、十五日、十六日（残）廿四日、廿五日、廿六日，已（以）上日裁衣大吉。二月：一日、二日、五日、八日、十三日、十四日（残）廿二日、廿三日、廿四日、廿八日、廿九日。三月：三日、六日、十一日、十二日、十三日、十四日、十（残）廿□日（残）［四月］（残）十二日、［十三日］（残）［五月］（残）

---

① 图版见上海古籍出版社与法国国家图书馆合编《法藏敦煌西域文献》第21册，上海：上海古籍出版社，2002年，第259—261页。

② 图版见上海古籍出版社与法国国家图书馆合编《法藏敦煌西域文献》第17册，上海：上海古籍出版社，2001年，第274—276页。

［日］、十一日（残）。①

文书P.2661V则指出了不适合裁衣的时日：

春三月，申衣不裁；夏三月，酉裁衣凶；秋三月，未不裁衣；冬三月，酉［裁衣］凶。丁巳日裁衣，煞人，大凶；秋裁衣大忌，申日大吉；血忌日不裁衣；申日不裁衣，不死亡，凶。凡八月，六日、十六日、廿二日不裁衣，凶。妇人产不满百日，不得为夫裁衣、浣衣，大凶。妇人月水不裁衣，煞夫，裁衣煞夫。以上月十日裁衣，市死，晦朔日裁衣被虎食，大凶。申不裁衣。②

又如，文书S.0612V：

申日不裁衣，衣生祸殃。③

再如，文书北大D195V：

丁不裁衣，远行不祥。④

---

① 图版见中国社会科学院历史研究所、中国敦煌吐鲁番学会敦煌古文献编辑委员会、英国国家图书馆、伦敦大学亚非学院合编《英藏敦煌文献》第13卷，成都：四川人民出版社，1995年，第7页。

② 图版见上海古籍出版社与法国国家图书馆合编《法藏敦煌西域文献》第17册，上海：上海古籍出版社，2001年，第131—134页。

③ 图版见中国社会科学院历史研究所、中国敦煌吐鲁番学会敦煌古文献编辑委员会、英国国家图书馆、伦敦大学亚非学院合编《英藏敦煌文献》第2卷，成都：四川人民出版社，1990年，第76页。

④ 图版见北京大学图书馆、上海古籍出版社编《北京大学图书馆藏敦煌文献》第2册，上海：上海古籍出版社，1995年，第217页。

这几条内容不仅写出了不适宜裁衣的日期，还指出了违反禁忌的后果，如煞人、被虎食、生祸殃、远行不祥等。

关于洗衣，文书中也有明确的宜忌，如文书P.3281：

> 壬寅，洗浣衣吉；癸卯，洗衣凶，鬼上床，凶；乙巳，洗浣吉，此日用定吉；丁未，洗浣衣亦吉；己酉，洗浣衣吉；庚戌，洗浣衣吉；辛亥，洗浣衣凶；壬子，洗浣衣吉；癸丑，洗浣衣凶，鬼上床；甲寅，洗衣吉；乙卯，洗浣衣吉；庚子，洗浣衣吉。①

文书P.2661V还指出不适宜洗衣的时间和穿衣的宜忌：

> 以岁申日，着新衣，富，宜子孙，大吉；夫着妇内衣，生贵子，吉。②

时日宜忌文书中洗头沐浴的记载也非常多。比如，文书P.2693分别列出了七曜日沐浴和沐发的宜忌：

> 蜜，宜沐浴；莫空，不宜沐浴；云汉，宜沐浴；嘀，宜沐发、沐浴；温没斯，宜沐浴；那溢，沐浴装梳，吉；鸡缓，沐浴凶。③

---

① 图版见上海古籍出版社与法国国家图书馆合编《法藏敦煌西域文献》第23册，上海：上海古籍出版社，2002年，第19—31页。

② 图版见上海古籍出版社与法国国家图书馆合编《法藏敦煌西域文献》第17册，上海：上海古籍出版社，2001年，第131—134页。

③ 图版见上海古籍出版社与法国国家图书馆合编《法藏敦煌西域文献》第17册，上海：上海古籍出版社，2001年，第274—276页。

又如，文书P.3281，还特别指出了小儿沐浴洗头的吉凶：

> 癸卯，沐浴小儿吉，沐发早白，除徒人；丁未，浴小儿凶，浴发黑；己酉，洗头小儿吉，沐浴令人健，四月定、六月满、七月除、八月建，并沐浴良吉；庚戌，沐浴小儿吉，一云凶；己未，洗头吉，浴小儿凶，沐浴令人宜，亥正月、三月、五月，第七月并沐浴良。①

再如，文书 Дх01064、01699、01700、01701、01702、01703、01704，按十二地支写出了洗头的吉日，还说明了有何吉利之事：

> 子日洗头，令人有好事，及得财，吉；丑日洗头，令人富贵，宜六畜；寅日洗头，令人死，不上堂，凶；卯日洗头，令人发白更黑，大吉；辰日洗头，令人起事，数数被褥（辱）；巳日洗头，令人宜远行无忧；午日洗头，令人破伤生疮，凶；未日洗头，令人发美长好，吉；申日洗头，[令]人见鬼，凶；酉日洗头，令人得酒食；戌[日]洗头，令人死，凶；亥日[洗头]（残）贵（残）日（残）日（残）六月七日、七月七日、八月一日（残）九日（月）廿日，十月十一日，十一月十四日、廿日，十二月（残）并大吉利，余日即凶恶。②

---

① 图版见上海古籍出版社与法国国家图书馆合编《法藏敦煌西域文献》第23册，上海：上海古籍出版社，2002年，第19—31页。

② 图版见俄罗斯科学院东方研究所圣彼得堡分所、俄罗斯科学出版社东方文学部、上海古籍出版社编《俄罗斯科学院东方研究所圣彼得堡分所藏敦煌文献》第7册，上海：上海古籍出版社，1996年，第294—295页。

剪甲剃头，也是中古民众比较关注的，认为需要择吉日而行。比如，文书P.2693记载了七曜日中的五个日子剪甲的宜忌：

　　蜜，宜剖甲；莫空，不宜剪甲；云汉，宜剪甲；嘀，宜剪甲；温没斯，宜剪甲。①

又如，文书S.6182和文书北大D195V，不仅说明了不宜剃头的时日，还指出了会导致的后果：

　　丁未，剃头盲。②
　　丁不剃头，头多生疮。③

再如，文书P.3281，分别列出了十五个甲子日剪甲剃头的宜忌：

　　辛丑，剪甲吉；壬寅，剃头凶，剪脚甲吉；甲辰，剃头凶；乙巳，剃头吉；丙午，剃头盲秃；丁未，剃头盲；己酉，剃头令人健；庚戌，剃头吉；辛亥，剃头宜六畜；癸丑，剃头吉；甲寅，剪脚甲吉；乙卯，剃头不吉；丙辰，剃头吉；戊午，剃头凶；己未，

① 图版见上海古籍出版社与法国国家图书馆合编《法藏敦煌西域文献》第17册，上海：上海古籍出版社，2001年，第274—276页。
② 图版见中国社会科学院历史研究所、中国敦煌吐鲁番学会敦煌古文献编辑委员会、英国国家图书馆、伦敦大学亚非学院合编《英藏敦煌文献》第10卷，成都：四川人民出版社，1994年，第153页。
③ 图版见北京大学图书馆、上海古籍出版社编《北京大学图书馆藏敦煌文献》第2册，上海：上海古籍出版社，1995年，第217页。

剃头令人盲秃，凶。①

## 二、婚嫁葬病

婚嫁葬病类内容，指的是婚丧嫁娶、生老病死，向来是人们最为关注的。故而，敦煌写本时日宜忌文书中对这方面的内容也记载颇多，包括婚嫁33条、妇姑妊娠9条、生子34条、殡葬31条、占病服药55条、哭泣7条、针灸经络21条、目润足痒32条，共计222条内容。

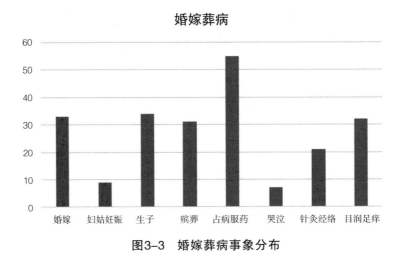

**婚嫁葬病**

**图3-3　婚嫁葬病事象分布**

从图3-3可以看出，敦煌写本时日宜忌文书中对这一类事象的几个类别关注度最高的是占病服药、生子和婚嫁。

占病服药。出于对健康的关注，人们对这一方面的内容会比较在意，文书中也往往不仅指出适宜服药的时间，还会指出病的轻重和是否会痊愈。比如，文书P.3281：

---

① 图版见上海古籍出版社与法国国家图书馆合编《法藏敦煌西域文献》第23册，上海：上海古籍出版社，2002年，第19—31页。

辛丑，公女子鬼病之，宜使西南师 将 黄药解治 之 ，天（残）百日大差，生死在亥，之自取，十一月辛丑除治。壬寅，病者捐困，子日小差，申日大差，生死在寅日，凶。治病凶。癸卯，病者自愈，治病宜使巽地师吉，未日小差，酉日大差，生死在子日，五月忌治厌病、针灸、合药。甲辰，病者自差，寅此七日差，祀宅神、灶君、土公，大人鬼病之，宜使艮上师将药并服解之，大吉；一云辰日病者，甲戌日小差，丑日不死，在无畏之；治病吉，一云可服药，良；五月辰开治病。乙巳，病者自差，一云庚子、三丑日、十日、六月差，丈人往男子鬼之，宜使西北师治病之，吉；一云酉日小差，亥日大差，死生在丑。治病吉，一云可以服药，良；一云三月巳除，治病吉。治膝凶。丙午，病者凶，壬子日差，祟客死，治病之，宜使亥上师将白药解之，吉；午日病，戌日小差，子日大差，合服药春夏良，一云四月丙午除，针灸、服药良，十二月执，治病良。治脚凶。①

这里分别对辛丑、壬寅、癸卯、甲辰、乙巳、丙午六个甲子日的治病服药宜忌进行了罗列，还指出了宜去寻求医师的方位，宜服药的颜色，以及疾病起因。再如，文书Дх01258、01259、01289、02977、03162、03165、03829：

推得病日法。建日病者，犯东方土公，丈人索食，祀祭不了，

---

有龙蛇为在，家亲所为，解之吉，七日差。除日病者，客死鬼为祟，来去有时，耗人财物，令人斗讼，急需安宅，解之吉，五日差。满（日）病者，断后不葬鬼，与人为祟，病者（残）……解送之吉，七日小降，十日大差。平日病者，西南有造作，犯触神树，不葬鬼为之，急谢之，五日小降，七日大（差）。定日病者，大神并司命鬼为祟，［病］者心肠胀满，须谢饲之吉，七日小降，十日大差。执日病者，有大神及宿愿不赛，丈人将新死鬼为祟，解送之吉，七日小降，十日大差。破日病者，犯触家废灶，土公丈人欲得食，并星死鬼为之，解送之吉，五日小［差］，七日大差。危日病者，犯触东南树神，丈人嗔责，遣客死鬼为［祟］，解谢送吉，七日小降，十日大差。①

这里按建除分别列出建日、除日、满日、平日、定日、执日、破日、危日得病的原因、治病的方法和痊愈的时间。

另外，关于服药，文书中不止有时间的宜忌，还有某些去病趋吉的偏方，如文书P.2661V：

　　未不服药，神农辛未日死，不得此日服药。正月平旦，面向东吞麻子二七枚，令人无患，半亦良，大吉。②

---

① 图版见俄罗斯科学院东方研究所圣彼得堡分所、俄罗斯科学出版社东方文学部、上海古籍出版社编《俄罗斯科学院东方研究所圣彼得堡分所藏敦煌文献》第8册，上海：上海古籍出版社，1997年，第38—41页。

② 图版见上海古籍出版社与法国国家图书馆合编《法藏敦煌西域文献》第17册，上海：上海古籍出版社，2001年，第131—134页。

为便于研究，这里将针灸经络与占病服药分列两类。敦煌写本时日宜忌文书中关于针灸经络的占断也颇具特色，不仅列出时间的宜忌，还指出人神在身体的某个部位时不可针灸，如文书P.3281：

> 辛丑，不可针灸其穴，凶，经络凶，一云吉。壬寅，人神在中脂大节，壬神在肚，卯神在胸，不可针灸其穴，经络凶。甲辰，针灸，夏及七月甲辰针灸良，十一月甲辰执针灸良，大吉利。人神在右踝上，甲辰在头，辰神在腰，此日不可针灸其穴。经络吉，一云凶。乙巳，人神在左膊下三寸，乙神在头，巳神在腰，不可针灸其穴，经络凶，一云伤亡。丙午，四月丙午除针灸良，十二月执针灸良，人神在脚中，丙眉，午神在心，此日不可针灸其穴，经络凶。①

这里认为人神以月为周期在人体周游，人神所在的身体部位当日不可针灸，由此而衍生针灸的宜忌。另外，文书中还有一类比较有特色的占断事象，即目润足痒类，主要集中在六十甲子历类文书和文书P.2661V中。比如，文书P.3281：

> 癸丑，目润，左君子思之，右有人思之；足痒，酒肉事；梦者，为北家失物，口舌事；釜鸣，有上客会君子事。甲寅，釜鸣，有嫁娶、吉庆；目润，左有口舌，右有人念之；哐者，父母忧之；心动，忧；足痒，有行事；梦者，不吉。己未，目润，左有恶事，

---

① 图版见上海古籍出版社与法国国家图书馆合编《法藏敦煌西域文献》第23册，上海：上海古籍出版社，2002年，第19—31页。

右君子思之；哑者，人呼之；心动，吉；足痒，有口舌；梦者，为南家失财；釜鸣，家有得，吉。①

这里以癸丑、甲寅等甲子日为纲，推占目润、足痒、梦者、釜鸣、哑者、心动等事象的吉凶。文书P.2661V则是以子、丑、寅、卯、辰、巳、午、未、申、酉、戌、亥十二个时辰为纲，推占耳鸣、耳热、手痒、心动、面热、足痒、眼润等事象的吉凶：

子时耳鸣，左有口舌，右有财来；手掌痒，得饮食；耳热，左有忧，右父母思念之；心惊动，右喜事；面热，有妇人说之；足痒，有远客来，恶事至。丑时耳鸣，左右并喜；耳热，左有喜事，右有酒肉事；手痒，女人鬼思之；掌中痒，有贵人来；面热，有人语言；心动，忧官；足痒，有市买事。②

随着八卦的出现和阴阳五行理论的发展，事象与人事逐渐合为一体。对于这些目润足痒的占断，时日宜忌文书往往基于经验类比推衍，将客体与主体联系在一起，用客体现象来解释主体的宜忌吉凶，由此也弱化了对面热、手痒等异常现象本身的忧虑。

生子，作为一项重要的人生主题，在敦煌写本时日宜忌文书中也占据重要地位。从文书的相关内容中，我们不仅可以看到人们对有无子

---

① 图版见上海古籍出版社与法国国家图书馆合编《法藏敦煌西域文献》第23册，上海：上海古籍出版社，2002年，第19—31页。

② 图版见上海古籍出版社与法国国家图书馆合编《法藏敦煌西域文献》第17册，上海：上海古籍出版社，2001年，第131—134页。

嗣的关注，还可以看到对子女所生时间的关注，认为吉祥的时日可以带给孩子乃至整个家族好的运势，而生于不合适的时间则禄命不佳等。

文书中关乎生子的内容，主要集中在七曜类文书和六十甲子历类文书中，以七曜日或甲子日为纲，推占该日生子的吉凶。其中，六十甲子历类文书中的推占比较简单，直接写出辛丑、癸卯、丙午、丁未、戊申等甲子日生子大富、吉、大贫、为兵将、事鬼神等吉凶结果。七曜类文书的推占则比较详细，详叙了该曜日生人的性情、禄命、妻儿、吉凶等，如：

> 莫日，生人冷心趾，少言语，孝顺父母，禄至五品；频破散不坚久久，宜畜于身有心道，宜近福禄人；命下寿，须断酒肉；合用妻财或家业，少男女，儿必须遣诸人养，吉。①

文书S.1396的生子推占更为丰富，不仅写出了此曜日生人的吉凶禄命，还提供了趋吉禳灾之法：

> 此日生人聪明智慧，少病，有善名誉，性敦重辟，男解弓马于一切无畏惮，受修特净法，精进决烈，得父母怜爱，于己身大利益，亦合多人依附，有心路，四海得力。此日生男女二七日厄父母，凡宜修功德作善助之，过二七日吉。此日生儿宜放少苏（酥），父母亦须吃；宜以黑布盖儿头，讫取此布少烧，熏儿鼻，大吉，长

---

① 图版见上海古籍出版社与法国国家图书馆合编《法藏敦煌西域文献》第21册，上海：上海古籍出版社，2002年，第259—261页。

命亦养。本曜生之人重厄怕死，大受灾厄，及所见变本分黜，固主人成病疾死丧，须禳。其法：当日一食，唯得食苏（酥），不得食牛肉，月出乃食，烧香礼拜，所禳之，人人及见，宜抑谓人曜主及百性（姓）官人□著；作大胡饼十五枚，油麻制，灯五盏，黑炉，酒五杯，新瓦瓶五个，满盛净水和大麦面，取芥子、苏及时花，作火俺法，即一切灾厄脱免。①

当然，除了生子日期的吉凶推占，敦煌写本时日宜忌文书还关注了妊娠的时日吉凶，如文书P.3281：

己酉，不利妊娠，妇儿堕；己未，不利妊娠妇，儿堕亡。②

文书P.2661V还写出了有利于妇女妊娠的方法：

妇人不宜子，初娠身后，系钱一文裙带头，每月带盖一钱，三日以钱着小儿衣理，吉。③

结婚，古时称"小登科"，被誉为"四大喜事"之一，因其关系到添人进口、传宗接代而一直备受关注。当时的敦煌民众认为，好的婚

① 图版见中国社会科学院历史研究所、中国敦煌吐鲁番学会敦煌古文献编辑委员会、英国国家图书馆、伦敦大学亚非学院合编《英藏敦煌文献》第3卷，成都：四川人民出版社，2002年，第11页。
② 图版见上海古籍出版社与法国国家图书馆合编《法藏敦煌西域文献》第23册，上海：上海古籍出版社，2002年，第19—31页。
③ 图版见上海古籍出版社与法国国家图书馆合编《法藏敦煌西域文献》第17册，上海：上海古籍出版社，2001年，第131—134页。

姻不止需要门当户对，还要选对结婚的时日，若好则大吉大利，若不好则会带来灾难。比如，文书S.0612V载：

　　巳日不纳妇，不宜姑嫜。①

又如，文书P.3281：

　　癸卯，嫁娶相宜，内妇吉，一云卯不合妇，早儿死；癸不召女，父亡，一云女身亡。甲辰，嫁娶夫死，求婚，一云语十诺，一云求女诺与不与，女死。内妇凶，辰不妇归，恐儿亡。乙巳，嫁娶煞姑，内妇凶，召女、遣女凶，一云女身亡。②

　　这段文书不仅写出了癸卯、甲辰等甲子日婚嫁的吉凶，还写出了触犯禁忌的后果，都极为严重。可见，人们对于结婚本身乃至嫁娶时日的选择都是极为重视的。

### 三、社会活动

　　社会活动，这里主要包括上官7条、见官拜谒26条、入学15条、争讼作誓10条、奏表与书24条、作乐聚会8条、交友会客17条、军事兵器28条、失脱逃禁39条、伍胥法17条，共计191条内容。

---

①　图版见中国社会科学院历史研究所、中国敦煌吐鲁番学会敦煌古文献编辑委员会、英国国家图书馆、伦敦大学亚非学院合编《英藏敦煌文献》第2卷，成都：四川人民出版社，1990年，第76页。

②　图版见上海古籍出版社与法国国家图书馆合编《法藏敦煌西域文献》第23册，上海：上海古籍出版社，2002年，第19—31页。

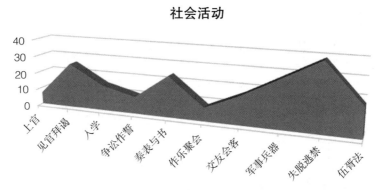

图3-4　社会活动事象分布

由图3-4可见，敦煌写本时日宜忌文书中，对这一类内容记载最多的是失脱逃禁、军事兵器和见官拜谒三个方面。

随着私有观念的产生，人们开始关注自己的财物，一旦丢失必然期望着重新寻得。基于此，敦煌写本时日宜忌文书中出现了大量占断失脱的内容条目。比如，文书P.3602V中的"神龟推走失法"就是占断是否能寻得走失之物的方法：

> 大月从头向下数之，至失日止；小月从下向上数之，至失日止。数值长画者，走失不可捉得；数值罗城者，走失急捉得；数值短画者，走失不捉自来。万无一失。①

又如，文书P.3281以六十甲子日为纲，写出了某日某时失物是否可以寻获，并指出适宜什么人去什么方向寻获：

---

① 图版见上海古籍出版社与法国国家图书馆合编《法藏敦煌西域文献》第26册，上海：上海古籍出版社，2002年，第64—65页。

辛丑，失物者，若卯巳申时失，丝麻衣百得，男女取向南廿里许，若是牛马煞石下藏者。壬寅，失物者，若申酉亥时失，牛马者可得，男子取向此将五里，亲家藏。癸卯，失物者，若午辰戌时失，金玉共布不得，男女共取向南将他家藏着，其人不和（知）即得。①

这段文书不仅有失物是否可以寻获的占断，还有如何寻获的占断。P.3081《七曜日吉凶推法》中载：

蜜日，失脱却合得；逃者被人捉回，向前不吉；禁者枉横，求嘱师僧善道人吉；宜求河伯水神。郁没斯，失脱自得，逃者却未，禁者有相携助必得无事，求家亲先亡吉。那颉日，失脱不可得，家贼相知取；逃者不可捉，有人接引；禁者难出，有恕亦所为；宜急求九子母、巧女神吉。鸡缓日，失脱虽迟到头必得，逃走去远终被捉回，禁者虽递后出无难，宜求宅君吉。②

这里以七曜日为纲，不仅写出了失脱能否重新获得，还分别指出宜求哪位神祇会得到好的结果，如河伯水神、九子母、宅君等。同时，此条内容还提到了禁者。对此，Дх01258、01259、01289、02977、03162、03165、03829《天牢鬼镜图并推得病日法》有占断：

---

① 图版见上海古籍出版社与法国国家图书馆合编《法藏敦煌西域文献》第23册，上海：上海古籍出版社，2002年，第19—31页。

② 图版见上海古籍出版社与法国国家图书馆合编《法藏敦煌西域文献》第21册，上海：上海古籍出版社，2002年，第259—261页。

系无罪，病者自差。［第一牢］内者，囚系速出，家（残）病者速差。［第二牢］内者，囚系难出，诉讼无（残）［病］者迟差。第三牢内者，囚系有罪，争讼（残）病者忧重。①

对于禁者、囚系的关注，在等级森严的封建社会里，反映了底层人民人权的丧失，他们只能寄托于占文来期盼好的运势和好的生活。

军事兵器。敦煌写本时日宜忌文书中的此类内容主要集中在七曜直和六十甲子历两类文书中。比如，文书P.3281：

甲辰，出军行将吉，煞生，兵死；戊申，战斗凶；甲寅，煞生，战死；乙卯，出军行将吉。②

这里简单指出了甲辰、戊申、甲寅等甲子日出军作战的吉凶。对于此，P.3081《七曜日吉凶推法》中的占断更为明晰：

蜜日，太阳日，发军卫徒日出处，行动用卯时发，吉；将宜着白衣，乘白马，缨绯白旗引前，吉；向祀天大将军，吉。莫日，此日太阴日，发军宜从西北面向东方动兵，用子时发，吉；将宜着黑衣，乘紫骢马，黑缨绯黑旗引前，吉；向祀月神，吉。云汉，火直，发兵宜从南方面向北动兵，宜用辰时发，吉；将宜着绯衣，乘

---

① 图版见俄罗斯科学院东方研究所圣彼得堡分所、俄罗斯科学出版社东方文学部、上海古籍出版社编《俄罗斯科学院东方研究所圣彼得堡分所藏敦煌文献》第8册，上海：上海古籍出版社，1997年，第38—41页。

② 图版见上海古籍出版社与法国国家图书馆合编《法藏敦煌西域文献》第23册，上海：上海古籍出版社，2002年，第19—31页。

赤马，赤缨绯赤旗引前，吉；向祀五道大将军，吉。①

这里以七曜日为纲，详叙了每曜日发兵动马的吉时、适宜的方位和颜色，以及适宜祭祀祈求的神祇等，运用了阴阳五行的占断方法。

关于兵器的占断，主要集中在六十甲子历类文书中，以六十甲子为纲，分列某日治刀剑的吉凶：

　　己酉，治刀铠吉；癸丑，治刀、碓砲吉，用执、破、平大吉；戊午，治刀剑吉，用执、破、平大吉。②

"伍胥法"的占断因为内容为"忧、喜、兵、贼"，也归为此类事象。这一类的占断集中在六十甲子历类文书中，如：

　　壬寅，伍胥法：闻忧不忧，闻喜有喜，闻兵不行，闻贼不来；癸卯，伍胥法：闻忧不忧，闻喜不喜，闻兵不行，闻贼不来；甲辰，伍胥法：闻忧不忧，闻喜有喜，闻兵不行，闻贼不来。③

关于见官拜谒，敦煌写本时日宜忌文书中的占断主要集中在七曜直和六十甲子历两类文书中，分别以七曜日和六十甲子日为纲，简要列

---

① 图版见上海古籍出版社与法国国家图书馆合编《法藏敦煌西域文献》第21册，上海：上海古籍出版社，2002年，第259—261页。

② 图版见上海古籍出版社与法国国家图书馆合编《法藏敦煌西域文献》第23册，上海：上海古籍出版社，2002年，第19—31页。

③ 图版见上海古籍出版社与法国国家图书馆合编《法藏敦煌西域文献》第23册，上海：上海古籍出版社，2002年，第19—31页。

出见官拜谒的宜忌吉凶，如：

> 云汉，宜见官；嘀日，宜官参谒官府；温没斯，宜谒君王、升官位；鸡缓，参谒贵人，善。①

又如，文书P.3281：

> 壬寅，见大官吉，见长史吉，受职、拜谒吉；癸卯，见大官欢喜，见长史凶，受职拜谒吉；甲辰，见大官吉，见长史吉，受职、拜谒吉。②

## 四、宅户修造

P.3281《六十甲子历》载：

> 乙巳，火，徵，是朱雀，宫、角二姓造举百事大富贵，宜子孙，商、徵、羽三姓用之凶。造立舍宅，不安。造屋吉，一云煞人。竖柱吉。架椽妇死。盖屋吉。发屋吉。入新舍吉，一云凡人入舍吉。作东门、南门吉，忌六月十日作东门，忌十一月三日作南门。上梁吉。作床吉，一云忌。移床令人煞鬼。作门户吉，忌除

---

① 图版见上海古籍出版社与法国国家图书馆合编《法藏敦煌西域文献》第17册，上海：上海古籍出版社，2001年，第274—276页。

② 图版见上海古籍出版社与法国国家图书馆合编《法藏敦煌西域文献》第23册，上海：上海古籍出版社，2002年，第19—31页。

日，不可作。治井灶吉。涂屋凶，不出六十日一人死，凶。治碓硙凶，作厕吉。作灶凶。治溷吉。作厕、镇宅吉，得天仓马，大吉利。日游在御女宫，不百（可）动土，凶，如弹丸，六年一人死。天门在酉，地户在卯，外凶内吉。起土凶，土公在地。①

从这段文字可以看出，敦煌写本时日宜忌文书对住宅的修造是非常关注的，认为宅的吉凶直接关系到所住之人的运势，包括造屋、竖柱、架椽、入舍、作门户、上梁、移床、治井灶、涂屋、治碓硙、作厕、治溷、镇宅、起土等很多方面的内容，非常详细和具体。在占断上，还综合运用了干支、五行、神祇等多种推占方法，旨在使宅户修造内容的占断更加准确和明晰。

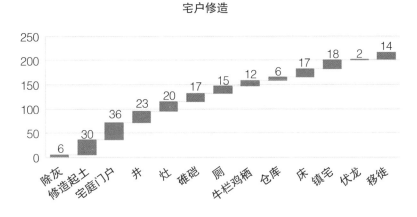

图3-5　宅户修造事象分布

如图3-5所示，敦煌写本时日宜忌文书宅户修造类事象，主要包括除灰6条、修造起土30条、宅庭门户36条、井23条、灶20条、碓硙17

---

① 图版见上海古籍出版社与法国国家图书馆合编《法藏敦煌西域文献》第23册，上海：上海古籍出版社，2002年，第19—31页。

条、厕15条、牛栏鸡栖12条、仓库6条、床17条、镇宅18条、伏龙2条、移徙14条，共计216条内容。其中，文书聚焦的事象前三位分别为宅庭门户、修造起土和井。

宅庭门户类事象，包括修造宅舍、入宅盖屋、架椽上梁、发屋涂屋、治庭作门户等，如文书P.3281：

> 丙辰，造立宅不居，架椽贫穷、失火，作柱者，入舍，少子孙，治屋、发屋、破屋吉；一云六月、十二月丙辰是天开，诸起土、治壁鬼并吉利，涂屋、作户吉，忌除，作南门吉，忌三月、十一月；一云春作百位，治门户吉。①

这里以六十甲子日为纲，分列造宅、治屋、涂屋、治门户等的吉凶宜忌。文书P.2661V则指出了与此相关的一些宜忌：

> 屋上瓦迅黄，令人大吉昌。午不盖屋，门在未地，令人患足，不利。屋梁当户，令人出兵死。入门见□，令人生颠狂人，不利。庭中多树木，出孤寡妇，不利。屋柱到竖，出逆子，不利。丑日作窗，令人不利兄弟。凶凡人宅有六虚、五耗，傍宅有坑窖名四虚，除灰置坑坟中五虚，宅大人少为一虚，舍少门大名二虚也，六畜不具为名三虚，舍后有坑井名六虚。建上作屋，主失亡、失火。家有妇人娠身，不作屋门。月，不可作屋，凶。三门相当，灭小口，慎

① 图版见上海古籍出版社与法国国家图书馆合编《法藏敦煌西域文献》第23册，上海：上海古籍出版社，2002年，第19—31页。

之。犁辕不可作屋。屋不用盖井，凶。牛羊在白虎上，大凶。屋梁头不可当户，出凶死。宅近逆流水，逆不孝子，西流北是。危日取水置屋，厌大吉。①

不仅如此，还有一些与门户相关的禳灾之法：

正月一日，取阳桃枝着户上，百鬼不入门；正月卯日，取桃枝着户上，鬼不敢入舍，吉；三月三日，作九索十，寻连门户上气，去温吉；常五月上卯，取东南桃支悬户上，鬼不敢入舍，利。②

修造起土，文书S.0612V有明确的"推修造月法"和"推修造日法"：

宫家：四月、五月、七月大吉，八月、十一月小吉；商家：三月、七月、十一月大吉，四月、十月小吉；角家：四月、五月、十月大吉，三月、十一月小吉；徵家：正月、五月、六月大吉，四月、七月小吉；羽家：正月、七月、八月大吉，五月、十一月小吉。宫家：用金火日，水木日凶；商家：用水土日，火木日凶；角家：用水火日，金土日凶；徵家：用木土日，金水日凶；羽家：用

①　图版见上海古籍出版社与法国国家图书馆合编《法藏敦煌西域文献》第17册，上海：上海古籍出版社，2001年，第131—134页。

②　图版见上海古籍出版社与法国国家图书馆合编《法藏敦煌西域文献》第17册，上海：上海古籍出版社，2001年，第131—134页。

金木日，火土日凶。①

这里分别按宫、商、角、徵、羽五姓列出适宜修造的月和日，详尽而又完整。文书P.3281以六十甲子日为纲，详叙每个甲子日起土修造的吉凶：

> 壬子，日游在外，天门在酉，地户在午，起土凶。癸丑，日游在外，治外凶，治内吉，天门在午，地户在子，起土凶，土公在地。甲寅，日游在外，治外凶，治内吉，天门在午，[地]户在未，起土吉，土公在天，一云三月是地囊日，掘一尺煞一人，掘一丈[煞]十人。②

不同于文书S.0612V的五姓推占，文书P.3281更多是从神祇的角度占断起土修造的吉凶，这在神祇出行类文书中有更为清晰的体现，即以神祇出行的时日与地点来推占是否适宜修造动土：

> 太岁太阴常同游，游后本位地修造吉，告还日且停，如作未了，更代后游日重作，妨其太岁游在之处，不须修造动土，审看慎之，大吉。③

---

① 图版见中国社会科学院历史研究所、中国敦煌吐鲁番学会敦煌古文献编辑委员会、英国国家图书馆、伦敦大学亚非学院合编《英藏敦煌文献》第2卷，成都：四川人民出版社，1990年，第76页。

② 图版见上海古籍出版社与法国国家图书馆合编《法藏敦煌西域文献》第23册，上海：上海古籍出版社，2002年，第19—31页。

③ 图版见上海古籍出版社与法国国家图书馆合编《法藏敦煌西域文献》第26册，上海：上海古籍出版社，2002年，第39—41页。

关于井，包括治井、作井、穿井等。中古时期，井水是生活用水的主要来源，敦煌写本时日宜忌文书中的占断自然对此也颇为关注，文书P.3281分列了甲辰等17个甲子日关于井的吉凶占断①，文书S.0612V、北大D195V和P.2661V则都指出了卯日不利于穿井，如：

卯不穿井，井与刑合，出溺死人，凶，不利，不吉。②

又如，文书S.0612V：

卯日不穿井，百泉不通。③

## 五、经济生产

经济基础决定上层建筑，经济基础是人们正常的生产生活得以顺利开展的根本和保障。生产是经济活动的核心，经济的发展又与生产力的提高息息相关。敦煌写本时日宜忌文书中，经济生产类事象主要包括园圃2条、买养六畜24条、农林渔猎34条、酿酒作酱7条、车船10条、出行兴易41条、入仓纳财30条、交易市买11条、金银5条、放债还债9条、奴婢雇人26条、受寄8条，共计207条内容。

---

① 图版见上海古籍出版社与法国国家图书馆合编《法藏敦煌西域文献》第23册，上海：上海古籍出版社，2002年，第19—31页。

② 图版见上海古籍出版社与法国国家图书馆合编《法藏敦煌西域文献》第17册，上海：上海古籍出版社，2001年，第131—134页。

③ 图版见中国社会科学院历史研究所、中国敦煌吐鲁番学会敦煌古文献编辑委员会、英国国家图书馆、伦敦大学亚非学院合编《英藏敦煌文献》第2卷，成都：四川人民出版社，1990年，第76页。

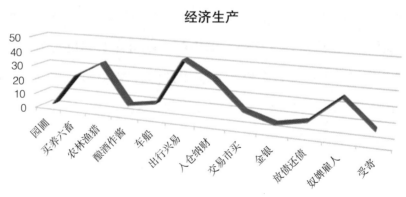

图3-6　经济生产事象分布

由图3-6可见，敦煌写本时日宜忌文书中，经济生产类事象的占断主要集中在出行兴易、农林渔猎、入仓纳财三个方面。

出行，尤其是远行，在中古时代可以说是一件生死攸关的大事。在睡虎地秦简中，有关出行的宜忌达151支简。[1]这不仅因为出行多半与经济活动有关，还因为当时的生产力低下，通讯不发达，一旦远行则杳无音信，及至收到信件甚至归家才知平安与否。再加上晚唐五代社会动荡，战乱频仍，出行是一件颇具风险的事情，不能不引起人们的重视。

出行兴易相关的占断事象在敦煌写本时日宜忌文书中分布较广，如文书P.2693：

> 蜜，宜出东西远近，出行早回；莫空，不宜出行，宜为兴易，东方北方出行得利；云汉，宜远行；嘀，宜出行，宜兴易；温没斯，宜出行。[2]

① 王子今：《睡虎地秦简〈日书〉所见行归宜忌》，《江汉考古》1994年第2期，第45—49页。
② 图版见上海古籍出版社与法国国家图书馆合编《法藏敦煌西域文献》第17册，上海：上海古籍出版社，2001年，第274—276页。

这里的出行与兴易是分开占断的，如蜜日、云汉日和温没斯日就单独占断了出行的宜忌。文书P.3081则多将出行兴易一起占断：

> 蜜日，出行兴易，平善回；莫日，出行兴易，平安，迟回；云汉日，出行兴易，遇逢贼，水火损；嘀日，出行兴易，失财物；郁没斯日，宜出行兴易，出行兴易，多利，平安回；那颉日，出行兴易，因女人损财；鸡缓日，出行兴易，迟滞回军。①

关于出行兴易，六十甲子历类文书依旧是以甲子日为纲，详叙每个甲子日出行兴易的吉凶，以及吉祥的方位与时辰。文书S.5614详细规定了每月出行的吉日与禁忌：

> 每月一日、九日、十七［日、廿五日］（残）行日大吉，得财；十一日、三日、十九日、廿七日，是天财日，出（残）吉；十三日、五日、廿一日、廿九日，是［天］仓日，小吉，出行恐安；［七日、十五日、］廿三日是天富日，出行觅财，觅求官，四路通（残）；［四日、十二日、二十日、廿八日是］天阳日，出行平安大吉，得官禄；十八日、二日，十［日、廿六日是天贼日，出行］（残）伤折或逢贼劫剥；十四日、六日、廿二日，是天集［日，出行］（残）官事起；十六日、八日、廿四日，是［天］盗日，出行（残）。②

---

① 图版见上海古籍出版社与法国国家图书馆合编《法藏敦煌西域文献》第21册，上海：上海古籍出版社，2002年，第259—261页。

② 图版见中国社会科学院历史研究所、中国敦煌吐鲁番学会敦煌古文献编辑委员会、英国国家图书馆、伦敦大学亚非学院合编《英藏敦煌文献》第8卷，成都：四川人民出版社，1992年，第150页。

文书P.2661V不仅指出了出行的宜忌，还提供了趋吉避凶的方法：

> 凡欲远行，初发家，东行避日出，南行避日午，西行避日入，北行避夜半，慎之大吉。凡欲远行，避四绝，立春、立夏、立秋、立冬，此是四绝。凡欲远行千里外，勿三长、三短日：正月岁长，每月一日甲子日长，每月卅日月短，癸亥日日短，十二月卅日岁短，此是 短 。凡欲远行，东行持槐枝东枝一寸，南行持李南一寸，西行持柳枝西一寸，北行持□枝一寸，依此（残）。①

农林渔猎为人们提供了必要的生存资料，自然也要趋吉避凶了。比如，文书P.2693：

> 蜜，不宜田猎、鱼捕；云汉，宜田猎、调马畜生、受领田宅、贮积财谷、行水溉田；嘀，合群牧；温没斯，宜种田、调畜生；那溢，不宜游猎。②

这里以七曜为纲，分别列出了蜜日、云汉日等曜日田猎、捕鱼、种田等的宜忌。文书P.3281则更侧重于买田、种田、种树、捕鱼等的吉凶宜忌，详列出五谷、葱蒜、瓜瓠、茶等多种作物：

---

① 图版见上海古籍出版社与法国国家图书馆合编《法藏敦煌西域文献》第17册，上海：上海古籍出版社，2001年，第131—134页。

② 图版见上海古籍出版社与法国国家图书馆合编《法藏敦煌西域文献》第17册，上海：上海古籍出版社，2001年，第274—276页。

甲寅，种瓜瓠、小豆、葵、葱蒜、稷楼吉；种树木高迁，寿老宜子孙，吉；射猎吉。戊午，买田宅凶，藏蚕子吉，种树、五谷、葱蒜、稻、瓜瓠、葵吉，戊不行田，禾稼伤，不宜田蚕，不茂，捕鱼吉，用执、开、满、收吉。辛亥，耕动锄煞人，田母此日死，不可此日伐田，种麦荼吉，种树高迁、寿，吉，宜子孙吉。①

入仓和出纳财物。敦煌写本时日宜忌文书中对富足生活的期盼占断也屡见不鲜。关于入仓的占断，主要体现在七曜直类文书中。比如，文书P.2693：

莫空，五谷宜入仓不背虫暴；温没斯，宜收麦谷入仓。②

关于出纳财物的占断，在敦煌写本时日宜忌文书中分布较广，如文书P.3281：

癸卯，出财吉，一云及交日出财吉；乙巳，内财吉，一云乙内钱不茂，亦不分钱，客主出财；丁未，内财吉；戊申，内财物凶；庚戌，内钱、买物吉，一云家内金银家，此是天帝内宝日，可以此日内钱财，吉，出财吉，及亥日出大吉。③

---

① 图版见上海古籍出版社与法国国家图书馆合编《法藏敦煌西域文献》第23册，上海：上海古籍出版社，2002年，第19—31页。

② 图版见上海古籍出版社与法国国家图书馆合编《法藏敦煌西域文献》第17册，上海：上海古籍出版社，2001年，第274—276页。

③ 图版见上海古籍出版社与法国国家图书馆合编《法藏敦煌西域文献》第23册，上海：上海古籍出版社，2002年，第19—31页。

文书P.2661V也列出了很多此类宜忌，可以作为当时的敦煌民众趋吉避凶的参考：

> 以五月庚辰、庚申日纳财，千倍利；午卯日内财，大吉利；丙子日不得与人钱及出粟与人，令人家贫，不利；未不与人钱，天遂日内财不出，三年大富；庚子日是大吉。①

## 六、天象神祇

由于对自然界的认识的局限，人们无法解释地震、日食等自然现象发生的原因，于是便将其归咎于神秘力量，因此产生了祖先崇拜、神祇崇拜、月崇拜等。敦煌写本时日宜忌文书中也有这种观念的折射，包括日月地动占24条、晴雨占17条、祭祀解除28条、神游丛辰22条、逢精魅16条，共计107条内容。

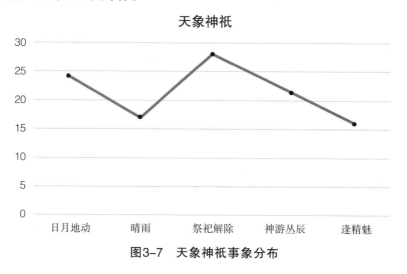

图3-7　天象神祇事象分布

① 图版见上海古籍出版社与法国国家图书馆合编《法藏敦煌西域文献》第17册，上海：上海古籍出版社，2001年，第131—134页。

由图3-7可见，敦煌写本时日宜忌文书中关于天象神祇类内容事象的占断，关注度最高的前三位分别是祭祀解除、日月地动和神游丛辰。

祭祀解除。中古时期，人们对此颇为关注，认为祭祀神祇和故去的祖先可以给自己带来吉祥，而解除可以禳灾去凶。敦煌写本时日宜忌文书中，这一事象内容分布较广。其中，提及最多的还是六十甲子历类文书，如文书P.3281：

> 甲寅，祀天神煞人；祀仙人百鬼不顺，一云有病死；祀土公凶，一云狱死；祀外神凶；祀杂神凶；祀水神凶，祭致辱；祀神不在，凶。寅不解祭，不厚。辰卯时神在家。解殃遣祟，祟不出，主人凶。乙卯，祀天神吉；祀大神忧；祀仙人吉，一云死凶；祀土公凶，一云斗讼亡，忧，祭祀吉，忧，祭水神吉；祀门户吉；祀灶益口舌，一云富，一云四十二人吉；祀宅神安；祀外神、杂神吉。祭煞父。祠祀，神不在，凶。辰卯时神在家。解殃遣祟，不出，主人病。①

这里既占断了祭祀的宜忌，又占断了解除吉凶。不仅指出了祭祀解除的时间宜忌，还详细列出了祭祀先人或某位神祇的吉凶，如天神、土公、外神、杂神、水神等。又如，文书S.0612V：

> 寅日不祭祀，鬼来反殃；亥日不迎日，必忧死亡。②

① 图版见上海古籍出版社与法国国家图书馆合编《法藏敦煌西域文献》第23册，上海：上海古籍出版社，2002年，第19—31页。

② 图版见中国社会科学院历史研究所、中国敦煌吐鲁番学会敦煌古文献编辑委员会、英国国家图书馆、伦敦大学亚非学院合编《英藏敦煌文献》第2卷，成都：四川人民出版社，1990年，第76页。

日月地动。中古民众对自然界的认知有限，往往没有把日食、月食、地震这样的自然现象当作认知探索的对象，而是将天象与人事关联，与人的吉凶祸福联系在一起。由此，关于日月和地动的事象占卜，在敦煌写本时日宜忌文书中出现颇多。地震，主要出现在七曜直类文书中，如P.2693《七曜历日一卷并十二时》中：

> 莫空，此直日遇日月被蚀及地动，其年多疾死复多苦，又触事渐贫，损财物；云汉，若此日月被蚀、地动，其年多动兵马，死伤，富有流血其甚；温没斯，若日月被蚀及地动，三官贵人多灾厄，贫贱者诸事皆好；那溢，此直遇日月交动蚀及地动，其年足风尘雷电，散损多少田苗，余并吉。①

这里列出各曜日遇日月食、地动的吉凶，占断结果多为凶，如多疾苦、贫、损财物、死伤流血、多灾厄、多雷电、散损田苗等。由此可见，人们对日月食、地动这样的自然现象是畏惧的。七曜直类文书的占断将日月食与地动并举，而六十甲子历的占断则为"天狗出（不）食"。其中，文书P.4680的此类占断因残损而难以直接辨别吉凶，文书P.3281中的此类占断分列各甲子日中，共计14条，乙卯日的未写出吉凶，这里不作讨论，其余13条吉凶如下表所示：

---

① 图版见上海古籍出版社与法国国家图书馆合编《法藏敦煌西域文献》第17册，上海：上海古籍出版社，2001年，第274—276页。

表3-1　六十甲子历之天狗出食吉凶推占

| 甲子日 | 天狗是否出食 | 事宜 | 吉凶 |
|---|---|---|---|
| 辛丑 | 天狗出食 | 送葬、祠祀、嫁娶、移徙 | 吉 |
| 癸卯 | 天狗出食 | 送葬、祠祀、嫁娶、移徙 | 吉 |
| 乙巳 | 天狗出食 | 送葬、祠祀、嫁娶、移徙 | 吉 |
| 壬寅 | 天狗出食 | 送葬、祠祀、嫁娶、移徙 | 凶 |
| 丙午 | 天狗出食 | 送葬、祠祀、嫁娶、移徙 | 凶 |
| 辛亥 | 天狗出食 | 送葬、祠祀、嫁娶、移徙 | 凶 |
| 丁未 | 天狗不食 | 送葬、祠祀、嫁娶、移徙 | 吉 |
| 戊申 | 天狗不食 | 送葬、祠祀、嫁娶、移徙 | 吉 |
| 己酉 | 天狗不食 | 送葬、祠祀、嫁娶、移徙 | 吉 |
| 癸丑 | 天狗不食 | 送葬、祠祀、嫁娶、移徙 | 吉 |
| 甲寅 | 天狗不食 | 送葬、祠祀、嫁娶、移徙 | 吉 |
| 戊午 | 天狗不食 | 送葬、祠祀、嫁娶、移徙 | 吉 |
| 己未 | 天狗不食 | 祠祀、嫁娶 | 吉 |

由表3-1可见：

第一，除己未只写"祠祀、嫁娶"外，其余12个甲子日均占断了送葬、祠祀、嫁娶和移徙，甚是工整。

第二，天狗出食的甲子日中，辛丑、癸卯、乙巳三个甲子日为吉，而壬寅、丙午、辛亥三日为凶。

第三，天狗不食的所有七个甲子日均为吉。

由此可知，当时的人们对"天狗出食"心存畏惧，六个甲子日中有一半的占断结果为凶，而如若"天狗不食"，则都是吉祥的。

除了上述天象的占断，敦煌写本时日宜忌文书中还有一件颇具特色的月占文书：

每月一日，见月，大吉；二日，见月，所求称心；三日，见月，斗诤；四日，见月，大利；四（五）日，见月，悲哀；六日，见月，所求称意；七日，见月，损才（财）；八日，见月，所见欢喜；九日，见月，凶；十日，见月，平安之事。①

这里以"日"为纲，以"见月"为事象进行吉凶占断，保留了从一日到十日的占断内容。为便于研究，现列表如下：

表3-2　月占卜

| 每月某日 | 事象 | 结果 |
| --- | --- | --- |
| 一日 | 见月 | 大吉 |
| 二日 | 见月 | 所求称心 |
| 三日 | 见月 | 斗诤 |
| 四日 | 见月 | 大利 |
| 五日 | 见月 | 悲哀 |
| 六日 | 见月 | 所求称意 |
| 七日 | 见月 | 损财 |
| 八日 | 见月 | 所见欢喜 |
| 九日 | 见月 | 凶 |
| 十日 | 见月 | 平安之事 |

由表3-2可见，以"见月"为事象的占卜，一日、二日、四日、六日、八日、十日是吉祥的，而三日、五日、七日、九日则不甚吉祥，会发生悲哀、损财等不好的事情。除一日"大吉"外，二日到十日的吉凶依次交错排列，尚不能推知依据为何。

---

① 图版见中国社会科学院历史研究所、中国敦煌吐鲁番学会敦煌古文献编辑委员会、英国国家图书馆、伦敦大学亚非学院合编《英藏敦煌文献》第2卷，成都：四川人民出版社，1990年，第193页。

神游丛辰的时日宜忌文书，是通过神煞出游的时日或神祇丛辰的所在来推占时日的吉凶。比如，文书S.8350：

[丙子] 日南游至子日，到辛巳日还；庚子日西游，乙巳日还；壬子 [日北游，丁巳日] 还；右太岁以下将军、太阴、诸煞等神，逢子即游，逢 [巳日还] （残）忌，如所游方之，虽无官府，犯之大凶，为众神皆怒。①

这里明确指出了神游的时日与方位，并说明不可触犯，犯之大凶。六十甲子历类文书则集中阐明了"神所在"，如文书P.3281：

辛丑，神所在，正、四、七、十月在门，二、五、八、十一月在外，三、六、九、十二月在内；壬寅，神所在，正、四、七、十月在门，二、五、八、十一月在外，三、六、九、十二月在内；癸卯，神所在，正、四、七、十月在内，二、五、八、十一月在门，三、六、九、十二月在外；甲辰，神所在，正、四、七、十月在内，二、五、八、十一月在门，三、六、九、十二月在外。②

这里详列辛丑等十七个甲子日的"神所在"，按月区分为在门、在内、在外，由此可以进行时日的选择和宜忌的推占。

① 图版见中国社会科学院历史研究所、中国敦煌吐鲁番学会敦煌古文献编辑委员会、英国国家图书馆、伦敦大学亚非学院合编《英藏敦煌文献》第12卷，成都：四川人民出版社，1995年，第114页。

② 图版见上海古籍出版社与法国国家图书馆合编《法藏敦煌西域文献》第23册，上海：上海古籍出版社，2002年，第19—31页。

值得一提的是，此类事象里还出现了"逢精魅"内容16条，如文书 P.3685、P.4680与 P.3281有载：

> 庚子，逢精魅，称君者聚怜者，伏翼。①
> 庚寅，寅日称虞史者，老狸也。②
> 庚戌，逢精魅，称人姓者，犬也，称阳公仲者，狐也。③

精魅，即妖精鬼怪。这里以甲子日为纲，指出某日遇见某种妖精鬼怪实际为何。这一方面内容，在敦煌文书P.2682中也有呈现（见图3-8、3-9）。④

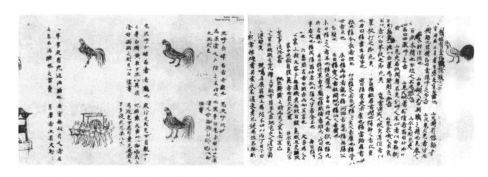

图3-8、3-9　敦煌文书P.2682《白泽精怪图》（局部，采自《法藏敦煌西域文献》第17册）

---

① 图版见上海古籍出版社与法国国家图书馆合编《法藏敦煌西域文献》第26册，上海：上海古籍出版社，2002年，第309—310页。

② 图版见上海古籍出版社与法国国家图书馆合编《法藏敦煌西域文献》第33册，上海：上海古籍出版社，2005年，第77—78页。

③ 图版见上海古籍出版社与法国国家图书馆合编《法藏敦煌西域文献》第23册，上海：上海古籍出版社，2002年，第19—31页。

④ 图版见上海古籍出版社与法国国家图书馆合编《法藏敦煌西域文献》第17册，上海：上海古籍出版社，2002年，第229—232页。

### 七、阴阳避忌

为便于研究，本书将除上述六类外的敦煌写本时日宜忌文书内容事象归纳为"阴阳避忌"类，这类事象在文书内随处可见，大致包括请符5条、斋修功德7条、卜筮8条、厌鬼19条、五姓22条、甲子纳音2条、建除22条、保日义日15条、五月五日直14条、七曜入十二宫89条、恶事诸吉12条、避忌之法12条、动物吉忌21条，共计248条内容事象。

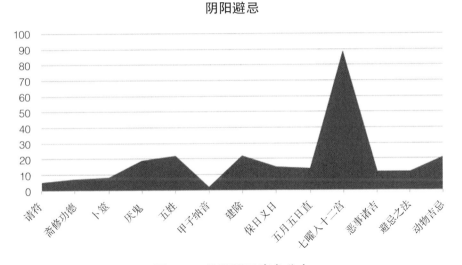

图3-10　阴阳避忌事象分布

由图3-10可见，敦煌写本时日宜忌文书中，阴阳避忌类事象内容的占断，关注度最高的是七曜入十二宫、五姓、建除以及动物吉忌。

七曜入十二宫，自然出现在七曜直类文书中。比如，文书S.1396：

（鸡缓）辰时所有奴婢、六畜走失皆捉获，亦得横财入手，有斗争、恶贼并破散；未时向贵胜，家得财、六畜、奴婢，称心吉利；亥时兴易得倍利，到处皆通达，加官秩益财产；子时兴易得通达，求财得财，求官得官。①

这里详细占断了鸡缓日辰、未、亥、子四个时辰的宜忌吉凶，包括走失捉获、斗争恶贼破散、得财得官、称心吉利、到处通达等，总体说是吉祥的。不过，这里并非所有的十二个时辰的占断，可能残缺了其他时辰的，也可能出于实用主义的考虑而只列出了吉祥的占断。

这一类的事象内容亦存于文书P.2693中：

那溢，子，快乐：入此名宫，其人所向皆称心，求财物遂心，亦合有官，所向欢乐，万事通达；鸡缓，子，重厄：入此名宫，其人不得向他人外处及离家吃食，食须慎，大吉，亦有消散，亦合分离妻子游行他方，足忧愁，大凶。②

这里不仅有七曜日与十二宫结合的占断，还有每一组结合的名称，如快乐、重厄等，为敦煌写本所独有。为方便研究，列表如下：

为便于研究，表3-3未纳入所有占文，而是根据占文直接列明了吉凶。由此表可知：

第一，从七曜日看，那溢日吉九凶三，蜜日、云汉日、鸡缓日吉五凶七，莫空日、嘀日吉七凶五，除那溢日吉占绝大多数外，其他曜日

---

① 图版见中国社会科学院历史研究所、中国敦煌吐鲁番学会敦煌古文献编辑委员会、英国国家图书馆、伦敦大学亚非学院合编《英藏敦煌文献》第3卷，成都：四川人民出版社，2002年，第11页。

② 图版见上海古籍出版社与法国国家图书馆合编《法藏敦煌西域文献》第17册，上海：上海古籍出版社，2001年，第274—276页。

表3-3　七曜入十二宫组合名称与吉凶

| 七曜日 | 十二宫 | 组合名称 | 吉凶 | 七曜日 | 十二宫 | 组合名称 | 吉凶 |
|---|---|---|---|---|---|---|---|
| 蜜 | 子 | 负离 | 凶 | 温没斯 | 子 | 祉智 | 吉 |
|  | 丑 | 平离 | 凶 |  | 丑 | 增财 | 吉 |
|  | 寅 | 称心 | 吉 |  | 寅 | 愁苦 | 凶 |
|  | 卯 | 愁苦 | 凶 |  | 卯 | 枉妄 | 凶 |
|  | 辰 | 愁苦 | 凶 |  | 辰 | 衣裳 | 吉 |
|  | 巳 | 称心 | 吉 |  | 巳 | 辛苦 | 凶 |
|  | 午 | 丰钱 | 吉 |  | 午 | 快乐 | 吉 |
|  | 未 | 重厄 | 凶 |  | 未 | 损职 | 凶 |
|  | 申 | 损耗 | 凶 |  | 申 | 益禄 | 吉 |
|  | 酉 | 称心 | 吉 |  | 酉 | 损财 | 凶 |
|  | 戌 | 吉祥 | 吉 |  | 戌 | 吉祥 | 吉 |
|  | 亥 | 讼论 | 凶 |  | 亥 | 损耗 | 凶 |
| 莫空 | 子 | 美食 | 吉 | 那溢 | 子 | 快乐 | 吉 |
|  | 丑 | 忧疾 | 凶 |  | 丑 | 益禄 | 吉 |
|  | 寅 | 胜酬 | 吉 |  | 寅 | 胜酬 | 吉 |
|  | 卯 | 分离 | 凶 |  | 卯 | 爱才 | 吉 |
|  | 辰 | 困之 | 凶 |  | 辰 | 快乐 | 吉 |
|  | 巳 | 称心 | 吉 |  | 巳 | 损耗 | 凶 |
|  | 午 | 美食 | 吉 |  | 午 | 病贼 | 凶 |
|  | 未 | 肠胀 | 凶 |  | 未 | 衣□ | 吉 |
|  | 申 | 重耗 | 吉 |  | 申 | 衣裳 | 吉 |
|  | 酉 | 丰钱 | 吉 |  | 酉 | 吉祥 | 吉 |
|  | 戌 | 吉祥 | 吉 |  | 戌 | 吉祥 | 吉 |
|  | 亥 | 问觉 | 凶 |  | 亥 | 利闰 | 凶 |

续表

| 七曜日 | 十二宫 | 组合名称 | 吉凶 | 七曜日 | 十二宫 | 组合名称 | 吉凶 |
|---|---|---|---|---|---|---|---|
| 云汉 | 子 | 负离 | 凶 | 鸡缓 | 子 | 重厄 | 凶 |
| | 丑 | 损耗 | 吉 | | 丑 | 损耗 | 吉 |
| | 寅 | 称心 | 吉 | | 寅 | 称心 | 吉 |
| | 卯 | 愁苦 | 凶 | | 卯 | 损财 | 凶 |
| | 辰 | 忧愁 | 凶 | | 辰 | 病恶 | 凶 |
| | 巳 | 称心 | 吉 | | 巳 | 称心 | 吉 |
| | 午 | 动厄 | 凶 | | 午 | 病财 | 凶 |
| | 未 | 大笑 | 凶 | | 未 | 损财 | 凶 |
| | 申 | 远辰 | 凶 | | 申 | 损财 | 凶 |
| | 酉 | 快乐 | 吉 | | 酉 | 衣裳 | 吉 |
| | 戌 | 吉祥 | 吉 | | 戌 | 吉祥 | 吉 |
| | 亥 | 口舌 | 凶 | | 亥 | 重厄 | 凶 |
| 嘀 | 子 | 过讹 | 凶 | 嘀 | 午 | 损财 | 凶 |
| | 丑 | 利闰 | 凶 | | 未 | 快乐 | 吉 |
| | 寅 | 憎忧 | 吉 | | 申 | 重厄 | 凶 |
| | 卯 | 散病 | 吉 | | 酉 | 宁静 | 吉 |
| | 辰 | 快乐 | 吉 | | 戌 | 吉祥 | 吉 |
| | 巳 | 称心 | 吉 | | 亥 | 利闰 | 凶 |

吉凶各近半。

第二，从十二时辰看，子时、辰时、午时、申时吉三凶四，丑时吉四凶三，寅时、酉时吉六凶一，卯时、未时吉二凶五，巳时吉五凶二，戌时七吉，亥时七凶；除戌时皆吉，亥时皆凶外，其他时辰吉凶皆有。

第三，占断结果的吉凶并未由七曜日或十二时辰单独主导，而是将二者结合进行详细占断，与组合名称的表意更为接近，如称心、快乐为吉，重厄、损财为凶。

第四，不同于文书S.1396中鸡缓日辰、未、亥、子四个时辰的吉祥占断，文书P.2693中鸡缓日辰、未、亥、子的占断结果均为凶，可见敦煌写本时日宜忌文书的内容并非一成不变，而是因时而变。

五姓和建除，是事象也是占断方法，这里为事象分类工整而将其单独列出。五姓，宫、商、角、徵、羽，主要出现在六十甲子历类文书中，如文书P.3281：

> 壬寅，金，商，是白虎，宫、羽二姓造举百事大富贵，宜子孙，商、角、徵三姓用之凶。癸卯，金，商，是白虎，宫、羽二姓造举百事吉，大富贵，宜子孙，商、角、徵三姓用之凶。甲辰，火、徵是朱雀，宫、角二姓造举百事大富贵，宜子孙，商、羽、徵三姓用之凶。①

这里以甲子日为纲，推占用宫、商、角、徵、羽五姓的吉凶。又如，文书P.3594载"推五姓墓月法"：

> 宫、徵、羽三姓，上利西南，下利东北，三月、九月墓月，辰戌为墓时；商、角二姓，上利东南，下利西北，六月、十二月墓

---

① 图版见上海古籍出版社与法国国家图书馆合编《法藏敦煌西域文献》第23册，上海：上海古籍出版社，2002年，第19—31页。

月，丑未时为墓［时］。①

建除，即建除十二直，建、除、满、平、定、执、破、危、成、收、开、闭。敦煌写本时日宜忌文书中，建除十二直与十二月相配合占吉凶，集中出现在六十甲子历文书中，如文书P.3281：

> 壬寅，正月建，二月闭，三月开，四月收，五月成，六月危，七月破，八月执，九月定，十月平，十一月满，十二月除；癸卯，正月除，二月建，三月闭，四月开，五月收，六月成，七月危，八月破，九月执，十月定，十一月平，十二月满；甲辰，正月满，二月除，三月建，四月闭，五月开，六月收，七月成，八月危，九月破，十月执，十一月定，十二月平。②

这里以六十甲子日为纲，分别列出每个甲子日十二月的建除，以此来推占吉凶宜忌。为方便研究，现将文书P.3281中的建除事象内容占断列表如下：

由表3-4可知：

第一，建除十二直与十二月的结合有一定的规律。从子开始，正月到十二月的建除分别为开、收、成、危、破、执、定、平、满、除、

---

① 图版见上海古籍出版社与法国国家图书馆合编《法藏敦煌西域文献》第26册，上海：上海古籍出版社，2002年，第39—41页。

② 图版见上海古籍出版社与法国国家图书馆合编《法藏敦煌西域文献》第23册，上海：上海古籍出版社，2002年，第19—31页。

表3-4　文书P.3281之建除十二直

| 六十甲子 | 正月 | 二月 | 三月 | 四月 | 五月 | 六月 | 七月 | 八月 | 九月 | 十月 | 十一月 | 十二月 |
|---|---|---|---|---|---|---|---|---|---|---|---|---|
| 壬寅 | 建 | 闭 | 开 | 收 | 成 | 危 | 破 | 执 | 定 | 平 | 满 | 除 |
| 癸卯 | 除 | 建 | 闭 | 开 | 收 | 成 | 危 | 破 | 执 | 定 | 平 | 满 |
| 甲辰 | 满 | 除 | 建 | 闭 | 开 | 收 | 成 | 危 | 破 | 执 | 定 | 平 |
| 乙巳 | 平 | 满 | 除 | 建 | 闭 | 开 | 收 | 成 | 危 | 破 | 执 | 定 |
| 丙午 | 定 | 平 | 满 | 除 | 建 | 闭 | 开 | 收 | 成 | 危 | 破 | 执 |
| 丁未 | 执 | 定 | 平 | 满 | 除 | 建 | 闭 | 开 | 收 | 成 | 危 | 破 |
| 戊申 | 破 | 执 | 定 | 平 | 满 | 除 | 建 | 闭 | 开 | 收 | 成 | 危 |
| 己酉 | 危 | 破 | 执 | 定 | 平 | 满 | 除 | 建 | 闭 | 开 | 收 | 成 |
| 庚戌 | 成 | 危 | 破 | 执 | 定 | 平 | 满 | 除 | 建 | 闭 | 开 | 收 |
| 辛亥 | 收 | 成 | 危 | 破 | 执 | 定 | 平 | 满 | 除 | 建 | 闭 | 开 |
| 壬子 | 开 | 收 | 成 | 危 | 破 | 执 | 定 | 平 | 满 | 除 | 建 | 闭 |
| 甲寅 | 建 | 闭 | 开 | 收 | 成 | 危 | 破 | 执 | 定 | 平 | 满 | 除 |
| 乙卯 | 除 | 建 | 闭 | 开 | 收 | 成 | 危 | 破 | 执 | 定 | 平 | 满 |
| 丙辰 | 满 | 除 | 建 | 闭 | 开 | 收 | 成 | 危 | 破 | 执 | 定 | 平 |
| 丁巳 | 平 | 满 | 除 | 建 | 闭 | 开 | 收 | 成 | 危 | 破 | 执 | 定 |
| 戊午 | 定 | 平 | 满 | 除 | 建 | 闭 | 开 | 收 | 成 | 危 | 破 | 执 |
| 己未 | 执 | 定 | 平 | 满 | 除 | 建 | 闭 | 开 | 收 | 成 | 危 | 破 |
| 庚申 | 破 | 执 | 定 | 平 | 满 | 除 | 建 | 闭 | 开 | 收 | 成 | 危 |

建、闭，然后依次往后推一个月，丑的正月到十二月的建除应为闭、开、收、成、危、破、执、定、平、满、除、建（癸丑在文书中残缺，由此表规律可推知，"壬子"与"甲寅"之间残缺的"癸丑"从正月到十二月的建除应依次为"闭、开、收、成、危、破、执、定、平、满、除、建"），寅的正月到十二月的建除则为建、闭、开、收、成、

危、破、执、定、平、满、除，以此类推。

第二，从壬寅开始，甲子日正月的建除依次为建、除、满、平、定、执、破、危、成、收、开、闭，然后以此类推。

动物吉忌。敦煌写本时日宜忌文书中，还有一些颇具神秘色彩的趋吉避凶之法，这里择与动物相关的归于一类。比如，文书P.3281：

> 辛亥，塞鼠孔吉，自死。[①]

这里指出堵塞老鼠洞的吉日，认为辛亥日堵老鼠洞会令老鼠自己死亡，不知依据为何。这一类的事象多出现在文书P.2661V中：

> 以庚寅日塞鼠穴，永不入人家，吉；以寅日涂仓，令鼠不食五谷；以鼠头三枚着蚕屋，鼠不食蚕，大吉；鼠远人家法，取狗头目烧作灰，和狗脂涂四壁下，家中鼠莫问大小，悉皆走去，大验。[②]

前两条庚寅日和寅日的占断与文书P.3281中的"辛亥日塞鼠洞"相似，都可以直接指导生活。而后两条的"鼠头着蚕屋"和"狗脂涂四壁下"就有点巫术的意味了。类似的事象占断还有：

> 以狗肝涂宅，令妇人生富贵子；埋犬肝宅四角，令人大富、吉

---

① 图版见上海古籍出版社与法国国家图书馆合编《法藏敦煌西域文献》第23册，上海：上海古籍出版社，2002年，第19—31页。

② 图版见上海古籍出版社与法国国家图书馆合编《法藏敦煌西域文献》第17册，上海：上海古籍出版社，2001年，第131—134页。

利；以鹿角着厕中，令人得财；以牛骨悬屋四角，令人家富，吉；以羊蹄马蹄埋宅四角，令人大富贵；以正月悬古羊头着户上，辟盗贼；欲令达官不堕，取白雄鸡羽带之，吉；以五月上卯日，取虎骨向东煮，取汁饮之，令人不病，大吉。①

这里将动物的某个部位与某事的吉凶相对应，虽不明确其依据，但在人们生活中的实际应用却比较方便，直接选择合适的日期进行或避忌就可以了。

## 第二节　敦煌写本时日宜忌文书的占断方法

占断的方法，往往比较杂糅，通常是将八卦、阴阳、五行、干支等相配合，进而推断出做某事的时日吉凶。敦煌写本时日宜忌文书就是这样的一种占文，其中的内容占断往往综合应用多种占断方法，共同配合推占出做某事的吉日凶时，以指导人们的生活实践。为便于研究，本书将28件文书中的占断方法进行了梳理归纳，大致包括干支法、阴阳五行法、神祇丛辰法、七曜择日法、五姓法、建除法、九宫法、伍胥法等。

---

① 图版见上海古籍出版社与法国国家图书馆合编《法藏敦煌西域文献》第17册，上海：上海古籍出版社，2001年，第131—134页。

## 一、干支法

干支，即天干地支。天干为十，即甲、乙、丙、丁、戊、己、庚、辛、壬、癸；地支十二，即子、丑、寅、卯、辰、巳、午、未、申、酉、戌、亥。刘道超认为十天干是实实在在存在的，其后才被用以记日，而地支是阴阳二气的运动变化。他认为：

> 如果我们承认择吉术据以论断吉凶的理论依据太极易学系统是宇宙生命的物质结构与运动规律的反映而非迷信，承认择吉术据以推排时日的干支六十甲子系统是对天文现象和天体运动周期的科学概括而非迷信，那么，我们就不能认为择吉术无根无据，是完全的封建迷信。①

运用干支来择吉的方法，在敦煌写本时日宜忌文书中集中体现在六十甲子历类文书上。如文书Дx01064、01699、01700、01701、01702、01703、01704以十二支为纲，推占洗头的吉凶：

> 子日洗头，令人有好事，及得财，吉；丑日洗头，令人富贵，宜六畜；寅日洗头，令人死，不上堂，凶；卯日洗头，令人发白更黑，大吉；辰日洗头，令人起事数数被辱；巳日洗头，令人宜远行

---

① 刘道超：《择吉民俗之性质、特征与长期传承之原因探析》，《广西师范大学学报》（哲学社会科学版）2003年第3期，第141—147页。

无忧；午日洗头，令人破伤生疮，凶；未日洗头，令人发美长好，吉；申日洗头，令人见鬼，凶；酉日洗头，令人得酒食；戌日洗头，令人死，凶；亥日洗头（残）①

关于敦煌写本时日宜忌文书中的干支择日法，我们还需要关注两点：第一，干支与五行结合的占断。这一点集中体现在"六十甲子纳音"中，如：

甲辰乙巳火，丙午丁未水，戊申己酉土，庚戌辛亥金，壬子癸丑木，甲寅乙卯水，天地合；戊午己未火，庚申辛酉木，壬戌癸亥水。②

这里很明确地将六十甲子与金、木、水、火、土相对应，以此推占吉凶。又如，文书P.3984V：

甲子乙丑金，丙寅丁卯火，日月合；戊辰己巳木，庚午辛未土，壬申癸酉金，江河离；甲戌乙亥火，丙子丁丑水，戊寅己卯土，人民合；庚辰辛巳金，壬午癸未木，甲申乙酉水，天地离；丙戌丁亥土，戊子己丑火，庚寅辛卯木，金石合；壬辰癸巳火（水），

---

① 图版见俄罗斯科学院东方研究所圣彼得堡分所、俄罗斯科学出版社东方文学部、上海古籍出版社编《俄罗斯科学院东方研究所圣彼得堡分所藏敦煌文献》第7册，上海：上海古籍出版社，1996年，第294—295页。

② 图版见北京大学图书馆、上海古籍出版社编《北京大学图书馆藏敦煌文献》第2册，上海：上海古籍出版社，1995年，第217页。

甲午乙未金，丙申丁酉火，日月离；戊戌己亥木，庚子辛丑土，壬寅癸卯金，江河合；［甲辰乙］巳火，丙午丁未水，戊申己酉土，人民离；庚戌辛亥金，壬子癸丑木，［甲寅乙卯水，丙辰丁巳土，戊午］己未火，庚申辛酉木，金石离；壬戌癸亥水。①

这里不仅出现了六十甲子和五行，还出现了"日月合"等"五合五离择日法"，使吉凶的推占更为立体。

敦煌写本时日宜忌文书中，"五合五离择日法"并不多见，仅出现在此处和文书Дx01295、02976、03515中②，故只在此处提及而不将其作为单独的一类进行讨论。

第二，干支与七曜结合的占断。这一点集中体现在七曜类文书中，十二时与七曜相结合，中西文化交织在一起，共同推占做某事的吉凶宜忌。P.2693、S.1396和S.8362三件文书中共包含此类占断89条，是敦煌写本时日宜忌文书的一抹异彩。比如，文书S.8362：

（那溢，子，）求财物亦合加官。③

---

① 图版见上海古籍出版社与法国国家图书馆合编《法藏敦煌西域文献》第30册，上海：上海古籍出版社，2003年，第316页。

② 图版见俄罗斯科学院东方研究所圣彼得堡分所、俄罗斯科学出版社东方文学部、上海古籍出版社编《俄罗斯科学院东方研究所圣彼得堡分所藏敦煌文献》第8册，上海：上海古籍出版社，1997年，第68页。

③ 图版见中国社会科学院历史研究所、中国敦煌吐鲁番学会敦煌古文献编辑委员会、英国国家图书馆、伦敦大学亚非学院合编《英藏敦煌文献》第12卷，成都：四川人民出版社，1995年，第117页。

关于七曜入十二宫的事象占断以及 P.2693 中七曜入十二宫的名称，前文业已讨论，这里不再赘言。

## 二、阴阳五行法

阴阳五行思想在我国古代思想史上有着重要的地位。阴阳、五行作为两种独立的观念，在战国时被月令、日书吸纳进行了第一次融合：

> 月令、日书试图用"杂配"的方法，将天、地、人事统一在一个大系统内。在这个杂配的体系中，阴阳与五行范畴基于自身的特性发挥了不同作用。总的来说，阴阳在月令中应用更多，发展出阴阳二气的本体论，建构起"四时—阴阳—教令"的"天地人"的宇宙论模型；五行在日书中应用更多，以五行元素论、五行之德建立起"干支—五行—占验方术"的宇宙论。[1]

阴阳五行的择日方法，在敦煌写本时日宜忌文书里运用颇多。例如，P.3081《七曜日吉凶推法》所载：

> 蜜日，得病轻，八日内危，宜服白药，于东方上取尘及药吉，宜设祭先亡吉。莫日，得病稍重，十四日内死，不死宜服黑药吉，祀向月神吉。云汉日，得病极重，宜速救之，须服赤药，宜向西南取□及药吉，出血宜祭火神吉。嘀日，得病严重，十四日内差，宜

---

① 刘楚昕：《阴阳五行观念在先秦及汉代思想中的演变》，武汉大学博士学位论文，2021年，第27页。

服黑药，正北求□及药吉，宜祭河伯将军水神吉。郁没斯日，得病不轻足忧，须服青药，宜于正东求□药吉，宜求家亲先亡吉，亦宜求九子母吉。那颉日，得病恶，为邪鬼所着，难差，宜白药吉。鸡缓日，得病唯重不死，宜取僧□及黄药吉，宜求本命□君及北斗吉。[①]

这里是用阴阳五行的思想来占断疾病。我们知道，古人将五色与五行对应，青为木，赤为火，黄为土，白为金，黑为水；将五色与五方对应，青为东，赤为南，黄为中，白为西，黑为北；将五色与五脏对应，青为肝，赤为心，黄为脾，白为肺，黑为肾。文书中这种用阴阳五行来占病的方法，主要就是运用了阴阳五行相生相克的原理，合则安康痊愈，不合则患病乃至死亡。这种方法有时还与十天干和十二地支配合使用。十天干中，甲、丙、戊、庚、壬为阳，乙、丁、戊、庚、癸为阴，甲、乙为木，丙、丁为火，戊、己为土，庚、辛为金，壬、癸为水。十二地支中，子、寅、辰、午、申、戌为阳，丑、卯、巳、未、酉、亥为阴，子、亥为水，丑、辰、未、戌为土，寅、卯为木，巳、午为火，申、酉为金。具体方法与前文一致，依然是遵循阴阳五行的调和规律，顺应则安，逆反则恶。

这样的例子还有文书P.3081中的：

蜜日，太阳日，发军卫徒日出处，行动用卯时发，吉；将宜着白衣，乘白马，缨绯白旗引前，吉；向祀天大将军，吉。莫日，此

---

① 图版见上海古籍出版社与法国国家图书馆合编《法藏敦煌西域文献》第21册，上海：上海古籍出版社，2002年，第259—261页。

日太阴日，发军宜从西北面向东方动兵，用子时发，吉；将宜着黑衣，乘紫骢马，黑缨绯黑旗引前，吉；向祀月神，吉。云汉，火直，发兵宜从南方面向北动兵，宜用辰时发，吉；将宜着绯衣，乘赤马，赤缨绯赤旗引前，吉；向祀五道大将军，吉。嘀日，水直，发军宜从北方面向南动兵马，宜用子时发，吉；将宜着黑衣，乘骢马，黑缨黑旗引前，吉；祀河伯将军，吉。郁没斯日，木直日，发军宜从东动兵，用卯时，吉；将着青衣，乘青骢马，青缨绯青旗引前，吉；祀行道天王，吉。那颉，日直，发军宜从西方面向东动兵，用戌时，吉；时宜着白衣吉，乘白马，白缨绯白旗引前，吉；祀巧女神，吉。鸡缓日，土直日，发军宜从西北方面向东南方动兵，用午时，吉；将宜黄衣，乘黄马，黄缨绯黄旗引前，吉；祀北斗神，吉。①

可以看出，这里是运用了阴阳五行的占法进行推占。比如说，其中的云汉日，属火，发兵就宜从南向北，因为南方属火；辰时发，因为辰时属土，火生土，这也是调和的；将宜着绯衣，乘赤马，赤缨绯赤旗引前，这里的绯、赤，实际上都是红色，属火。上述的这些日直、方向、时间、颜色都是调和的，所以结果自然是吉利的。

敦煌写本时日宜忌文书中，还出现了五行与五姓结合的占断：

宫家：用金火日，水木日凶；商家：用水土日，火木日凶；角

---

① 图版见上海古籍出版社与法国国家图书馆合编《法藏敦煌西域文献》第21册，上海：上海古籍出版社，2002年，第259—261页。

家：用水火日，金土日凶；徵家：用木土日，金水日凶；羽家：用金木日，火土日凶。①

这里将宫、商、角、徵、羽与金、木、水、火、土日相结合，共同推占修造日的吉凶。

### 三、神祇丛辰法

《钦定协纪辨方书》卷六《九神总论》中有云：

夫神之有吉、凶也，皆本年、月、日神所喜、所忌之阴阳五行以为断，或以三合五合言，或以六合六冲言，或以纳音、纳甲言，或以卦位、方位言，或以旺相休囚言，千变万化，要皆不离乎此。②

这似乎说出了神祇丛辰法推占的实质。敦煌写本时日宜忌文书中，神祇丛辰法就是依据神祇丛辰的喜忌、方位等来推断时日的宜忌吉凶，因神祇丛辰较多而略显繁杂。

比如说，文书S.8350：

[丙子] 日南游至子日，到辛巳日还；庚子日西游，乙巳日还；壬子 [日北游，丁巳日] 还。右太岁以下将军、太阴、诸煞等神，

---

① 图版见中国社会科学院历史研究所、中国敦煌吐鲁番学会敦煌古文献编辑委员会、英国国家图书馆、伦敦大学亚非学院合编《英藏敦煌文献》第2卷，成都：四川人民出版社，1990年，第76页。

② [清]允禄等著，金志文译注：《钦定协纪辨方书》卷六，北京：世界知识出版社，2011年，第254页。

逢子即游，逢［巳日还］忌，如所游方之，虽无官府，犯之大凶，为众神皆怒。①

这里是通过神祇的出游来占断吉凶。又如Дx01274、03029号文书：

（残）震在辰，夫（残）天德在甲，月德在（残）［在］巳，月［德］在戌，月（残）九道九坎在午（残）在子，往（残）在卯（残）在酉（残）在子（残）［在］辰，天煞在酉，地煞在丑（残）生士在寅，死士在申（残）五墓在子，丧车在子（残）小煞在戌，大煞在巳（残）在子，大时在子，豹尾在丑（残）在丑，天开在角，天梁在参（残）方，九天朱雀、九天玄武（残）在子，阴虚在亥（残）日在巳（残）②。

此文书虽残损严重，却依然可以辨识似乎是在用丛辰法来推占吉凶。

另外，S.2620《年神方位图》用图画的形式绘出了戊午、己未、庚申、辛酉、壬戌、癸亥等年的神煞所在、宜忌吉凶③，是典型的神祇丛辰择日法。还有六十甲子历类文书，每一甲子都写有甲子神的名字。

---

① 图版见中国社会科学院历史研究所、中国敦煌吐鲁番学会敦煌古文献编辑委员会、英国国家图书馆、伦敦大学亚非学院合编《英藏敦煌文献》第12卷，成都：四川人民出版社，1995年，第114页。

② 图版见俄罗斯科学院东方研究所圣彼得堡分所、俄罗斯科学出版社东方文学部、上海古籍出版社《俄罗斯科学院东方研究所圣彼得堡分所藏敦煌文献》第8册，上海：上海古籍出版社，1997年，第50页。

③ 图版见中国社会科学院历史研究所、中国敦煌吐鲁番学会敦煌古文献编辑委员会、英国国家图书馆、伦敦大学亚非学院合编《英藏敦煌文献》第4卷，成都：四川人民出版社，1991年，第132页。

从这个角度看，六十甲子历实际上也运用了神祇丛辰择日法。

## 四、七曜择日法

七曜择日法即用七曜去推占吉凶。在敦煌写本时日宜忌文书里，主要体现在七曜类文书之中。

例如，文书S.1396《七曜历日》：

> 若此日曜直日有日月变蚀，地动，见星……子时兴易得通达，求财得财，求官得官。①

这里既写了此曜日的某些吉凶宜忌，又写了一些禳解之法。

又如，文书P.2693：

> 莫空，阴直，宜辅官位，见官申诉论理讼……此直日遇日月被蚀及地动，其年多疾死复多苦，又触事渐贫，损财物。②

这里详叙了莫空日的吉凶宜忌，包括经济活动、生子、造举等诸多方面，运用了七曜择日法来推占吉凶。

S.8362号文书虽然残损严重，难以辨识，但从其中的"得此日，其

---

① 图版见中国社会科学院历史研究所、中国敦煌吐鲁番学会敦煌古文献编辑委员会、英国国家图书馆、伦敦大学亚非学院合编《英藏敦煌文献》第3卷，成都：四川人民出版社，2002年，第11页。
② 图版见上海古籍出版社与法国国家图书馆合编《法藏敦煌西域文献》第17册，上海：上海古籍出版社，2001年，第274—276页。

年六畜损伤"①等语可以看出其与文书P.2693的书写模式相似，依然是运用七曜择日法推断吉凶。

### 五、五姓法与建除法

五姓，即宫、商、角、徵、羽，五姓法，就是用五姓来推占吉凶的方法。敦煌写本时日宜忌文书里五姓法的运用颇多，文书S.0612V中的"推修造月法"就是用五姓法推占吉凶的典型代表：

> 推修造月法。宫家：四月、五月、七月大吉，八月、十一月小吉；商家：三月、七月、十一月大吉，四月、十月小吉；角家：四月、五月、十月大吉，三月、十一月小吉；徵家：正月、五月、六月大吉，四月、七月小吉；羽家：正月、七月、八月大吉，五月、十一月小吉。②

再如：

> 五姓修宅，以五姓分五音……至其配年之法，既取生克，又取墓绝胎，且气绝、白虎既兼取鬼贼，而宫姓巳午年又为小通，商姓寅卯年、羽姓巳午年又为害财，则皆不取。其配月之法，小通惟取

---

① 图版见中国社会科学院历史研究所、中国敦煌吐鲁番学会敦煌古文献编辑委员会、英国国家图书馆、伦敦大学亚非学院合编《英藏敦煌文献》第12卷，成都：四川人民出版社，1995年，第117页。

② 图版见中国社会科学院历史研究所、中国敦煌吐鲁番学会敦煌古文献编辑委员会、英国国家图书馆、伦敦大学亚非学院合编《英藏敦煌文献》第2卷，成都：四川人民出版社，1990年，第76页。

两月，或取生我，或取我生，皆无义例，亦不足辨也。①

这里阐明了五姓推修宅吉凶的方法，且说其与月相配时无外乎"生我"或"我生"，并无"义例"。这其实也是敦煌写本时日宜忌文书的基调，吉凶的推占通常比较简单直接，不需要太专业的占断训练，可以直接依占文而用。

在推占中，五姓还往往与五行、干支等相结合，共同推占吉凶。《钦定协纪辨方书》中有一表②，就显示了五姓、五行与干支的对应：

**表3-5　五姓、五行与干支**

| 宫 | 属土 | 甲子乙丑 | 壬申癸酉 | 庚辰辛巳 |
|---|---|---|---|---|
| | 生金 | 甲午乙未 | 壬寅癸卯 | 庚戌辛亥 |
| 商 | 属金 | 丙子丁丑 | 甲申乙酉 | 壬辰癸巳 |
| | 生水 | 丙午丁未 | 甲寅乙卯 | 壬戌癸亥 |
| 角 | 属木 | 戊子己丑 | 丙申丁酉 | 甲辰乙巳 |
| | 生火 | 戊午己未 | 丙寅丁卯 | 甲戌乙亥 |
| 徵 | 属火 | 庚子辛丑 | 戊申己酉 | 丙辰丁巳 |
| | 生土 | 庚午辛未 | 戊寅己卯 | 丙戌丁亥③ |
| 羽 | 属水 | 壬子癸丑 | 庚申辛酉 | 戊辰己巳 |
| | 生木 | 壬午癸未 | 庚寅辛卯 | 戊戌己亥 |

① [清] 允禄等著，金志文译注：《钦定协纪辨方书》卷三十五，北京：世界知识出版社，2011年，第1027页。

② [清] 允禄等著，金志文译注：《钦定协纪辨方书》卷一，北京：世界知识出版社，2011年，第51页。

③ 原文此处仍写"丙辰丁巳"，与上一行内容重复，有误。按书中表示原文所言："次六复以角徵羽宫商，纳甲戊庚壬，条以五戊而随以五亥……徵火得丙戌、丁亥、纳音土。"（见《钦定协纪辨方书》卷一，第51—52页）可知，表中此处应为"丙戌丁亥"。

六十甲子历类文书中也有类似的内容，如文书P.3281：

甲辰，火，徵，是朱雀，宫、角二姓造举百事大富贵，宜子孙，商、羽、徵三姓用之凶；乙巳，火，徵，是朱雀，宫、角二姓造举百事大富贵，宜子孙，商、徵、羽三姓用之凶；丙午，水，羽，是玄武，商、角二姓造举百事大富贵，宜子孙，宫、徵、羽三姓用之凶。①

这里既有甲子日，又有五行，还有五姓，文书中用它们共同推占吉凶。

建除法，即运用建除十二直进行吉凶占断。《钦定协纪辨方书》有云：

历家以建、除、满、平、定、执、破、危、成、收、开、闭，凡十二日，周而复始，观所值以定吉凶。每月交节则叠两值日。其法从月建上起，建与斗杓所指相应，如正月建寅则寅日起建，顺行十二辰是也。②

敦煌写本时日宜忌文书中，建除法的内容主要体现在六十甲子历类文书中，每一干支起首都写一月到十二月的建除，如文书P.3685：

---

① 图版见上海古籍出版社与法国国家图书馆合编《法藏敦煌西域文献》第23册，上海：上海古籍出版社，2002年，第19—31页。

② ［清］允禄等著，金志文译注：《钦定协纪辨方书》卷四，北京：世界知识出版社，2011年，第140页。

辛丑，姓卫字公卿，正月闭，二月开，三月收，四月成，［五月危，六月破，七月执，八月定，］九月平，十月满，十一月除，十二月建。①

这里将建除法与干支法相结合进行吉凶占断。六十甲子历中，关于干支与建除的配合，前文已列表研究，这里不再讨论。一般来说，建，是吉利的，宜上书、求财、行军、出行等，但不宜开仓、动土；除，即除旧布新，宜嫁娶、出行、治病、除服等，不宜上官、见官、开张、搬家；满，圆满，宜开市、结亲、祈福，不宜上官、治病、栽种、下葬；平，无吉无凶，可祈福、出行、修屋、嫁娶、求财等；定，诸事不宜；执，宜结婚、求子、祭祀、立约、祈福，不宜移徙、远行；破，破败，宜治病、赴考，不宜多生事端；危，危险，忌行危险之事；成，成功，凡事有成，移徙、上官、远行、入学、开市、嫁娶、祈福等皆宜，唯不宜争讼；收，收成，求财、开市、立约、嫁娶等大吉；开，求子、求财等大吉，埋葬大凶；闭，宜埋葬，不宜治病、出行兴易、求学、上官就职等。

## 六、九宫推算法与伍胥法

九宫推算法，又称九方色、飞九宫、紫白值年（月、日）图等。敦煌写本时日宜忌文书中，P.3594《阴阳书残卷》有"九方色图"九幅，S.2620《年神方位图》的图中也标记了碧、黑、绿等相关内容，似与九方色有关。

---

① 图版见上海古籍出版社与法国国家图书馆合编《法藏敦煌西域文献》第26册，上海：上海古籍出版社，2002年，第309—310页。

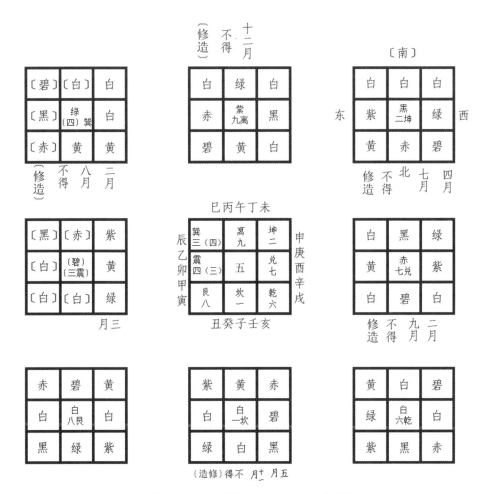

图3-11　文书P.3594之《九方色图》

九宫，即乾宫、坎宫、艮宫、震宫、中宫、巽宫、离宫、坤宫、兑宫，前四宫是四阳宫，后四宫为四阴宫。九色，即一白、二黑、三碧、四绿、五黄、六白、七赤、八白、九紫，与五行亦相合，一白对应水，二黑、五黄、八白对应土，三碧、四绿对应木，六白、七赤对应金，九紫对应火。敦煌写本时日宜忌文书中，九宫推算法就是通过这些五行、八卦等的配合来推占宜忌吉凶。

伍胥法为自题，目前方法规律尚不明确，可能是托名伍胥的占断方法。伍胥,传说中的古代方术士。另外,《史记·伍子胥列传》中也有称伍子胥为"伍胥"之处①,不知是否与此有关。这种占法仅在六十甲子历类文书中存17条,内容为占忧、喜、兵、贼,比较规整,条目分布在每个干支的内容占断中,似在与干支相配合进行吉凶占断,如文书P.3281:

　　癸卯,伍胥法:闻忧不忧,闻喜不喜,闻兵不行,闻贼不来。②

又如,文书P.3685:

　　庚子,伍胥法:闻忧不忧,闻喜不喜,闻兵不行,闻贼方来。③

再如,文书P.4680:

　　庚寅,伍胥法:闻忧不忧,闻喜不喜,闻兵不行,闻贼不来。④

　　在敦煌写本时日宜忌文书的编撰与实际应用中,上述方法往往是几种杂糅在一起,共同进行宜忌推占。此外,古代民间择吉的某些避忌内容,在文书中也有体现。

---

① [西汉]司马迁撰:《史记》第66卷,北京:中华书局,1959年,第2172页。
② 图版见上海古籍出版社与法国国家图书馆合编《法藏敦煌西域文献》第23册,上海:上海古籍出版社,2002年,第19—31页。
③ 图版见上海古籍出版社与法国国家图书馆合编《法藏敦煌西域文献》第26册,上海:上海古籍出版社,2002年,第309—310页。
④ 图版见上海古籍出版社与法国国家图书馆合编《法藏敦煌西域文献》第33册,上海:上海古籍出版社,2005年,第77—78页。

由于对自然界认知的局限性，古代禁忌比较多。其中关乎择吉的，有约定俗成的禁忌和占师所创的禁忌两类。

约定俗成的避忌如甲不开仓，乙不栽种，丙不修灶，丁不剃头，戊不受田，己不破券，庚不经络，辛不合酱，壬不决水，癸不词讼；子不问卜，丑不冠带，寅不祭祀，卯不穿井，辰不哭泣，巳不远行，午不苫盖，未不服药，申不安床，酉不宴会，戌不乞狗，亥不嫁娶。这是民间流传的歌诀，在敦煌写本时日宜忌文书中也有收录，如文书P.2661V：

甲不开藏（仓），乙不纳财，丙不指灰，丁不剃头，戊不受田，己不伐树，辛不作酱，壬不书家，癸不买履。子不卜问，丑不冠带，又不买牛，寅不召客，卯不穿井，辰不哭泣、不远行，巳不取妇，午不盖屋，未不服药，申不裁衣、不远行，酉不宴会，戌不祠祀，亥不呼妇。[①]

北大D195V在此基础上又有了新的发展，不仅说避忌，还简单说明避忌的原因，或者不避忌的后果：

甲不开［仓］，钱财耗亡，又不治宅，必空囊；子不卜问，及受具殃，又不与人物；［乙不种树］，□岁不长，又不吊，必有亡失；丑［不冠带，不还故乡］，不利兄弟，令人贫；丙［不治火光］，岁揭，百鬼在傍；寅不布籍（祭），鬼神不宁；丁不剃头，头

多生疮，又不洗头；卯不攀（穿）井，百泉不通；戌不庆（受）
田，必重相伤；辰不哭泣，必有重丧，又不屠，煞嫁娶；巳不破券
书，二人俱亡，亦不迎女，不宜姑嫜；庚不经络，其身受殃；午不
枷屋，必见火光，又不买马，必绝绊缰；辛不作酱，一人不喜；未
不服药，毒伤肺肠；壬不决水，家逢外丧，又不书契，口舌竞起；
申不安床，鬼居其傍，又不裁衣，远行不祥；癸不狱讼，两相害
妨；酉不买鸡，还自必伤，又不会客，差伤；戌不祠祀，家室破
亡；戌不买狗，狗必上床，又不庆，必有凶亡；亥不嫁娶，必煞姑
嫜，又不迎妇。①

占师所创的禁忌是在钻研书典术数的基础上而成的，也有的是为了
敛财附会而出的一家之书，久而久之便积非成是。这里列举根据古代圣
贤的经历、忌惮等而产生的禁忌，如文书P.2661V中载：

杜康以丁酉日死，不得此日会客；［扁鹊］辛未日死，不得此
日服药；田公丁亥日死，勿此日种五谷，凶；仓颉以丙寅日死，勿
此日入学；师旷以辛卯日死，勿以此日作乐；河伯庚申日死，勿此
日乘船远行；皋陶以壬辰日死，不得此日效罪人。②

另外，P.2661V《诸杂略得要抄子》中还抄录了很多当时趋吉避凶

---

① 图版见北京大学图书馆、上海古籍出版社编《北京大学图书馆藏敦煌文献》第2册，上海：
上海古籍出版社，1995年，第217页。
② 图版见上海古籍出版社与法国国家图书馆合编《法藏敦煌西域文献》第17册，上海：上海
古籍出版社，2001年，第131—134页。

的方法，如：

> 甲子字明执，欲入火，呼执明（明执），吉。甲戌字弘张，欲
> 入水，大吉。甲申字孟章，欲入山，呼孟章。甲午字陵光，欲入
> 兵，众呼陵光，吉。甲辰字天禽。甲寅字盗兵，欲出行，呼盗兵，
> 吉；欲渡河，手中书土字，吉；欲入山，手中勾龙字，大吉利；欲
> 入众吠，手中作学字；欲恶人家，手中作大字，吉；欲至病人家，
> 手中作鬼字；欲入丧家，手中作罡字；欲入水，手中作土字，大
> 吉；欲入妇家，手中作合字，大吉；欲入阵，手中作乾字，大吉；
> 欲至恶狗家中，手中作捉虎字，犬不齿人。①

文书中还有此类记载，但不知规律与依据为何。

---

① 图版见上海古籍出版社与法国国家图书馆合编《法藏敦煌西域文献》第17册，上海：上海
古籍出版社，2001年，第131—134页。

# 第四章　天道人事：敦煌写本时日宜忌文书的思想主题

## 第一节　敦煌写本时日宜忌文书的思想文化内涵

时日宜忌，古时又称择吉、择日、涓吉、诹吉，其本质是敬天顺地，法效自然，按照自然的规律去安排生活。其中既有民俗的成分，又有科学的因素，既有神秘性，又有功利性，既内涵丰富，又泾渭杂陈。

### 一、天人合一观念

"天人合一"起源于原始社会的"报"。

中国古代宗教崇拜对象历经"神灵之天"，到"义理之天""命运之天"，再到"自然之天"，与之相随的"天人关系"也相应地由"天人相分"到"天人相通"进而到"天人合一"的最高理想的精神境界。[①]

---

[①] 宇汝松：《试论中国古代宗教崇拜对象及天人关系之演变》，《兰州大学学报》(社会科学版)2002年第6期，第63—67页。

天人合一，天即天道，人是广大人民，这里主要指人的行为活动要顺应天道。敦煌写本时日宜忌文书是唐宋之际敦煌民众的日常行为指南，是用"天道"去安排"人事"，其中无疑包含了一种"天人合一"的思想观念。

商代，人们视神为万物的主宰，崇奉的是一种盲从的人神关系。到了周代，天被人们赋予敬德保民的道德属性，于是，天也有了人的好恶。由此，"天道"便开始安排"人事"了。时日宜忌文书以各种方法去"收集"天地间可注意的现象，用以推测人事，趋吉避凶，预知命运。这么做的前提，首先就是要承认"天人合一"，如《钦定协纪辨方书》卷三所言：

> 举事无细大，必择其日辰，义欤？曰敬天也……天地神祇之所向则顺之，所忌则避之。[①]

当人们遇到困难、疑惑、亟须解决的问题，时日宜忌文书就会给他们指示，告诉他们疾病是否会痊愈、何时洗头裁衣、何日嫁娶等，直至生活的方方面面。

思想文化的繁荣发展导致了不同的天人观念的形成，如道家所追求的"天人合一"与儒家所说的"天人合一"就是不同的概念。老子说的"人法地，地法天，天法道，道法自然"[②]强调的是顺应自然、为所当为，并没有赋予天人伦道德的意味。道家的"天人合一"是弱化人为，强调"无为"。"无为"就是顺应自然，顺应"道"，无所为而

---

① [清]允禄等著，金志文译注：《钦定协纪辨方书》卷三，北京：世界知识出版社，2011年，第96页。
② [清]黄元吉撰，蒋门马校注：《道德经注释》，北京：中华书局，2012年，第104页。

又无不为。这里的"天"，是天地万物，是"道"，是自然界而非神明。儒家的"天"继承了前代的道德属性，"天人合一"即为人与义理、道德之天的合一。敦煌写本时日宜忌文书中的天人合一观念，更多的是在说人的行为要应天顺时，遵从自然的规律，从某个侧面反映出人们对自然规律的认识愈加深入。这些"规律"，可能起初只是口耳相传的"经验"，而后渐渐有了传承和记录，于是就形成了时日宜忌文书，如S.0612V《推杂忌日法等》：

> 子日不卜问，怪语非良；丑日不买牛，子孙不昌；寅日不祭祀，鬼来反殃；卯日不穿井，百泉不通；辰日不哭泣，有伤重丧；巳日不纳妇，不宜姑嫜；午日不改屋，失火多殃；未日不服药，药毒反伤；申日不裁衣，衣生祸殃；酉日不会客，客必斗伤；戌日不养狗，狗必上床；亥日不迎日，必忧死亡。①

文书列出子日到亥日的禁忌以及触犯禁忌的后果，比如说，不可在卯日穿井，否则会百泉不通。不过，这里并没有明确的占断之法，显然就是"规律"与"经验"的总结。时日宜忌文书中，这类"总结"还有很多，如S.0813《月占书》是一件用"见月"进行吉凶占断的文书，文书列出每月一日至十日"见月"的吉凶，依然只见结果而不知占断的方法与规律。时日宜忌文书中的部分观念宣扬了神祇的法力无边，认为人的生活要遵从神祇的安排，否则就会被降罪，所谓"大凶"等

---

① 图版见中国社会科学院历史研究所、中国敦煌吐鲁番学会敦煌古文献编辑委员会、英国国家图书馆、伦敦大学亚非学院合编《英藏敦煌文献》第2卷，成都：四川人民出版社，1999年，第76页。

恶果都是触怒神祇而得到的处罚，如P.3281《六十甲子历》：

> （戊申）起土凶，土公在九月，地囊日掘一尺煞一人，掘一丈
> 煞十人，凶。①

这里就是将起土的吉凶与土公联系在一起，还提到了"地囊"②这
一起土的禁忌日。

## 二、阴阳五行思想

董仲舒在《春秋繁露》中明确展现了阴阳五行说体系：

> 第一，将阴阳、五行、四时等几个方面圆融地整合为一个体
> 系；第二，以五行相生涵摄五行相胜，形成"比相生而间相胜"的
> 生克系统，对此后的五行诠释影响极为深远；第三，在天人相应中
> 阐释中和之说，可与《中庸》中的许多说法相对照。③

有学者认为：

---

① 图版见上海古籍出版社与法国国家图书馆合编《法藏敦煌西域文献》第23册，上海：上海古籍出版社，2002年，第19—31页。

② 地囊为四时三合卦之纳甲，常以三合卦的内外两卦初交所纳之干支为地囊日，正月在庚子、庚午，二月在癸未、癸丑，三月在甲子、甲寅，四月在己卯、己丑，五月在戊辰、戊午，六月在癸未、癸巳，七月在丙寅、丙申，八月在丁卯、丁巳，九月在戊辰、戊子，十月在庚戌、庚子，十一月在辛未、辛酉，十二月在乙酉、乙未。

③ 吴飞：《董仲舒的五行说与中和论》，《中国哲学史》2020年第4期，第74—82页。

阴阳、五行学说是中国各个思想体系的活的灵魂，一些观念只有与其结合，才能产生经久不衰的活力，才能融入中国文化的运行机制之中，并达到并行不悖。①

汪晓云也认为：

"阴阳五行"实为中国古代自然、宇宙、社会、伦理、宗教、政治之核心，以"阴阳五行""以气寓道"为基础，中国古代天文、地理、方术、术数等皆根植于"阴阳五行"……文献愈古老，"阴阳五行"愈隐晦，作为中国古代学术之本的阐释学，从根本上说乃是"阴阳五行""以气寓道"的阐释。②

敦煌写本时日宜忌文书作为占文的一种，自然是脱离不了阴阳五行思想。唐宋之际，敦煌民众运用阴阳五行的思想选择修造的日期，运用阴阳五行的观念治病求药，运用阴阳五行的配合选择发兵动马的时间，如P.3594《阴阳书残卷》：

宫、徵、羽三姓，上利西南，下利东北，三月、九月墓月，辰戌为墓时；商、角二姓，上利东南，下利西北，六月、十二月墓月，丑未时为墓［时］……宫家，金火日吉，水木。商、羽，土日

① 周蓉：《干支符号所代表的时空观》，《兰州大学学报》（社会科学版）1999年第2期，第116—119页。

② 汪晓云：《"阴阳五行"的来历与变迁》，《民族艺术》2009年第1期，第33—37页。

吉。角，水火日吉。徵，木土日吉。羽，金木日吉，火土日大凶。①

这段占文中，"上"与"下"相对，"西南"与"东北"相对，"东南"与"西北"相对，宫、商、角、徵、羽分别对应土、金、木、火、水，阴阳五行思想随处可寻，占断也由此衍生，如宫对应的五行为土，而火生土、土生金，故而对宫家的占断是金火日吉。阴阳五行学说是中国古代传统哲学思想的结晶，也是占卜术的基础，又如P.3081《七曜日吉凶推法》运用阴阳五行学说进行疾病的占断，依据阴阳五行相生相克的原理，说明合则安康痊愈，不合则患病乃至死亡。此类内容在文书中比比皆是，可以说，阴阳五行思想早已潜移默化地渗透在时日宜忌文书的各个角落。

由于政治等因素的影响，中国古代阴阳五行的顺序有所不同。阴阳，阴在前而阳在后，但乾坤却是阳在阴的前面；三纲中，君为阳，臣为阴，父为阳，子为阴，夫为阳，妻为阴，故而君为臣纲，父为子纲，夫为妻纲。然而，时日宜忌文书为民众日常占卜之用，没有强烈的政治性，阴阳五行的出现皆服务于事象的占断，往往是交融在一起的整体，并不计较所谓的主从与顺序，如：

> 失物者，若午未辰时失牛马猪可得，男女共取，向北将去，忽取不得。②

① 图版见上海古籍出版社与法国国家图书馆合编《法藏敦煌西域文献》第26册，上海：上海古籍出版社，2002年，第39—41页。

② 图版见上海古籍出版社与法国国家图书馆合编《法藏敦煌西域文献》第23册，上海：上海古籍出版社，2002年，第19—31页。

### 三、社会伦理道德

先秦时期百家争鸣，中国社会伦理思想有着明显的自主性。秦国商鞅变法后，国家重法治，否定儒家重道德、轻名利的道德规范体系，法家学说地位上升。从出土的睡虎地秦简《日书》中，我们可以发现，其中很少见到信、恭、友、爱等体现儒家道德伦理的文辞，而大都是讲一些神祇崇拜与祈福祭祀等，有明显的功利主义色彩，如《日书》乙种第七《祭祀篇》：

祠：祠亲，乙丑，吉。祠室：己卯、戊辰、戊寅，吉。①

可见，社会伦理道德对时日宜忌内容有一定的影响，相应地，从文书中也可以看出当时的道德伦理规范体系。从这一角度审视敦煌写本时日宜忌文书，不难发现以下几点：

第一，妇女地位提升。

宗法社会里，人们一直倡导男尊女卑、夫为妻纲的不平等家庭关系，女性地位一直较低。唐朝是中国封建社会经济文化发展的辉煌时期，社会风气较为开放，女性所受约束较少，妇女的地位有所提升，女性在家庭中，在政治舞台上，都起着举足轻重的作用。

文书对女性关注的程度有所提高，多次出现有关女性吉凶的占断条目，如P.3281《六十甲子历》：

---

① 刘乐贤：《睡虎地秦简日书研究》，台北：文津出版社，1994年，第332页。

壬寅，裁衣冠带，吉。洗浣衣，吉。女忌辞故衣冠。①

P.3081《七曜日吉凶推法》中出现"女人用吉"之语②，P.2661V《诸杂略得要抄子》中有关于孕妇"家有妇人妊娠，不作屋门"③的禁忌，并介绍了妇人生产时应祈求的六神。这些内容一方面反映了人们对女性的关注，另一方面也反映出唐宋之际敦煌的社会家庭对于婚后妇女生产、获得子嗣的强烈关注，同时还可以看出妇女在当时社会生产的高风险性。

从文书内容可以明显看出妇女对家庭和社会事务参与性的增强，如P.3281《六十甲子历》：

（辛丑）失物者，若卯巳申时失，丝麻衣可得，男女取向南廿里许，若是牛马煞石下藏者……（癸卯）失物者，若午辰戌时失，金玉共布不得，男女共取向南将他家藏着，其人不（和）知即得……（甲辰）失物者，若亥时巳未时失，牛马、丝麻、布服、棉绢等，猪犬可得，男子女子共取，向西北四五里，亲家藏着之。④

---

① 图版见上海古籍出版社与法国国家图书馆合编《法藏敦煌西域文献》第23册，上海：上海古籍出版社，2002年，第19—31页。

② 图版见上海古籍出版社与法国国家图书馆合编《法藏敦煌西域文献》第21册，上海：上海古籍出版社，2002年，第259—261页。

③ 图版见上海古籍出版社与法国国家图书馆合编《法藏敦煌西域文献》第17册，上海：上海古籍出版社，2001年，第131—134页。

④ 图版见上海古籍出版社与法国国家图书馆合编《法藏敦煌西域文献》第23册，上海：上海古籍出版社，2002年，第19—31页。

文书中将"男女"作为一词出现多次，认为有的失物要"男女共取"才可以寻回，突出了女人在家庭中的重要角色，说明了女性参与家庭社会事务的增多，也反映了妇女地位的提升。

当然，我们这里所说的妇女地位提升，只是相对的。事实上，纵观整个中国古代的历史，女性地位始终处于男性之下，文书中依然有歧视妇女的条目，如P.2661V《诸杂略得要抄子》：

> 欲恶人家，手中作大字，吉；欲至病人家，手中作鬼字；欲入丧家，手中作罡字；欲入水，手中作土字，大吉；欲入妇家，手中作合字，大吉；欲入阵，手中作乾字，大吉；欲至恶狗家中，手中作捉虎字，犬不齿人。[①]

由于对女性的生理现象没有科学的认识，古人对妇女的月事是有所避忌的，认为女性不洁，如若不慎会给家人乃至周遭人带来灾难。这一点也加强了对女性的禁锢和约束，从而导致了妇女地位的低下。上面的占文中依次列出入恶人家、病人家、丧家、水中、妇家、阵事中、恶狗家中的趋吉避凶方法，表明这是当时的人们认为的几种危险而需要注意的情况。将"入妇家"并入此列，认为跟去恶狗家一样危险，这显然是对妇女的避忌和歧视。

第二，功利主义。

刘道超认为，择吉具有功利性：

---

① 图版见上海古籍出版社与法国国家图书馆合编《法藏敦煌西域文献》第17册，上海：上海古籍出版社，2001年，第131—134页。

它的所有事项或讲究，都无一例外地直接标明是吉或是凶，是宜或是忌。明白无误地向世人表明自己的目的，就是为了求吉避凶。而其名称本身，就是择吉这一民俗特征的形象反映。择吉民俗是信仰习俗功利性特征最为突出的代表。①

敦煌写本时日宜忌文书，也就是择吉文书，其中的内容无论是日常生活中的衣食住行还是婚丧嫁娶，无论是占病、占失物还是祭祀祈福，都是为人民追求美好生活、趋吉避凶的愿望服务的，具有功利主义色彩。

另外，据笔者统计，28件敦煌写本时日宜忌文书中共出现"富"字93次，"贵"字87次，"富贵"一词49次。"富"与"贵"的频繁出现，足见当时民众对这二者的重视程度，也可以看出当时民众的社会价值观。唐宋之际社会变迁频繁，经济遭到战乱的破坏而发展缓慢，人们生活不稳定，没有安全感，于是就愈发地向往生活的富足安定，也更热衷于对更高的社会地位的追逐，如P.2661V《诸杂略得要抄子》中：

六月一日，取三家井水作酒，饮之，令人耐老百事吉。凡欲除殃去祸，以壬辰扫除宅中，莫当门烧之，取牛马骨在烧之，令人家富。②

又如，S.8362《七曜历日残卷》中：

① 刘道超：《择吉与中国文化》，北京：人民出版社，2004年，第6页。
② 图版见上海古籍出版社与法国国家图书馆合编《法藏敦煌西域文献》第17册，上海：上海古籍出版社，2001年，第131—134页。

（残）苏（酥）酪得聪明智慧无病。（残）姓□□修功德于父母，孝顺善和（残）法，常得富贵，人爱念，四海仰从，人所求。①

即使是官僚阶层，对此也同样重视，S.6182《六十甲子历残卷》中书：

（丁未）见大官□谒小迁、奏表、上书，不吉。②

这里的"奏表、上书"，显然是为官者的行为。此类内容在文书中的多次出现，也反映了：

禄命占卜等术数对于这一时期官僚政治生活影响至深，特别是在藩镇割据、社会板荡、宦途不明的环境下，士宦往往借助阴阳之术以确定其未来政治走向，并增强政治作为的信心。③

第三，实用主义。

文书是唐宋之际敦煌社会诸相的载体，其着眼点是民众最关注也最重要的诸多方面，具有实用性。这一点在藏文本的敦煌占文中也有所

---

① 图版见中国社会科学院历史研究所、中国敦煌吐鲁番学会敦煌古文献编辑委员会、英国国家图书馆、伦敦大学亚非学院合编《英藏敦煌文献》第12卷，成都：四川人民出版社，1995年，第117页。

② 图版见中国社会科学院历史研究所、中国敦煌吐鲁番学会敦煌古文献编辑委员会、英国国家图书馆、伦敦大学亚非学院合编《英藏敦煌文献》第10卷，成都：四川人民出版社，1994年，第153页。

③ 陈于柱：《从上都到敦煌——敦煌写本禄命书S.5553〈三元九宫行年〉研究》，《兰州大学学报》（社会科学版）2009年第5期，第65—73页。

体现：

> 占卜文书所问的内容，都是吐蕃先民最关心、最重要的事，这些内容生动地反映当时社会的政治、经济、宗教、生产、战争、疾病等诸方面，是研究吐蕃社会不可缺少的资料。①

正是由于这个原因，文书中对玉帝、佛祖等高阶位神佛鲜有提及，对关乎日常生活的灶神、宅神等倒是非常关心、依赖和信任，如文书P.3281《六十甲子历》所载：

> 己酉，祀天神烧死，祀大神贵，祀先人吉，祀灶、土公、门神等贵，祀宅神宜蚕，一云死，一云夏祭吉，祀外神贵。解除吉。祭天神六畜死。祠祀，神在，得福。寅卯时神在家。解殃遣崇，崇出，主人得财。厌百鬼，鬼出八百里。②

这里所言的土公、门神、宅神等均是与日常生活相关的神祇，甚至连先人都有祭祀，以求保佑后代。虽然也提及祀天神、大神、外神，但只是笼统的说法，而没有具体说是哪位神，终究还是更关注与眼前生活事件相关的神祇。又如P.3081《七曜日吉凶推法》：

---

① 陈践：《敦煌藏文ch.9.II.68号"金钱神课判词"解读》，《兰州大学学报》(社会科学版)2007年第3期，第1—9页。

② 图版见上海古籍出版社与法国国家图书馆合编《法藏敦煌西域文献》第23册，上海：上海古籍出版社，2002年，第19—31页。

蜜日，失脱自得，由恕再失；逃者自来，及恕更逃；禁者得人庇荫，出更河护耳，由恕再犯；求日神吉。莫日，失脱恕难得取，人甚密；逃者难得，寻出远去；禁者难出，亦有人着力虽出难，终亦无事；宜求神吉。云汉日，失脱不可得；逃者可寻得，有人作脚引将去；禁者杖诬谤，宜求嘱人方可得出；宜求天□吉。嘀日，失脱却合得；逃者被人捉回，向前不吉；禁者枉横，求嘱师僧善道人吉；宜求河伯水神。郁没斯，失脱自得，逃者却未，禁者有相携助必得无事，求家亲先亡吉。那颉日，失脱不可得，家贼相知取；逃者不可捉，有人接引；禁者难出，有恕亦所为；宜急求九子母、巧女神吉。鸡缓日，失脱虽迟到头必得；逃走去远，终被捉回；禁者虽递，后出无难；宜求宅君吉。①

文书中所说的求日神、河伯、九子母、巧女神、宅神等都是与所求事件相关的神，显现出了明显的功利性与实用性。

第四，孝与仁。

孝与仁，一直被认为是中国社会为人之根本，这在敦煌写本时日宜忌文书中也有明显的体现，文书P.3081《七曜日吉凶推法》就对此有详细的占断：

蜜日，生人多声气美，容白，心性平直，孝顺通于父母；禄二千石，通于文武；有道心，爱近高贵，命中寿完及生命勿食之；合

① 图版见上海古籍出版社与法国国家图书馆合编《法藏敦煌西域文献》第21册，上海：上海古籍出版社，2002年，第259—261页。

娶二妻，少男女，缀有一子，乞姓养之利益。莫日，生人冷心趾，少言语，孝顺父母，禄至五品；频破散不坚久久，宜畜于身有心道，宜近福禄人；命下寿，须断酒肉；合用妻财或家业，少男女，儿必须遣诸人养，吉。云汉日，生人多嗔怒，爱啾唧不顺，恶性爱煞戮，好食肉，禄至二千石，常得之众惧，无道心，命中寿，合娶数妻，少男女。嫡日，生人法合明净，爱花香，装束解洁，不孝顺；善书□足伎艺术；禄至三品，多被不坚，及得贵人钦仰爱重；足道心，多亦出家；命中寿，若断回味，不杀生，即得上寿；妨数妻，若二妻，同居则不好；亦妨男女，纵有只□一子，宜教他人养之，大吉。郁没斯日，生人法合宽心慈善，形白端正，孝顺父母，常得贵人怜念；禄至二千石，位至三品；性常爱念下人，命上寿，无男女；索得贵人妻，宜奴婢，有庄园，田宅兴及吉。那颉日，生人多谄曲，不定度，无意慈善，不孝父母；性好媱荡，有巧性解觇；禄至五品；合得贵妻，当惧妻，不敢相违；命上寿，多病，足男女。鸡缓日，生人法合恶性，小家穷寒，薄福，得家身；奸诈，心口相违，不孝父母；无禄米，纵欲典生；无财产，合损上祖家业；不宜奴婢，少伎艺；若得妻，多男女；常被损辱，宜游外州；上寿，出家吉。[1]

这段文字是对各曜日生子的占断，仔细看来，每曜日的占断都会有"是否孝顺父母"这一条，足见人们对此的关注。而且，我们还可以发

[1] 图版见上海古籍出版社与法国国家图书馆合编《法藏敦煌西域文献》第21册，上海：上海古籍出版社，2002年，第259—261页。

现，这段占辞中，孝顺父母则禄命较佳，不孝则禄命不佳，带有强烈的社会道德指引意义。

另外，P.2693中还有此类占语：

> 蜜，此日所为善务皆通，吉；行恶事，凶。莫空，为恶事不顺。温没斯，作诸不善，大凶。①

这里强调了做恶事会有不好的后果，会招致不顺，凶。如是，也可以理解为时日宜忌文书有导人仁孝、导人向善的作用。

## 第二节　敦煌写本时日宜忌文书的传统宗教印迹

敦煌写本时日宜忌文书是当时敦煌民众的"民生占卜"记录，在唐五代这一政权更迭频繁、社会变迁迅速的特殊历史时期扮演着非常重要的角色。作为一种展现形式，文书的内容与传统宗教存在着千丝万缕的联系。两汉以降，中国最为活跃、影响最大的传统宗教是从西方传入、日益繁盛的佛教和土生土长、积淀深厚的道教。

### 一、佛教的影响

为了能够牢牢植根于中国这片广袤的土地，佛教在传播的过程中进行了许多本土化的变革，渐渐渗入人们的思想和生活之中。敦煌写

---

① 图版见上海古籍出版社与法国国家图书馆合编《法藏敦煌西域文献》第17册，上海：上海古籍出版社，2001年，第274—276页。

本时日宜忌文书在产生与发展过程中或多或少地受到了佛教的影响，正如严耀中所言：

> 佛教成为中国传统文化一部分的过程，也是它与后者产生愈来愈多共同点的过程。它与占卜的关系也是其中一例。到了隋唐时期，二者的结合除强化了原有的诸形式之外，还增添了新的内容，即主要体现在佛教将业力因果说系统地注入占卜中，并且逐渐将其作用凸显到佛寺中流行的卜签上，形成了有特色的中国佛教占卜。[①]

佛教思想对文书的影响最直观地体现在七曜直类文书中。唐代不空译有《宿曜经》，从内容上看，七曜直类文书均有《宿曜经》的印迹。

日月五星为七曜，加计都和罗睺为九曜，再加紫炁、月孛为十一曜，这些概念均来自西亚、印度。敦煌写本时日宜忌文书中共有七曜直类文书4件，出现的七曜名称皆为康居语音译：蜜日、莫日、云汉日、嘀日、郁没斯日、那颉日、鸡缓日。这几件文书或以七曜为纲，或以事为纲，对吉凶进行占断。现仅以鸡缓日为例，将P.2693《七曜历日一卷并十二时》[②]、P.3081《七曜日吉凶推法》[③]、S.1396《七曜历日》[④]与《宿曜经》内容进行比较（表4-1，文书S.8362《七曜历日残

---

① 严耀中：《论占卜与隋唐佛教的结合》，《世界宗教研究》2002年第4期，第30—37页。

② 图版见上海古籍出版社与法国国家图书馆合编《法藏敦煌西域文献》第17册，上海：上海古籍出版社，2001年，第274—276页。

③ 图版见上海古籍出版社与法国国家图书馆合编《法藏敦煌西域文献》第21册，上海：上海古籍出版社，2002年，第259—261页。

④ 图版见中国社会科学院历史研究所、中国敦煌吐鲁番学会敦煌古文献编辑委员会、英国国家图书馆、伦敦大学亚非学院合编《英藏敦煌文献》第3卷，成都：四川人民出版社，2002年，第11页。

卷》因残缺过多未列入比较范围)。

### 表4-1　鸡缓日吉凶推占

| P.2693 | P.3081 | S.1396 | 宿曜经 |
|---|---|---|---|
| 参谒贵人、聚会、买奴婢、入阵先起首、服药、纳财吉，出财凶，造新衣不宜串带及沐浴，并凶。病者稍重，差迟不死；禁者虽滞，后出无难；逃者还迟。生男女后二七日父母有厄，男女身着黑衣吉。逢阵敌宜着皂紫衣，乘白马，黑缨拂 | 出财不回、作欢乐、聚会，凶。得病唯重不死，黄药，求本命君及北斗；失脱虽迟，到头必得，求宅君。生人恶性，无禄米。土直，西北向东南午时动兵，将黄衣黄马黄缨绯黄旗，祀北斗神。出行兴易，迟滞回军。上官毕一政后，更不得官。五月五日得此直日，一年内五谷薄熟，日涝不调，四时失节 | 喜乐作歌舞，凶。病者重，差迟。诈，耻辱。宜专做好事。出行不吉，当被留滞，抑塞口舌官府，虽难平安，毕竟无利益。入军阵先首吉，逢阵着黄衣、骑骢马、悬黄拂吉。此日生人聪明智慧，少病，有善名誉，性敦重辟，男解弓马于一切无畏惮，受修特净法，精进决烈，得父母怜爱，于己身大利益，亦合多人依附，有心路，四海得力。此日生男女二七日厄父母，凡宜修功德作善助之，过二七日吉。此日生儿宜放少苏(酥)，父母亦须吃；宜以黑布盖儿头，讫取此布少烧，熏儿鼻，大吉，长命亦养。若岁首得此日，宜须祭鸡复天，年内安吉。经宿祭法如余处吉。若此日曜直日有日月变蚀，地动，见星，星见谓蜜、莫、嘀及客星长急之属也。本曜生之人重厄怕死，大受灾厄，及所见变本分黜，固主人成病疾死丧，须穰，其法：当日一食，唯得食苏(酥)，不得食牛肉，月出乃食，烧香礼拜，所穰之，人人及见，宜抑谓人曜主及百性(姓)官人□著，作大胡饼十五枚，油麻制，灯五盏，黑炉，酒五杯，新瓦瓶五个，满盛净水和大麦面，取芥子、苏及时花，作火俺法，即一切灾厄脱免。辰时所有奴婢、六畜走失皆提获，亦得横财入手，有斗争、恶贼并破散；未时向贵胜，家得财、六畜、奴婢，称心吉利；亥时兴易得倍利，到处皆通达，加官秩益财产；子时兴易得通达，求财得财，求官得官 | 宜修园圃、买卖田地弓马，合药伏怨放火，立精舍作井灶吉，唯不宜结婚、冠带及出行。若人此日生者，法合少病足声名，少孝顺信朋友。若五月五日得此直者，则合岁中多土功，若亏蚀地动者，则国中人民不安泰 |

由表4-1可见，这几件文书虽然有《宿曜经》的印迹，但内容对《宿曜经》原本的内容进行了扬弃和本土化的变革，都不同程度地丰富起来。

首先，P.2693中还包含了七曜与十二地支相结合的占断，并配合写出每个组合的名称，因此项内容是其所独有且内容较多而未列入表格中，如：

子，重厄：入此名宫，其人不得向他人外处及离家吃食，食须慎，大吉。亦有消散，亦合分离妻子游行他方，足忧愁，大凶。
丑，损耗：入此名宫，其人合失财物、奴婢，亦足斗争。[1]

这件文书既有"十二宫"，又有"十二时"，是七曜推占与阴阳五行的结合，也是典型的中西文化融合的产物。

其次，P.3081以事象为纲，行文更规整，内容更详尽。如对发兵动马的占断，不仅说了适宜的时间与方位、颜色，还说出适宜祭祀的神祇。文书中的宜求之神，如月神、宅君、本命元君、北斗神、九子母等，都是道家的神祇，而且在"五月五日直"后，也不见"若亏蚀地动"的占断，这些都显示了此文书在吸纳佛教因素基础上的本土化变革。

再次，关于"五月五日得此日直"，在鸡缓日的占断中仅P.3081提及，而且与《宿曜经》所说的"岁中多土功"并不一致。鸡缓日属土，本应旺与土相关之事宜，但P.3081却认为"五月五日得此直日，一年内五谷薄熟，日涝不调，四时失节"，或许与五月五日为中国的传统禁忌有关。故而，P.3081文书中认为鸡缓日若占五月五日直，本来应该得"土"相助的农业会发生农作物歉收、日涝不调等不祥的情况。到了唐

---

[1] 图版见上海古籍出版社与法国国家图书馆合编《法藏敦煌西域文献》第17册，上海：上海古籍出版社，2001年，第274—276页。

代，五月五日禁忌日渐式微，到宋代则演变为岁时节日中的端午节。这或许也是S.1396文书中没有提及"五月五日直"的原因（P.2693在其他曜日中也出现了这一条的占断）。由此，我们可以推断，S.1396比P.3081、P.2693出现的时间更晚，随着中古社会的发展发生了更多本土化的变革。

此外，P.2693中提出"（鸡缓日）生男女后二七日父母有厄"的说法。这在《宿曜经》和P.3081中并未提及，但与二者所说的"少孝顺""恶性"等意思并不相悖。这一说法在S.1396中得到了进一步的发展，不仅提出了"此日生男女二七日厄父母"，而且说明禳灾之法，如修功德作善、食酥、用黑布化解等，有道教法术的意味，食酥、胡麻，则颇具西北之地特色。这些都可以看作文书受佛教影响进行的不同程度的扬弃，也可以成为S.1396比P.2693产生年代较晚的另一佐证。

## 二、道教的渗透

道教是中国的本土宗教，在其发展过程中吸收了大量的民俗因素，形成了庞杂的体系。

在道教产生以后，道士们在修炼求仙及举动百事方面无不讲求时日的吉凶，所以择日之术是道教的一项十分重要的方术内容，传统的宜忌选择之术在道教中有着极大的发展，而后世的择吉术在其形成和发展中也有很多道教的创造。[①]

---

① 刘永明：《敦煌本〈六十甲子历〉与道教》，《敦煌学辑刊》2007年第3期，第147—154页。

敦煌写本时日宜忌文书与道教关系密切，最直观可见的表现就是各路神煞的出现。

道教的神祇体系是一个巨大的金字塔结构，各路神仙有着不同的职务和等级，实际上与此前的封建君主制是相似的，如P.3281《六十甲子历》载：

> 丙午，祀天神凶，地神入狱，一云吉；祀先人吉，一云宜子孙；祀土公富，一云百倍；祀宅神、杂神、外神吉；祀社失火，一云吉；祭水神、大神吉。解除，去殃，大吉；祀，神在，得福。寅卯巳时神在家。解殃遣祟，祟去，主人吉。厌百鬼，鬼南去八百里。①

这里提到了天神、地神、土公、宅神、杂神、外神、水神、大神等，有的并没有具体名位，但土公、宅神都是地地道道的道教神祇。再如Дx01274、03029《占书残片》：

> 震在辰，夫（残）天德在甲，月德在（残）［在］巳，月［德］在戌，月（残）九道九坎在午（残）在子，往（残）在卯（残）在酉（残）在子（残）［在］辰，天煞在酉，地煞在丑（残）生士在寅，死士在申（残）五墓在子，丧车在子（残）小煞在戌，大煞在巳（残）在子，大时在子，豹尾在丑（残）在丑，天开在

---

① 图版见上海古籍出版社与法国国家图书馆合编《法藏敦煌西域文献》第23册，上海：上海古籍出版社，2002年，第19—31页。

角，天梁在参（残）方，九天朱雀，九天玄武（残）在子，阴虚在亥（残）日在巳（残）。①

这件文书虽残损严重，但仍能看出是推丛辰的所在。文中出现的天德、月德、天煞、地煞、五墓、丧车、小煞、大煞、豹尾、天开、天梁等，均是道教的神煞。

与此同时，文书中的类比思维也同样有着浓厚的道教印迹。类比文化存在于道教文化的很多方面，比如说符咒、堪舆、占卜、禁忌，等等。把相似相通的事物进行类比，可以帮助我们更形象地理解抽象深奥的事物或意义。敦煌写本时日宜忌文书中，也出现了很多类比的方法，如北大D195V《择日占卜书》：

甲不开［仓］，钱财耗亡，又不治宅，必空囊；子不卜问，及受具殃，又不与人物；［乙不种树］，□岁不长，又不吊，必有亡失；丑［不冠带，不还故乡］，不利兄弟，令人贫；丙［不治火光］，岁揭，百鬼在傍；寅不布籍（祭），鬼神不宁；丁不剃头，头多生疮，又不洗头；卯不攀（穿）井，百泉不通……②

文书按十二地支日的顺序依次列出禁忌之事以及违反者会遭受的惩罚，虽未列出缘由，但可以看出是一种类比思维。理性思维方式注重

---

① 图版见上海古籍出版社、俄罗斯科学院东方研究所圣彼得堡分所、俄罗斯科学出版社东方文学部编《俄藏敦煌文献》第8册，上海：上海古籍出版社，1997年，第50页。

② 图版见北京大学图书馆、上海古籍出版社编《北京大学图书馆藏敦煌文献》第2册，上海：上海古籍出版社，1995年，第217页。

结构分析，无法得出可靠的必然结论的类比方法只能算是一种不成熟的推理形式，其更注重事物之间的映射与联系，对世界的认知还处于经验层次，容易导致神秘主义的出现。这一点在P.2661V《诸杂略得要抄子》中有所体现：

> 杜康以丁酉日死，不得此日会客；［扁鹊］辛未日死，不得此日服药；田公丁亥日死，勿此日种五谷，凶；仓颉以丙寅日死，勿此日入学；师旷以辛卯日死，勿以此日作乐；河伯庚申日死，勿此日乘船远行；皋陶以壬辰日死，不得此日效罪人。①

此文书不仅列出了禁忌，还列出了禁忌产生的缘由，所展示的类比思维比前一件文书更为直观。比如说，辛未日不服药是因为神农当年死于此日，这显然是由于尝百草的神农是掌管医药的神祇而产生的一种类比思维，而且其吉凶禁忌与前一件文书中的"未不服药，妻伤肺肠"也保持一致。

除此之外，六十甲子神、逢精魅、吉凶日中的保日与义日、"解除"灾祸的法术等，都有着浓厚的道教意味，集中反映在敦煌写本时日宜忌文书六十甲子历类文书的内容中，如P.3281《六十甲子历》：

> 丙辰，保日，入官、亲事、移徙、立屋、嫁娶、祠祀、冠带、市买、纳六畜、起土、盖屋，吉利。庚戌，义日，入官、亲事、祠

---

① 图版见上海古籍出版社与法国国家图书馆合编《法藏敦煌西域文献》第17册，上海：上海古籍出版社，2001年，第131—134页。

祀、内六畜、移徙、嫁娶，百事，大吉利。己未，专日，入官、亲事、移徙，吉。①

对于六十甲子历类文书与道教的密切关系，刘永明已经做了详细的考察，这里不多赘言，仅列取其中涉及的拟神名（如表4-2），以供相关研究参考。

表4-2　六十甲子历类文书中的拟神名

| 干支 | 拟神名 | 卷号 | 干支 | 拟神名 | 卷号 |
|------|--------|------|------|--------|------|
| 壬寅 | 姓丘字孟卿 | P.3281 | 癸卯 | 姓苏字他家 | P.3281 |
| 甲辰 | 姓孟字非卿 | P.3281 | 乙巳 | 姓唐字文章 | P.3281 |
| 丙午 | 姓魏字文公 | P.3281 | 丁未 | 姓石字叔通 | P.3281 |
| 戊申 | 姓范字百阳 | P.3281 | 己酉 | 姓成字文张 | P.3281 |
| 庚戌 | 姓史字子仁 | P.3281 | 辛亥 | 姓左字子行 | P.3281 |
| 壬子 | 姓晋字上卿 | P.3281 | 甲寅 | 姓明字文章 | P.3281 |
| 乙卯 | 姓戴字公阳 | P.3281 | 丙辰 | 姓霍字叔慕 | P.3281 |
| 丁巳 | 姓崔字臣卿 | P.3281 | 戊午 | 姓徒字元先 | P.3281 |
| 己未 | 姓壬字元通 | P.3281 | 庚申 | 姓世字文阳 | P.3281 |
| 丁未 | 姓石字叔通 | S.6182 | 辛丑 | 姓卫字公卿 | P.3685 |
| 辛卯 | 姓即字子良 | Дх.04960 | 辛卯 | 姓即字子良 | P.4680 |

P.2661V《诸杂略得要抄子》中有"甲子字明执，甲戌字弘张，甲申字孟章，甲午字陵光，甲辰字天禽，甲寅字盗兵"②等语，也似与此

---

① 图版见上海古籍出版社与法国国家图书馆合编《法藏敦煌西域文献》第23册，上海：上海古籍出版社，2002年，第19—31页。

② 图版见上海古籍出版社与法国国家图书馆合编《法藏敦煌西域文献》第17册，上海：上海古籍出版社，2001年，第131—134页。

有关。

道教的法术源自原始社会早期的一种准宗教现象，是人们试图在外界事物上实现意愿的一种实践活动。敦煌写本时日宜忌文书中有很多道教内容，以及许多祭祀或法术活动。由于是选择时日的文书，这里更注重的不是祭祀活动等本身，而是其与时间的配合。如果没有在合适的时日进行宗教活动，那么，即使是祈求吉祥的行为也会带来不良的后果，如P.3281《六十甲子历》：

己酉，请符保命，吉。癸丑，请符保命长。己未，请符大富。乙巳，请符宜子孙……丙午，祀天神凶，地神入狱，一云吉；祀先人吉，一云宜子孙；祀土公富，一云百倍；祀宅神、杂神、外神吉；祀社失火，一云吉；祭水神、大神吉。解除，去殃，大吉。祀，神在，得福。寅卯巳时神在家。解殃遣祟，祟去，主人吉。厌百鬼，鬼南去八百里。①

这里详细说明了适宜请符之日，以及丙午日应祭祀什么神。从其中多次出现的"一云"之语，也可以看出时日宜忌文书的"杂抄"性质。而且，由于此类文书流传于民间，很多都是口耳相传的"经验"积累，并没有专业人士去研究总结而确定统一的说法。关于道教的法术，P.2661V《诸杂略得要抄子》中也有明显体现。

华颐在《道教的占卜与符箓》中写道：

① 图版见上海古籍出版社与法国国家图书馆合编《法藏敦煌西域文献》第23册，上海：上海古籍出版社，2002年，第19—31页。

道士为人占卜以"决吉凶"；卖符篆以"驱鬼辟邪"；为人斋醮祈禳以"祛灾求福"；念咒以"祛灾、退鬼、避猛兽"。①

这些显然都已经渗透到时日宜忌文书的内容之中了。

## 三、小结

占卜，是一种依靠超自然方法推测未来的实践，广泛存在于社会之中，其丰富多样的目的与形式生动地反映着不同的文化特征。敦煌写本时日宜忌文书蕴含着丰富的社会史信息，生动形象地向我们展示了敦煌社会的多面性。剥去其神秘的外衣，文书的本质是要求人们按照自然规律去安排生活，用"天道"去安排"人事"，其中既有天人合一的观念，又有阴阳五行的思想，既包含社会伦理道德观念，又蕴含浓郁的宗教气息，在唐宋之际敦煌地区政局动荡的特殊时期发挥着重要作用。

敦煌写本时日宜忌文书与中国传统宗教关系密切，佛教、道教均对文书产生了非常大的影响。通过对民俗内容的吸纳，佛教、道教得到了普及与完善；通过对传统宗教思想的扬弃与发展，时日宜忌文书乃至唐代择吉术也更加丰富起来。

---

① 文书知识编辑部编：《道教与传统文化》，北京：中华书局，1992年，第319—322页。

下编

# 敦煌写本时日宜忌文书校录

## P.2693《七曜历日一卷并十二时》

1. 七曜历日一卷

2. 蜜

3. 宜谒君及受名位图百官等＝＝＝见<sup>[1]</sup>官谒人求事，养取他人男女，出东西远近，

4. □介清斋修供布施求恩＝＝＝诸并得，随意修园圃等，养□□修造宅。

5. 合治宫阙、新入宅、安置仓库、纳＝＝＝卖买纳财、净场五谷、种田。汉刘初，入

6. 学仕贵人台方，合练汤药，□□登赴席，动□乐，迎妻纳妇，串新衣，内<sup>[2]</sup>六畜，沐

7. 浴，剖甲，出行，早回，逃走失物不觅自得，宜卖奴婢。此日所为善务皆通，吉，得病

8. 重不死。此日生男女足智惠（慧），颜貌端正，长大情介柔善，心胜平正，孝顺父母，终合

9. 足病。又恐短寿，卅日厄，不宜出外，宜带金银此宝，攘之吉。□□宜开诤嗔骂，

10. 宜切助之免，虽过厄没，宜弟妹有分相。若五月五日遇此直，一年万事丰熟。若

11. 日月蚀地动者，大熟又不熟。此日不宜断竞、角讼、咒誓煞伐，行恶事凶，礼＝＝＝

12. 问疾乞与他人男女，田猎、鱼捕、偷盗速败，犯奸被捉，还债凶，放债及禁＝＝＝

13. 出入库必输，不宜先起首，殡葬有重□□缘恶事心生，违负持不宜，并大凶□□□□

14. 逢阵敌，宜着白衣，乘白马，着白缨拂，吉。用日及时审慎。

15. 子，负离[3]：入此名宫，其人足忧愁，求者难成，钱财散失，足病患。其宫所有事意□不得□□□□

16. 丑，平离：入此名宫，其人足病，所作事□买卖奴婢兴易——不得作之，亦不得利，合□□□□

17. 寅，称心：入此名宫，其人若求官者，更长所作事意，所买奴婢等皆称心，及六畜吉，所有□□及□□□□

18. 卯，愁苦：入此名宫，其人足病多忧，欲远行、作别事吉，有□寻祭神、建造功德者吉。

19. 辰，愁苦：入此名宫，其人多口舌，常闻恶事，不宜共他人争竞，若争凶，伤损。

20. 巳，称心：入此名宫，其人得病即损，所有口舌皆自息，□者称意。

21. 午，丰钱：入此名宫，其人家中妻子和顺，□赏出外行郭，亦患心痛，亦无大厄。

22. 未，重厄：入此名宫，其人家内大小皆不得和顺，常行□口舌事。

23. 申，损耗：入此名宫，其人多忧愁，亦有亲戚兄弟孝终□亦有不少，慎之，祭神及天仙吉。

24. 酉，称心：入此名宫，其人所求皆得，死若入牢狱即脱，兴易诸事皆成得利，所有趁逐官事不多事苦。

25. 戌，吉祥：入此名宫，其人万事通达，所向皆得遂心，而□财物等□□□□。

26. 亥，讼论：入此名宫，其人所有财钱合破散，不宜经营，奴婢六畜等少有吉□。

27. 莫空，阴直[4]，宜辅官位，见官申诉论理讼，三宝求福启□乞聪明，造功德，穿渠井空水，五谷宜入仓，

28. 不背虫暴，宜为兴易，东方北方出行得利，宜嫁娶并吉。此日不宜新入宅、结友私语、出财放

29. 债，后必不获。修宅舍、出行、服药、刻血、沐浴、剪甲、串衣、裁衣、为讼、□虚□之事，必败。与

30. 人结为事房室，生子短命，禁者不出，逃亡不还，失物不得，病亦难差，为恶事不顺，一切[5]

31. 造举动事并不宜，先起手凶。此日生男女九十日厄，宜功德助之，过厄大吉。所生男女多短命，为

32. 姓（性）孝顺，稳密沉重，昼则柔软，夜则猛健，两膊下及脚合有黑点记，所出者凶，人大吉。若逢阵

33. 敌，宜着绿衣，乘骑骢马，着青缨拂。若五月五日遇此直者，其多疾病，秋多霜冷加寒苦。

34. 此直日遇日月被蚀及地动[6]，其年多疾死，复多苦，又触事渐贫，损财物。用日及时。

35. 子，美食：入此名宫，其人出入去□皆，饮食衣裳家具□□诸财物等，求者称心。

36. 丑，忧疾：入此名宫，其人足病痛，多有厄，不得称心，所行行皆不得通达。

37. 寅，胜酬：入此名宫，其人求财诸衣裳妻子皆得，外人及女妇爱敬。

38. 卯，分离：入此名宫，其人所有亲戚朝逆皆惚分离，却生愁恨，求不得遂心。

39. 辰，困之：入此名宫，其人被损，所作万事不得通达，出行求皆不遂心，唯须念善事。

40. 巳，称心：入此名宫，其人得钱财、奴婢、六畜，万事通达，所有恶毒冤家自消散，皆降伏来，有恶疾皆得损愈。

41. 午，美食：入此名宫，其人所求官、财钱、口味，万事皆遂心，若有官职更加官，亦宜见大君王贵人。

42. 未，肠胀：入此名宫，其人恶，主母恐怕不得，向外处契食，畏患眼。

43. 申，重耗：入此名宫，其人行处被人冲，怕牢狱，口舌起，万事皆通。

44. 酉，丰钱：入此名宫，其人此所有官事皆顷消散，求者万事皆通。

45. 戌，吉祥：入此名宫，其人所求钱财，经营钱物处，皆得倍利，益亲戚诸故等，欢乐。

46. 亥，问觉：入此名宫，其人不得漫行恶事，恐有点□，处事意竟，行处不得安，忧女妇。

47. 云汉，大直，荧惑，南方丙丁火临，宜动兵马，修理甲仗，教旗入阵，冲贼得胜，及见官论理争斗，觅财物先者

48. 吉。所有奸盗不被擒捉。修理园圃、种花、药窖井、伏藏宝物、修城栅、田猎、调马畜生、刺血强良、

49. 卒急攻击、捕逐四方、远行、受领田宅、贮积财谷、行水溉田、合炼汤药、服饵差□初开、愚心盗窃、

50. 咒誓，后损神庙，福不及身，借诸裁缝、串佩沐浴、□痛、剪甲、迎娶、作保、识殡葬凶礼，买

51. 卖、雇人、收养他人、出纳财物，遭丧者十五日内不可殡遣祭祀诸事，并病者静禁，若加

52. 病后得凶，逃亡难追，失物难获。此日生男女聪明、孝顺、短命，多因力伤死，妨亲眷。

53. 若五月五日遇此，其年多有斗战，急须多兵马，亦有病疫，畜死损。若此日月被蚀、地动，其年

54. 多动兵马、死伤，富有流血其甚。若逢阵敌，宜着□衣，赤缨拂，乘赤马。用日及时。

55. 子，负离：入此名宫，其人被诸君王嗔责，亦足论斗争，远行被恶贼相伴，逐钱财六畜合九日吉安，此人厄家□□□□

56. 丑，损耗：入此名宫，其人所有作万事皆通达，亦饶钱，诸厄（恶）口舌等事，亦须慎之。

57. 寅，称心：入此名宫，其人所向人边求财物诸事等得随心，所向君王诸百官吉。

58. 卯，愁苦：入此名宫，其人足忧愁，畏患痫，共恶人相伴，准依法，合祭祀神灵、造功德。

59. 辰，忧愁：入此名宫，其人多愁、惊惧，不宜远行，逢恶贼，慎之吉。

60. 巳，称心：入此名宫，其人所起恶心，未相向万能为害，金银、珍宝、财物、奴婢、六畜，所觅皆得，随心所向处皆通。

61. 午, 动厄: 入此名宫, 其人所有事意并不得称意, 遂有远行亦被贼害, 慎吉。

62. 未, 大笑: 入此名宫, 其人所有家内男女并不相顺, 斗争害眼亦相伤身, 所有财怕畏散失。

63. 申, 远辰: 入此名宫, 其人被诸人欺陵 (凌), 病患瘦、损盛, 一切散失。

64. 酉, 快乐: 入此名宫, 其人求官及诸事君王边吉, 皆得, 随意宠忧, 所求财物六畜等称意, 无不通达。

65. 戌, 吉祥: 入此名宫, 其人诸事所求及口味等皆得随心, 所出处皆通达, 吉。

66. 亥, 口舌: 入此名宫, 其人所有财物都散失, 妻子不如顺, 足黄病, 亦多言苦, 恐众亲戚着孝, 行处不通达。

67. 嫡日, 直辰北方壬丑水差。

68. 宜官参谒官府、修伽蓝、纳弟子、修船筏、造营、起首交、开买卖、和婚定礼、入学受业、抄写、出

69. 行、兴易、奸私、沐浴、剪甲、裁衣、阴卜筮、医药、符咒、看病、服药、着服、殡埋, 俱吉, 有争竞入

70. 无所畏。此日不宜先发人事, 他后应之, 虚矫、作诳、咒誓, 一出不宜官、修宅、堀墓、造酒、结用

71. 侣、合群牧, 放债难获, 沐发、着衣服、结婚娶、强暴行李、修造、裁衣、陈谋计充、保识纳财、

72. 卖买, 病者难除, 禁者易出, 逃者难获, 失者觅得。此日闻不善消息后必涉虚, 闻恶事

73. 说都恶散, 闻好事秘之福来。此日生男女令人爱乐, 性多

虚诳，能言巧语，好明经典，得人

74. 畏敬，多患瘆，妨父母，损家资，长成足财物，智虑短命。若五月五日遇此日，其多江河泛

75. 滥，百物薄熟，冬加寒冷。如日月被蚀及地动。若逢阵敌，宜着碧衣碧缨拂，吉。

76. 子，过讹：入此名宫，其人有恶，知识破怪，所有财物并合失，有口舌斗争，有牢狱死，多闻消息，逢人说善事，劫作被人诳

77. 惑，所行处不称意。

78. 丑，利闰：入此名宫，其人常被他人欺陵（凌），亦得他人财物，兴易、买卖奴婢吉。

79. 寅，憎忧：入此名宫，其人有恐怕，亦被恶人伴逐，勿共恶人交涉，慎之吉。

80. 卯，散病：入此名宫，其人合得妻子亲戚欢乐，亦得财物，所向利益十倍，有病慎之吉。

81. 辰，快乐：入此名宫，其人妻子眷属并得欢乐，少有斗争，外家妻子命有分离，常亦恶人伴侣。

82. 巳，称心：入此名宫，其人所求诸事皆遂意，亦向君王边宠人承事来口舌，妻财并得遂意。

83. 午，损财：入此名宫，其人恐畏损伤身体，共人恶相斗争，亦不得乘马滂走，诏损伤脚手，慎之吉。

84. 未，快乐：入此名宫，其人得他人衣裳财物，亦得官禄，所向称心，行处通达。

85. 申，重厄：入此名宫，其人所向皆不遂意，有远行去处不

通达，慎之吉。

86. 酉，宁静：入此名宫，其人所求皆得遂，所向皆得，求官者高迁，亦得赏财，亦得妻子吉。

87. 戌，吉祥：入此名宫，其人亦他财物，亦得朝廷气力，所求六畜奴婢得称心，意向行处并得通达。

88. 亥，利闰：入此名宫，其人兴易、买卖奴婢得称意，勿共恶人伴侣，恐有斗争相打，不得家内相争，慎之［吉］。

89. 温没斯，直岁东方甲乙未女。

90. 宜谒君王、升官位、修功德、持斋戒、修宅造舍、种田、收麦谷入仓、造衣服、沐浴、剪甲、服药、出行、

91. 登路远来、成亲结交、作喜乐、着新衣服、种莳贮积、收纳财物、市买奴婢、调畜生，营为拜

92. 命礼乐古仪，受寄分相，在家聚会，欢乐不嗔，息诸恶事。宜入阵大吉。此日不宜咒誓、

93. 斗争、窃盗、奸非、吊孝、看病、举哀、殡埋、串佩戎器、妄言，作诸不善，大凶。病者愈，逃者不

94. 获，禁者难出，失物难得。此日生男女分相，众皆怜爱，长命有智，足善好心，亦生之后，起

95. 举家资，钱财积聚，于父母好，左畔有黑记吉；生女大分相，迎妇日出门行十五步，父母必

96. 须唤回，看父母家大吉。若五月五日遇此直，其年田苗万物丰熟，四时依节。若日月被蚀

97. 及地动，三官贵人多灾厄，贫贱者诸事皆好。[7] 如逢阵敌，宜着白衣，白马，白缨白拂吉。用日

98. 及时。

99. 子，祉智：入此名宫，其人先有财物，合破散失，所有获错，所有眷属都嗔责不和顺，莫共恶人相争竞，吉。

100. 丑，增财：入此名宫，其人求者皆称意，无有得官财，所有恶贼家都降伏，所向皆和顺通达。

101. 寅，愁苦：入此名宫，其人不得买卖、造宅、奴婢、六畜，诸事皆不得，恶人破怪，不得通达。

102. 卯，枉妄：入此名宫，其人向家内亲戚兄弟并作恶，不得向家坐仰，如狂人砍，得行人，入山游历凶，行吉。

103. 辰，衣裳：入此名宫，其人得他人奴婢、六畜、衣裳等，及诸宝物，求者皆得，复大欢乐，大吉。

104. 巳，辛苦：入此名宫，其人合离别家中妻子，合游行他方，多不在，亦□辛苦。

105. 午，快乐：入此名宫，其人常欢乐，所向皆得通达，亦合得官，兴易亦得倍利，资物皆得充满，吉。

106. 未，损职：入此名宫，其人合入狱，有口舌，合远行，度债西辛苦，合损财，亦合有重病至死，吉。

107. 申，益禄：入此名宫，其人所向皆通，求官及诸财物并得，向家父母妻子皆得和合欢喜。

108. 酉，损财：入此名宫，其人不宜逐官职，亦不宜所求财物，所向皆不通达，有官亦破，不得共人相竞。

109. 戌，吉祥：入此名宫，其人求财物、奴婢、六畜称意，所向皆得大欢喜，其人大吉利。

110. 亥，损耗：入此名宫，其人和离别家宅，亦合游行他方，足忧愁，大凶。

111. 那溢，金直，太白西方庚辛金。

112. 贵人登位吉；宜修功德、就师学之，吉；衣裳及串带，吉；沐浴装梳，吉；婚姻嫁娶，吉。造作

113. 埋墓，医人不宜看病、和合汤药，咒誓者殡葬自如。此日家内营构，作交易、买卖，

114. 一物已（以）上并不宜先起首，多不宜移动，不宜见官，申埋难得，执器杖及游猎并不吉，先

115. □恶，此日不宜相见，亦不宜合朋侣为密事，窃盗奸非不吉。患者难差，禁者恐死，

116. 逃者不获，入阵恐身亡马堕。此日生男难少积，神情好装束，得人敬爱；生女此多

117. 清正被人嫌谤。若逢阵敌，宜着黄衣，乘黄马，黄缨拂。若五月五日遇此直者，

118. 世间人畜多有惊失，复失。四方贼动，亡贼；临时，夏取好日从东击之，其贼必败亡。此直

119. 遇日月交动蚀及地动，其年足风尘雷电，散损多少田苗，余并吉。用日及时。

120. 子，快乐：入此名宫，其人所向皆称心，求财物遂心，亦合有官，所向欢乐，万事通达。

121. 丑，益禄：入此名宫，其人求财物及谷麦官禄并称心，亦合君王边受赏赐，所向通达。

122. 寅，胜酬：入此名宫，其人大利益向君子边得敬宠，亦得职，所作经死，亦得通达。

123. 卯，爱才：入此名宫，其人诸眷属寸相对欢乐，得诸人怕恐爱敬，大吉。

124. 辰，快乐：入此名宫，其人父母妻子并得欢乐，亲戚朝廷，其人得丰饶，亦得朝廷财物，所向行处皆通达。

125. 巳，损耗：入此名宫，其人所求事不遂意，所有经纪亦无利，家内损失。

126. 午，病贼：入此名宫，其人所作不能称意，恶人欺谤[8]，钱物散失，亦有病患，作善吉。

127. 未，衣［裳］[9]：入此名宫，其人得财，家具（俱）得称意，所向皆得通达。

128. 申，衣裳：入此名宫，其人求官职、财物、妻子皆得称意，无不通达。

129. 酉，吉祥：入此名宫，其人在身无病厄，所求皆得，慎口舌，恐畏有斗争起，慎之吉。

130. 戌，吉祥：入此名宫，其人准在，慎斗争，余并不吉，所向皆得通达。

131. 亥，利闰：入此名宫，其人若有病患，薄除；若有劳狱口舌，皆得附散，所失奴婢六畜并都还。

132. 鸡缓，镇中方土。

133. 参谒贵人、聚会，善；买奴婢及纳口马，吉；入阵先起首，吉；出财门求利，平安还舍。此日身

134. 上宜带金银，吉；服药，吉；所作务驰使下人。此日并依促，调六畜，吉。此日调生，马上槽

135. 栃后肥悦，吉。此日殡葬得牢铟，纳财吉，出财凶。此日

造新衣不宜，串带及沐浴并

136. 凶。不宜合虚作誓及矫诈，为之远见取耶弃。不宜房室生子，后大吉，凶父母。病者稍重，

137. 差迟不死；禁者虽滞，后出无难；逃者还迟。生男女长母无怪，生后二七日父母有厄，

138. 宜功修□善，供养□之，遇二七日大吉，男女身宜着黑衣大吉。若逢阵敌，宜着皂

139. 紫衣，乘白[10]马，黑缨拂。

140. 子，重厄：入此名宫，其人不得向他人外处及离家吃食，食须慎，大吉。亦有消散，亦合分离妻子游行他方，足忧愁，大凶。

141. 丑，损耗：入此名宫，其人合失财物、奴婢，亦足斗争，行处□[11]多称意，慎口二年吉。

142. 寅，称心：入此名宫，其人所有奴婢、六畜走失皆得，亦得横财入手，所有斗争恶贼并皆破散，得二年半口米，常快乐。

143. 卯，损财：入此名宫，其人离别妻子、财物、奴婢吉，所凶皆不得称意，远行他方吉，二年半。

144. 辰，病恶：入此名宫，其人亦合离别家宅，财物非分损失，亦合足斗争，饶口舌，被人点除恶至起处□异辛苦足三年，宜作□吉，二年半。

145. 巳，称心：入此名宫，其人所向皆得称意，宜向贵人家得财，女向贵胜家得财，六畜、奴婢得称意，大吉。

146. 午，病财：入此名宫，其人合有散失，亦多病趁，宜作福，攘之吉。

147. 未，损财：入此名宫，其人极不利经纪，先有财物、六

畜、奴婢、家居等，亦牢固，慎之大吉，宜他方。

148. 申，损财：入此名宫，其人向者皆不通达，六畜、奴婢、财物、家宅分离，亦合哀葬，若游行他方。

149. 酉，衣裳：入此名宫，其人向者皆称意，无官得省加官，家眷财物并丰饶，兴倍利，多通达，二年半。

150. 戌，吉祥：入此名宫，其人兴易皆通达，得二年半，求财及官必得，求者皆吉。

151. 亥，重厄：入此名宫，其人父母眷属合一人死哀，亦合遭忧着孝衣，钱物奴婢散失，自身亦合患，宜作功

152. 德，善☐☐☐☐

153. 七星历日一卷并十二时[12]


**校注：**

[1] 残损，但后有"官谒人求事"语，故推知似为"见"。

[2] 此处残损，按文义补缺。

[3] 文书将七曜日的占断与十二时相结合，将七曜法与干支法融合使用，是典型的中西文化合璧。而且，七曜日入十二宫的每一条占断，十二时后都两小字横写一概括性词语，如此处的"负离"，虽不知根据来源，但看字面意思，与后面占断的吉凶大方向是相同的，颇具特色，为敦煌写本时日宜忌文书中所独有。

[4] 此二字为小字，横写于"莫空"之后。

[5] 按文义，此处缺一字，似应为"切"。

[6] 关于日月食和地震的吉凶占断，与印度《文殊师利菩萨及诸仙

所说吉凶时日善恶宿曜经》①相同。

[7]《文殊师利菩萨及诸仙所说吉凶时日善恶宿曜经》中载:"若五月五日得此曜者,岁中丰熟;若有亏蚀地动,则公王必死。"②

[8] 此字按文义,似应为"谤"。

[9] 此字模糊难辨识,按文义,似应为"裳"。

[10] 按文义,此处应为马之颜色,表颜色的字中,形最近者为白,然P.3081中言鸡缓日发兵动马宜乘黄马。按鸡缓日,土直,土为黄,所以,此处黄色是正确的。

[11] 此处失一字,仅可见一横,然考此处文义,此字不太可能为"一",故不录,待考。

[12] 此为文书尾题。七星,又称七曜,即日、月、火星、水星、木星、金星、土星七星。本文书中将其写作蜜、莫空、云汉、嘀、温没斯、那溢、鸡缓,是为康居语音译。七曜纪日的方法八世纪通过摩尼教传入中国。

---

① 台湾佛陀教育基金会影印:《大正新修大藏经·第二十一卷·密教四部》,台北:佛陀教育基金会出版部,1990年,第392页。

② 台湾佛陀教育基金会影印:《大正新修大藏经·第二十一卷·密教四部》,台北:佛陀教育基金会出版部,1990年,第387—399页。

# P.3081 《七曜日吉凶推法》

1. （前缺）[1]吉隆。

2. 嘀者，水也，辰星也。少女乐生攸术文吏之 □□□□，

3. 覆不定也，所作□羞也。此日所作虚妄也。外有消怠，

4. 学修理伽蓝、纳弟子、修船筏、阴阳卜问、合药、吊死问病、往亡殡葬，吉。

5. 此日平，师僧用吉，师僧吉。要语□□□□施廿二。

6. 郁没斯者，木也，岁星也，平直，注天下富饶，性宽也，慈善也，世间一切金

7. 银宝玉及地利之物，并于此是也。此日所作皆吉，宜大人申诉文状、登

8. 位、入新宅、设斋供养、求恩福、裁衣、冠带、沐浴、剃头、合和汤药、疗病服

9. 药、出行兴易，交用友吉。此日上国王大臣贤人君子用吉，种吉。好日。

10. 那颉者，金也，太白也，媱女也，惑乱荣业冠带也，性多贪痴也，邪佞也，

11. 所作不定也，王岁色也。此日所求无定，宜冠带、沐浴、结交友和婚嫁作药，

12. 吉。此日平平，女人用吉。女人用吉。[2]

13. 鸡缓者，土也，镇星也，婆罗老人也，教化气□也，性多忧悲也，小道悭心

14. 作望定也。此日宜为永定之军也。造家墓、五谷入仓、买

奴婢、调六［畜］，

15. 此日平平，允人用吉，种吉，定冢吉。七曜日忌不堪用等。

16. 蜜日，不得吊死问病、出行、往亡、殡葬、斗竞、咒誓，速见耻辱，凶。

17. 莫日，不得裁衣、冠带、剃头、剪甲、买奴婢六畜及欢乐，凶。

18. 云汉日，不得聚会作乐、结交朋友、合火伴及同财、迎妻纳妇，凶。

19. 嘀日，不得出行，未曾行处不合去，冠带、沐浴、着新衣，凶。

20. 郁没斯日，不得恶言啾唧，奸非盗贼，吊死问病，斗讼，凶。

21. 那颉日，不得合和汤药、往亡、殡葬、哭泣、兴易，凶。

22. 鸡缓日，不得出财，一出不回。作欢乐、聚会、赏歌舞音声，凶。

23. 七曜日得病望。蜜日，得病轻，八日内危，宜服白药，于东方上取尘及药吉，宜设祭先亡吉。

24. 莫日，得病稍重，十四日内死，不死宜服黑药吉，祀向月神吉。看病。

25. 云汉日，得病极重，宜速救之，须服赤药，宜向西南取□及药吉，出血宜祭火神吉。

26. 嘀日，得病严重，十四日内差，宜服黑药，正北求□及药吉，宜祭河伯将军水神吉。

27. 郁没斯日，得病不轻足忧，须服青药，宜于正东求□药吉，宜求家亲先

28. 亡吉，亦宜求九子母吉。那颉日，得病恶，为邪鬼所着，难差，宜白药吉。

29. 鸡缓日，得病唯重不死，宜取僧□及黄药吉，宜求本命□君及北斗吉。

30. 七曜日失脱逃土之禁等事。失脱。

31. 蜜日，失脱自得，由恕再失；逃者自来，及恕更逃；禁者得人庇荫，出

32. 更河护耳，由恕再犯；求日神吉。

33. 莫日，失脱恕难得取，人甚密；逃者难得，寻出远去；禁者难出，亦有人

34. 着力虽出难，终亦无事；宜求神吉。

35. 云汉日，失脱不可得；逃者可寻得，有人作脚引将去；禁者杖诬谤，宜求

36. 嘱人方可得出；宜求天□吉。

37. 嘀日，失脱却合得；逃者被人捉回，向前不吉；禁者枉横，求嘱师僧善道

38. 人吉；宜求河伯水神。

39. 郁没斯，失脱自得，逃者却未，禁者有相携助必得无事，求家亲先亡吉。

40. 那颉日，失脱不可得，家贼相知取；逃者不可捉，有人接引；禁者难出，有恕

41. 亦所为；宜急求九子母、巧女神吉。

42. 鸡缓日，失脱虽迟到头必得，逃走去远终被捉回，禁者虽递后出无

43. 难，宜求宅君吉。 七曜日生禄福刑推。

44. 蜜日，生人多声气美，容白，心性平直，孝顺通于父母；禄二千石，通于文武；

45. 有道心，爱近高贵，命中寿完及生命勿食之；合娶二妻，少男女，缀有

46. 一子，乞姓养之利益。

47. 莫日，生人冷心趾，少言语，孝顺父母，禄至五品；频破散不坚久久，宜畜于

48. 身有心道，宜近福禄人；命下寿，须断酒肉；合用妻财或家业，少男女，

49. 儿必须遣诸人养，吉。

50. 云汉日，生人多嗔怒，爱啾唧不顺，恶性爱煞戮，好食肉，禄至二千石，常

51. 得之众惧，无道心，命中寿，合娶数妻，少男女。

52. 嘀日，生人法合明净，爱花香，装束解洁，不孝顺；善书□足伎艺术；

53. 禄至三品，多被不坚，及得贵人钦仰爱重；足道心，多亦出家；命中寿，若

54. 断回味，不杀生，即得上寿；妨数妻，若二妻，同居则不好；亦妨男女，纵有只□

55. 一子，宜教他人养之，大吉。

56. 郁没斯日，生人法合宽心慈善，形白端正，孝顺父母，常得贵人怜念；禄至

57. 二千石，位至三品；性常爱念下人，命上寿，无男女；索

得贵人妻，宜奴婢，有庄园，

58. 田宅兴及吉。

59. 那颉日，生人多诌曲，不定度，无意慈善，不孝父母；性好嬉荡，有巧性解觋；

60. 禄至五品；合得贵妻，当惧妻，不敢相违；命上寿，多病，足男女。

61. 鸡缓日，生人法合恶性，小家穷寒，薄福，得家身；奸诈，心口相违，不孝父母；无

62. 禄米，纵欲典生；无财产，合损上祖家业；不宜奴婢，少伎艺；若得妻，多

63. 男女；常被损辱，宜游外州；上寿，出家吉。七曜日发兵动马法。

64. 蜜日，太阳日，发军卫徒日出处，行动用卯时发，吉；将宜着白衣，乘白马，缨

65. 绑白旗引前，吉；向祀天大将军，吉。

66. 莫日，此日太阴日，发军宜从西北面向东方动兵，用子时发，吉；将宜着黑衣，

67. 乘紫骢马，黑缨绑黑旗引前，吉；向祀月神，吉。

68. 云汉，火直，发兵宜从南方面向北动兵，宜用辰时发，吉；将宜着绯衣，乘赤

69. 马，赤缨绑赤旗引前，吉；向祀五道大将军，吉。

70. 嘀日，水直，发军宜从北方面向南动兵马，宜用子时发，吉；将宜着黑衣，乘骢

71. 马，黑缨黑旗引前，吉；祀河伯将军，吉。

72. 郁没斯日，木直日，发军宜从东动兵，用卯时，吉；将着青衣，乘青骢马，青缨绯

73. 青旗引前，吉；祀行道天王，吉。

74. 那颉，日直，发军宜从西方面向东动兵，用戌时，吉；时宜着白衣吉，乘白马，白

75. 缨绯白旗引前，吉；祀巧女神，吉。

76. 鸡缓日，土直日，发军宜从西北方面向东南方动兵，用午时，吉；将宜黄衣，乘黄

77. 马，黄缨绯黄旗引前，吉；祀北斗神，吉。 七曜日占出行及上官。

78. 蜜日，出行兴易，平善回。上官重上官，吉。

79. 莫日，出行兴易，平安，迟回。上官不毕正，非时被替。

80. 云汉日，出行兴易，遇逢贼，水火损。上官遭口舌、诉讼之事。

81. 嘀日，出行兴易，失财物。上官失利，无成益。

82. 郁没斯日，出行兴易，多利，平安回。上官不毕一，政加职掌，吉。

83. 那颉日，出行兴易，因女人损财。上官被女人乱惑，亦被谤毁。

84. 鸡缓日，出行兴易，迟滞回军。上官毕一政后，更不得官。

85. 七曜占五月五日直。[3] 蜜，五月五日得此直，一年之内万事丰熟，四时衣节。

86. 莫，五月五日得此直，一年之内五谷不熟，秋多霜冷。云汉日，五月五日得此直日，一

87. 年之内足疾病，多行兵起，四方不宁。 嘀，五月五日得此直日，一年之内流水遍

88. 野，江河泛滥，秋多霜。 郁没斯日，五月五日得此直日，一年之内五谷丰熟，四

89. 方安，百姓乐。 那颉日，五月五日得此直，一年之内国乱兵起，四方不宁。

90. 鸡缓日，五月五日得此直日，一年之内五谷薄熟，日涝不调，四时失节。

**校注：**

[1] 按文书内容，前缺的应该是七曜中蜜和莫的释名与吉凶占断。

[2] 此处连续出现两次"女人用吉"，字迹一致，但后一次的笔画较细、较浅，可能是抄录者抄写时一时兴起所写。另外，这也说明了敦煌写本时日宜忌文书的沿袭性、包容性与日常实用性。

[3] 这里与P.2693号文书不同，只写五月五日直，而没有写日月食、地动的占断，似是一种实用主义的变革。

## S.1396《七曜历日》

（前缺）

1. 喜乐作歌舞凶。病者重，差迟。诈，耻辱。宜专做好事。出行

2. 不吉，当被留滞，抑塞口舌官府，虽难平安，毕竟无利益。

3. 入军阵先首，吉。逢阵着黄衣，骑骢马，悬黄拂吉[1]。此日生人聪

4. 明智慧，少病，有善名誉，性敦重辟，男解弓马于一切无畏

5. 惮，受修特净法，精进决烈，得父母怜爱，于己身大利

6. 益，亦合多人依附，有心路，四海得力。此日生男女二七日厄

7. 父母，凡宜修功德作善助之，过二七日吉。此日生儿宜放少

8. 苏（酥），父母亦须吃；宜以黑布盖儿头，讫取此布少烧，熏儿

9. 鼻，大吉，长命亦养。若岁首得此日，宜须祭鸡复天，年

10. 内安吉。经宿祭法如余处吉。 若此日曜直日有日月变

11. 蚀、地动、见星，星见谓蜜、莫、嘀及客星长急之属也。本曜生之人重厄怕死，大受灾厄，

12. 及所见变本分黜，固主人成病疾死丧，须禳。其法：当日

13. 一食，唯得食苏（酥）[2]，不得食牛肉，月出乃食，烧香礼拜，所禳之，人人及见，宜抑谓人曜主及百性（姓）官人□著；

14. 作大胡饼十五枚，油麻制，灯五盏，黑炉，酒五杯，新瓦瓶五个，满

15. 盛净水和大麦面，取芥子、苏及时花，作火庵法，即一切灾

16.厄脱兔[3]。辰时所有奴婢、六畜走失皆捉获，亦得横财入手，

17. 有斗争，恶贼并破散；未时向贵胜，家得财、六畜、奴婢，称

18. 心吉利；亥时兴易得倍利，到处皆通达，加官秩益财产；

19. 子时兴易得通达，求财得财，求官得官。

**校注：**

[1] 前缺，不知写的是七曜中的哪日。但看"着黄衣"等语，似可推断此日土直，即为鸡缓。

[2] 苏，或应为"酥"。

[3] 此处写有禳灾之法，这是其他七曜直类文书中没有的。食苏（酥）、胡饼等，也颇具西北特色。

## S.8362《七曜历日残卷》[1]

1. ⬚得大欢乐，吉。

2. ⬚药吉，加冠带着

3. ⬚日宜出游寺，

4. ⬚言语吉，聚亲族朋

5. ⬚信家祖见，不宜

6. ⬚事一切宜作，失财物

7. ⬚死不宜合朋侣不宜移

8. ⬚行[2]若此行，必逢恶贼。

9. ⬚入军征战必死或落

10. ⬚此日不得中恶为邻

11. ⬚苏（酥）酪[3]得聪明智慧无病。

12. ⬚姓□□修功德于父母，孝顺善和

13. ⬚法，常得富贵，人爱念，四海仰从，人所求

14. ⬚得此日，其年六畜损伤，虫鸟□

15. ⬚葡萄酒好。若兵贼起，欲有讨

16. ⬚蚀地，其年足风尘。

17. ⬚马失及四方贼动

18. ⬚求财物，亦合加官[4]

19. ⬚向君王边得

20. ⬚宠

**校注：**

［1］此卷残损严重，但看行文风格、内容等，与P.2693相似，似为七曜直类文书。王爱和认为，该卷风格上比P.2693更接近原始面貌，与S.1396相似，因此推测它可能是P.2693的早期版本，为其拟名《七曜历日》。①

［2］此处残损，根据下文推断此字为"行"。后面说"若此行，必逢恶贼"，那么，前面残损的内容应该是在说"不宜出行"之类的意思。

［3］此处也出现了"苏酪"，可以与S.1396相印证，苏，应为"酥"。

［4］与P.2693中"那颉"部分的行文方式相比较，此处之前写的应是"五月五日直"的内容，而"求财物，亦合加官"似乎是七曜日与子时结合的占断。

---

① 王爱和：《敦煌占卜文书研究》，兰州大学博士学位论文，2003年，第488—489页。

# S.6182《六十甲子历残卷》

（前缺）

1. ［丁］未[1]，姓石字叔通，正月□，二月□，三月□，四月满，五月□，六月□，七月闭，八月开，九月收，十月成，十一月□，十二月□[2]。

2. 水，羽，是玄武，商、角二姓造举百事大富贵，宜子孙，宫、羽、徵三姓用凶。见大官□[3]

3. ────谒小迁、奏表、上书不吉。嫁娶无子，内妇吉，

4. 内奴婢吉，秋冬内吉，内牛马凶，一云寄居吉治牛马吉，内戊鸡吉[4]。

5. 祀先人吉，一云祀先亡凶[5]，一云遇死祀宅得人，祀宅────人入□残，大吉，祭祀大吉，祠祀鬼不在边。

6. ────出主人大富，吉。厌百鬼，二南出八百里，病者自差────

7. ────云未日病，丑日小差，寅日大差，生死在卯。治病吉，服药有毒，一云□月□。

8. ────腺阴中，丁神两手臂，未神两足，不可针灸其亢，治必凶。

9. ────带，一云裁衣吉，用建满平定成吉，洗浣衣亦吉，带剑绶凶，剃头盲

10. 县官煞四人，造立舍宅安定吉，余□妇────并失────

11. ────────门吉，作东门，忌六月十日────忌三月十一日────

**校注：**

［1］该写本为一残片，残存11行，首尾上下均残。此字似作"未"，据此可推测，前一字应为"丁"。此文书内容为六十甲子丁未日的宜忌，黄正建认为其从字迹上看，可能与P.4680为同一抄本①。但是，笔者仔细比较这两件文书，发现书写落笔尚有差异，最明显的，本件文书中"祀"写成了"礻"，而P.4680却没有。由此可以推断，文书S.6182与P.4680内容均为"六十甲子历"，但并非同一抄本。

［2］此处可据P.3281补缺为"正月执，二月定，三月平，四月满，五月除，六月建，七月闭，八月开，九月收，十月成，十一月危，十二月破"。

［3］第三字可见"宀"，据文义，应为"官"，末一字应为"吉"或"凶"，按文义，似为"凶"。

［4］根据字迹和文义判断，应为"吉"。

［5］按文义，似应作"凶"。

---

① 黄正建:《敦煌占卜文书与唐五代占卜研究》,北京:学苑出版社,2001年,第95页。

## P.3281 《六十甲子历》

（前缺）

1. [辛丑][1] 祠祀神在，得□三人，寅丑时神在家，解□□□

2. 公女子鬼病之，宜使西南师 将 黄药解治 之，天□□ 百 日
大差，生死 在 亥，之自取，十一月辛丑除治，收□□□

3. 不可针灸其穴，凶，经络凶，一云吉。裁衣吉，丑时不 冠
□□

4. 除服吉，作蒋酉，将水凶，家不利亡人，剪甲吉□□

5. 作井吉，治屋盖发屋吉，镇宅有口舌，治碓硙凶，一云大
吉，治牛马栏吉□□

6. 徵宫内，不可祀卜煞人，治庭三年煞之，天门在卯，地户
在子，外吉内凶，治床吉，作船吉，起土凶□□ 在 □□

7. [种][2] 大豆、荏吉，种麻大凶，一云吉。远行凶，一云丑
日宜春行，东行北行死，南行忧，西行得财。宜出西门，吉，取午

8. 时行，吉。系者无罪，辛不锻铸兵所伤。神所在，正、四、
七、十月在门，二、五、八、十一月在外，三、六、九、十二月在
内。仵（伍）胥法[3]：兵不来，贼不行。走失不得。

9. 失物者，若卯巳申时失，丝麻衣百得，男女取向南廿里许，
若是牛马煞石下藏者。此日天狗出食，送葬、祠祀、嫁娶、移徙皆
吉，吉。生子大富。目润，左有喜事，右有

10. 人思之，心动父母思之，哑者吉，足养（痒）酒食事，梦
者有酒肉，釜鸣有上客。君子会逢

11. 精魅，称书生者，牛也[4]。保日，入官、亲事、移徙、嫁

娶、祠祀、冠带、市买、内六畜、起土立

12. 屋盖屋，吉。

13. 壬寅，姓丘字孟卿，正月建，二月闭，三月开，四月收，五月成，六月危，七月破，八月执，九月定，十月平，十一月满，十二月除。

14. 金，商，是白虎，宫、羽二姓造举百事大富贵，宜子孙，商、角、徵三姓用之凶。见大官吉，见长

15. 史吉，受职、拜谒、奏表、上书，吉，壬不书后必讼，又书主吉。辞讼相言及殃，嫁娶宜夫，内妇无子，结

16. 婚吉昌，江合不结婚，壬召女客（克？）母，凶，寅不召女，家主丧，亦妇子孙亡。内财市买凶，一云士（市）买凶。出财吉，一云是及交日出财；内奴婢吉，

17. 一云平旦吉；内猪吉。祀先人凶，灭门；祀土公凶，一云吉；祀宅神凶；祀天神吉；祀灶神富，一云凶；祀外神不

18. 宜后子孙。祭并解除，殃出大吉，寅不解祭，神不享。病者捎困，子日小差，申日大差，生死在寅日，凶。治病凶，人神在中

19. 脂大节，壬神在肚，卯神在胸，不可针灸其穴，经络凶。裁衣、冠带吉，洗浣衣吉。女忌辞故

20. 衣，冠带、剑佩印绶凶。剃头凶，沐浴吉，洗头凶，剪脚甲吉，除服大凶。造舍宅▢▢▢▢

21. 宁，架椽失物，入舍凶，坏城乡吉，立疗库吉，作门户吉，治屋吉，盖屋涂屋▢▢▢▢

22. 治井灶凶，治碓硙吉[5]，移床见贵人，治庭三年煞三人，天门在午，地户在尾，治内凶，治外吉。

23. 日游在太徽宫内，犯者三年煞三人，起土凶，土公在地，凶。种大豆、韭蒜吉，种树木高迁，寿老宜子孙，

24. 吉，葬埋吉。远行逢贼凶，寅日冬宜行，远行家凶，此徒煞三人。东行得酒肉，南行吉，西行、

25. 北行羁留。宜出西门行，吉，取辰时行，吉。受寄凶，壬寅执破平日，治刀铠吉，入学吉，一云收、开、建入学师门。神

26. 所在，正、四、七、十月在门，二、五、八、十一月在外，三、六、九、十二月在内。雨立止，一云平旦甚至食时不甚，即晴；见自此月合闭阴阳，大雨。伍胥法：闻忧不忧，闻喜有喜，闻兵不行，闻贼不来。失物者，

27. 若申酉亥时失，牛马者可得，男子取向此将五里，亲家藏。正月中有此日，取厕中草长之三寸，于庭中烧之，无病。此日天狗出

28. 食，送葬、祠祀、嫁娶、移徙，凶。生子好留易。目润，左有口舌，右念仆人。哑者父母忧之，心动有忧。足痒有行事，梦者

29. 请符从命长，釜鸣有嫁娶庆事。称虞使者，虎也；称当路君者，狼也；称令长者，

30. 老程也。保日，入官、亲事、移徙、嫁娶、祠祀、冠带、市买、内六畜、起屋，并吉。

31. 癸卯，姓苏字他家，正月除，二月建，三月闭，四月开，五月收，六月成，七月危，八月破，九月执，十月定，十一月平，十二月满。

32. 金，是白虎，宫、羽二姓造举百事吉，大富贵，宜子孙，商、角、徵三姓用之凶。见大官

33. 欢喜，见长史凶，受职拜谒吉，奏表上书大吉。嫁娶相宜，内妇吉，一云卯不合妇，早儿死；癸不

34. 召女，父亡，一云女身亡；纳奴婢走，纳牛马凶；出财吉，一云及交日出财吉。还债吉，终身不负人债。祀天神大富贵，

35. 祀先人生贵子，一云秋夏吉；秋夏祭门户神吉，秋冬祭水神吉；祀土公凶，一云三年死，一云秋凶；祀宅神、外神大

36. 富贵，祭百倍；祀水神凶。解除殃祟，祟不出，主人厉。厌百鬼，鬼出大吉。祀宅神吉，外神大吉。

37. 病者自愈，治病宜使巽地师吉，未日小差，酉日大差，生死在子日，五月忌治厌病、针灸、合药，一云正月祭除、针灸吉。洗衣凶，鬼上床，凶。沐浴小儿吉，沐发早

38. 白，除徙人。癸不买履，见怪殃。造立宅舍、架椽凶，上梁吉，入舍得田蚕，盖屋治屋门

39. 户溷厕吉，治灶凶，治碓硙凶，一云作吉。作北门东门吉，忌六月作东门，忌七月九月作北门，凶。镇宅吉，村王使得百家财财。

40. 穿井吉，一云卯日不穿井，百泉不得。日游在皇天历内，移徙犯三岁煞三人。天门在卯，地户在酉，内凶外吉。起

41. 土凶，土公在地。种麦、瓜瓠、蒜、树吉，一云卯日种树高迁，寿老宜子孙，吉。种豆凶。远行吉，冬宜行，吉。出凶，东行、西行吉，南

42. 行得财，北行见死。宜出西门行，吉，取辰时行，吉。从甲午至癸卯，孤辰巳。虚在戌亥，战斗东向胜，避难向北十行吉。

43. 此日客吉。癸卯执、破、平日，治刀铠吉。系者无罪，移

徙凶。神所在，正、四、七、十月在内，二、五、八、十一月在门，三、六、九、十二月在外。

44. 雨立止，一云五月上卯日平旦甚，至食时不甚见日，至午时当壬时晴。伍胥法：闻忧不忧，闻喜不喜，闻兵不行，闻贼不来。走失不得。失物者，若午辰戌时失，

45. 金玉共布不得，男女共取向南将他家藏着，其人不和（知）即得。此日天狗出食，送葬、祠祀、移徙、嫁娶，皆大吉。生子吉。目润，左人说之，右人思之。心动，有

46. 忧。咥者，贵人说之，一云父母忧之。足养（痒），贵人思之。梦者吉。釜鸣长，子孙佳，并门不

47. 好。逢精魅，称丈人者，兔也；东王父者，麋也；称王母者，马鹿也。保日，入官、亲事、

48. 移徙、嫁娶、祠祀、冠带、市买六畜、起土、立屋，吉利。

49. 甲辰，姓孟字非卿，正月满，二月除，三月建，四月闭，五月开，六月收，七月成，八月危，九月破，十月执，十一月定，十二月平。

50. 火，徵，是朱雀，宫、角二姓造举百事大富贵，宜子孙，商、羽、徵三姓用之凶。见大官吉，

51. 见长史吉，受职、拜谒吉，奏表、上书吉。嫁娶夫死，求婚，一云语十诺，一云求女诺与不与，女死。内妇凶，辰不

52. 妇归，恐儿亡。纳奴婢凶，市买奴婢、牛马吉。甲不纳金器，主凶；不开仓库，钱财亡。祀天神

53. 富；祀大神吉；祀先人凶，一云三人死；祀宅神、外神吉；祀土公，长死；祀灶，口舌起。祭，奴婢续世。解，神

54. 在，大吉。祠祀，神不出，凶，此日司命死日，不祠祀，凶。辰时神在家。解殃遣祟，祟不出，害六畜。厌百鬼，鬼出

55. 万里。病者自差，寅此七日差，祀宅神、灶君、土公，大人鬼病之，宜使艮上师将药并服解之，大吉，一云辰日病者，甲戌日小差，丑日不死，在无畏之；治病吉，一云可服药，良；针灸，夏及七月甲辰针灸

56. 良，五月辰开治病，十一月甲辰执针灸良，大吉利。人神在右踝上，甲辰在头，辰神在腰，此日不可针灸其穴。哭泣重丧。经络吉，

57. 一云凶。着新衣吉。带剑、佩印绶吉，用定日吉。洗头吉。剃头凶。沐浴凶。除服吉。造立宅舍，三年吉。

58. 入学身安。治床吉。作车吉，忌六月、十月，凶。治门户富贵。作南门吉。治屋吉，一云申不治屋，心空，发舍吉。造

59. 立食库吉。治井灶吉、碓硙吉。冬作西门吉。作厕吉。作溷吉。作户吉。作鸡栖、镇宅吉，得大仓库、

60. 马，富贵，吉。日游在御女宫内，不可动土如弹丸，煞九人，吉。天门在甲，地户在卯，外吉内凶。起土吉，土公上天。葬

61. 埋吉。种稷、小豆、葵、蒜吉，种瓜瓠、大豆吉，种麻凶。远行逢水，大凶，一云冬远行吉。东行失财，西行

62. 吉，北行得财。宜出西门，吉，取巳时行，吉。出军行将吉。造船屋用危、平、闭、成、建吉。移徙吉。受

63. 客凶。煞生，兵死。系者无罪。辰不吊问，反受凶，神不哭。神所在，正、四、七、十月在内，二、五、八、十一月在门，三、六、九、十二月在外。雨立止，

64. 一云平旦甚，□时霁，无风之气即之，一晴。伍胥法：闻忧不忧，闻喜有喜，闻兵不行，闻贼不来。走失不得。失物者，若亥时巳未时失，牛马、丝麻、布服、棉绢等，猪犬可得，

65. 男子女人共取，向西北四五里，亲家藏着之。

66. 乙巳，姓唐字文章，正月平，二月满，三月除，四月建，五月闭，六月开，七月收，八月成，九月危，十月破，十一月执，十二月定。

67. 火，徵，是朱雀，宫、角二姓造举百事大富贵，宜子孙，商、徵、羽三姓用之凶。见长史自

68. 如，见大官吉。受职、拜谒失位，奏表、上书凶。嫁娶煞姑，内妇凶，召女、遣女凶，一云女身亡，内奴

69. 婢吉。内牛马羊死，一云内马吉。巳日内鸡吉。内财吉，一云乙内钱不茂，亦不分钱，客主出财。买田宅、杂物吉，此日用一文买物得万倍利。

70. 祀天神有盗贼；祀大神富；祀先人妇死，一云三人死；祀灶大吉；祀宅神夫病，一云出宜子；祀外神伤，

71. 煞入；祀水神凶。解除，神在，吉。祠祀，神不在，凶。巳酉时神在家。解除遣祟，祟西出，人

72. 吉。厌百鬼，鬼出万里。病者自差，一云庚子、三丑日、十日、六月差，丈人往男子鬼之，宜使西北师治病之，吉；一云酉日小差，亥日大差，死生在丑。治病吉，一云可以服药，良；一云三月巳除，治病吉。

73. 巳日吊人重丧。人神在左膊下三寸，乙神在头，巳神在腰，不可针灸其穴。治膝凶，经络凶，一云伤亡。裁

74. 衣凶，一云凶，一云不出，三日有所得。冠带吉。洗浣吉。带剑印绶吉，此日用定吉。着新衣吉。洗头、远行吉。剃头吉。

75. 沐浴吉，一云此月此日吉。除服吉，一云三人死，出逆生子。弃灰凶，造立舍宅，不安。造屋吉，一云煞人。竖柱吉。架椽妇死。盖

76. 屋吉。发屋吉。入新舍吉，一云凡人入舍吉。作东门、南门吉，忌六月十日作东门，忌十一月三日作南门。上梁吉。作床吉，一云忌。移

77. 床令人煞鬼。作门户吉，忌除日，不可作。治井灶吉。涂屋凶，不出六十日一人死，凶。治碓硙凶，作厕吉。作灶凶。治溷

78. 吉。作厕、镇宅吉，得天仓马，大吉利。日游在御女宫，不百（可）动土，凶，如弹丸，六年一人死。天门在酉，地户在卯，

79. 外凶内吉。起土凶，土公在地。种禾稷、大豆、葵吉，种麦凶，此日田主死，一云丁亥日内辰日葬，不可种谷。乙不种树，至老不秃。远

80. 行不还，行百里不返，一云宜秋行。巳日不入，出逢虎狼。妇家凶。东行、西行稽留，南、北行吉。宜入西门

81. 行，吉，取子时行，吉。入学吉，一云巳日收、开、建吉。会客、赏赐吉。受寄客入，死。系者无罪。神所在，正、四、七、十月在外，二、五、八、十一月

82. 在内，三、六、九、十二月在门。雨丙丁未日止，平旦甚，晴时见日，还巳晴。伍胥法：闻忧无忧，闻喜不喜，闻兵无兵，闻贼不来。走失不得。失物者，

83. 若午未辰时失，牛马猪可得，男女共取，向北将去，忽取

不得。此日天狗出食，送葬、祠祀、嫁娶、移徙，大吉。生子病疾，一云妇人此日生子者，终身便不覆生子。目润，

84. 左父母思之，右有人思之。咥者，女子思之。心动，得财。口痒，有口舌。梦者为南，家人吉。釜鸣，忧狱

85. 讼事。逢精魅，称宜生者，神地也；称时君者，兔也。请符宜子孙。入官、亲事、移徙、嫁娶、祠祀、冠带，宜。

86. 市买、内六畜、起土、作屋，并吉。

87. 丙午，姓魏字文公，正月定，二月平，三月满，四月除，五月建，六月闭，七月开，八月收，九月成，十月危，十一月破，十二月执。

88. 水，羽，是玄武[6]，商、角二姓造举百事大富贵，宜子孙，宫、徵、羽三姓用之凶。见大官吉，见长

89. 史吉，受职、拜谒来福，奏表、上书口舌，一云丙不出流。嫁娶不利，内妇凶；内奴婢凶，一云吉；内牛马凶，一云可，市

90. 马亦凶，一云治马亦凶之；内鸡吉。市买吉，卖物者凶。买田宅吉。祀天神凶，地神入狱，一云吉；祀先人吉，一云宜子孙；祀土公富，

91. 一云百倍；祀宅神、杂神、外神吉；祀社失火，一云吉；祭水神、大神吉。解除，去殃，大吉。祀，神在，得福。

92. 寅卯巳时神在家。解殃遣祟，祟去，主人吉。厌百鬼，鬼南去八百里。病者凶，壬子日差，祟客死，治病之，宜使亥上师将白药解之，吉；

93. 午日病，戌日小差，子日大差，合服药春夏良，一云四月丙午除，针灸、服药良，十二月执，治病、针灸良。午不吊人反忧

师。人神在脚中，丙眉，

94. 午神在心，此日不可针灸其穴。治脚、经络凶。裁衣、冠带有居，一云裁衣大吉。洗衣吉。洗头凶。剃头盲秃。沐浴、除服

95. 烧死三人。丙不弃灰。祸福外来。造立舍宅失财物，架椽妇死。入舍夫妇斗，一云新舍吉。盖屋失火。

96. 作东门吉，忌六月、十月；治南门吉，作西门吉，忌四月、十二月。夏治屋凶。治屋舍、起床吉，安床吉。治井灶凶。安猪槽吉，用收、成、满、

97. 开、闭。治碓硙，妨奴婢。治作厕吉。镇宅凶，煞妇人及女子。立鸡栖吉。日游在御女宫内，不可起土如弹，太岁

98. 煞一人。天门在卯，地户在子，治外口舌，治内凶。起土凶，此日土公死日，不犯，土公上天，起土。种黍稷、瓜瓠吉，种豆、麦凶。远行不还，

99. 归家凶。东行凶，南行、西行、北行、得财。宜出西门，吉，午时行，吉。移徙吉。入学吉。系者无罪。神所在，

100. 正、四、七、十月在内，二、五、八、十一月在门，三、六、九、十二月在外。雨立止，一云午日雨，平旦不甚，至明时见日，不晴，继阴。伍胥法曰，闻喜后忧，闻忧后喜，闻兵有兵，闻贼不来。走失不得。一云午日失物者，

101. 若辰巳戌亥时失，猪犬不可得，男子共取，其人居山边。此日天狗出食，送葬、祠祀、嫁娶、移徙凶。生子大贫。目润，左有女子思之，右生欲之。咥者，酒肉

102. 事。心动，吉。足痒，吉。梦者为家，欲远行、酒肉事。午时釜鸣，忧奴婢。午时逢忧

103. 精魅，称三公者、称人者，老树也。专日，入官、移徙、嫁娶、立屋吉。

104. 丁未，姓石字叔通，正月执，二月定，三月平，四月满，五月除，六月建，七月闭，八月开，九月收，十月成，十一月危，十二月破。

105. 水，羽，是玄武，商、角二姓造举百事大富贵，宜子孙，宫、羽、徵三姓用之凶。见大官凶，见长

106. 史自如，受职、拜谒、小迁、奏表、上书，不吉。嫁娶无子。内妇吉；买物吉，正月：此日买物千倍，百卖吉；

107. 内奴婢，秋冬内吉；内牛马凶，一云寄居吉，治牛马吉；内犬鸡吉；内财吉。祀天神、祀大神、祀先人吉，一云祀先人入徵也；祀土

108. 公，一云遭官有死；祀灶保人；祀宅神凶；祀外神、杂神凶；祀水神凶。解除、去殃，大吉。祠祀，鬼不在

109. 内。辰时神在家。解殃遣祟，祟出，主人大富贵，吉。厌百鬼，鬼南出八百里。病者自差，一云丁未病者，至申午此六日

110. 差，祟在丈人，男为病，宜使上师解吉；一云未日病者，丑日小差，寅日大差，生死在卯。治病吉。服药有毒，一云不服药，受毒死；一云八月丁未开，治病大良。人神在腹阴中，丁

111. 神两手臂，未神两足，不可针灸其穴，治必凶。经络凶，一云不经络，织妇亡。裁衣、冠带，一云裁衣吉，用建、满、平、定、成，吉。洗浣衣亦吉。

112. 带剑绶凶。剃头盲。浴小儿凶。浴发黑。除服致县官，煞四人。造立舍宅，安定，吉。架椽，妇死并失火。

113. 发坏故屋，吉。入舍，大畜死。治南门、作东门南门吉，作东门南门忌六月、十月，作南门忌三月、十一月。移床吉，未不安床，一云作床立。

114. 治井灶凶。作碓硙吉，治碓硙凶。安猪槽吉。治厕溷门吉。镇宅凶，煞妇人及女子。日游在御女宫内，

115. 不可起土，煞人。天门在子，地户在卯，治内凶，治外吉。此日土公上天，起土吉，种五谷不生。远行凶。归家

116. 凶。东行有所得，南行吉，西行稽留，北行得财。出东门行，吉，此日取申时，吉。丁不酿酒，来凶。定（丁？）未不

117. 煞羊。系者无罪。神所在，正月、四月、七月、十一月在门，二月、五月、八月、十月在内，三月、六月、九月、十二月在外。雨立止，一云未日雨，平旦不甚，无风，至暮甚，亥日小止，子丑日晴。

118. 伍胥法：门（闻）忧后忧，闻喜后喜，闻兵有兵，闻贼不来。此日天狗不食，送葬、祠祀、嫁娶、移徙吉，生子为兵将。目润，左有思之，右有子孙。

119. 哇者，有呼召。心动，大吉。足养（痒），口舌起。梦东家有酒肉事，及有史欲梦入，吉。未日釜

120. 鸣，家有得，吉。未［逢］精魅，称主人者，羊；称吏者，廉章。保日，入官、亲事、移徙、嫁娶、

121. 祠祀、所冠带宝、内六畜、起土，玄武盖乃至皆大吉。

122. 戊申，姓范字百阳，正月破，二月执，三月定，四月平，五月满，六月除，七月建，八月闭，九月开，十月收，十一月成，十二月危。

123. 土，宫，是勾陈，商、徵二姓造举百事大吉，富贵，宜子孙，宫、角、羽三姓用之凶。见大官吉，见长［史］[7]━━━

124. 内奴婢吉，内牛马番息，内财物凶，买田地凶。祀天神吉；祀先人凶，一云病，一云秋祭吉；祀土公凶，一云吉，一云秋冬夏祭者吉；

125. 祀宅神吉；冬夏祭门神吉；祀灶凶；祀杂神吉；秋夏祭灶吉。祠祀，神不在，凶。祭吊吉。祀水

126. 神大吉。寅申时神在家。解殃遣祟，祟出，主人。厌百鬼，鬼出八百里。病者自差，一云甲午此七日差，女祥，鬼疾之，宜使西北师将白药解除之吉；

127. 一云子日小差，生死在未日。治病、针灸、呼师买，一云初服药，夏忌、秋忌；又云正月戊申破针灸良，戊申收针灸、治病吉。戊不当哭泣，重丧。人神在头，一云在阴中，戊

128. 辰在唇，申神在眉，此日不针灸其穴。治脚凶。经络吉。裁衣、冠带吉。男浴吉。除服立徒，大凶。造立宅舍保金。造

129. 屋吉。架椽妇死，入舍安。治屋舍吉。治门户厕、穿井吉。安马槽吉。治碓硙凶。申不置床。镇

130. 宅吉，封侯王，得钱财。日游在御女宫内，不起土自如弹丸，煞人。天门在子，地户在午，内凶外吉。起土凶，土公在九月，地囊日掘一尺

131. 煞一人，掘一丈煞十人，凶。种葱蒜、瓜瓠、麻、荏、葵吉，种大豆、小豆吉，一云戊到日禾稼伤，一云不宜，不茂。葬埋吉。戊申平、危、建乘

132. 船吉，远行吉，一云夏宜行此日，一云离日不可行。还家

凶。东行凶，南行、西行得，北行得财。宜出东门、北门行，吉，取巳时，吉。

133. 移徙凶。戊申执、闭、收日捕鱼吉。入学吉。受寄吉，一云灭，伤主人，忌。系者无罪。战斗凶。治碓硙吉，

134. 用执、破、平吉。神所在，正、四、七、十月在外，二、五、八、十一月在内，三、六、九、十二月在门。雨立止，一云至食时甚，至晡时日入，霁；一云申时至，一云日止。伍胥法：闻兵有兵，闻贼不来，闻喜有喜，有（闻）忧后忧。

135. 走失不得。失物者，若卯戌时失，猪犬不得，钱可得，男女共取，西北之家藏。此日天狗不食，送葬、祠祀、嫁娶、移徙，吉，生子事鬼神。目润，

136. 左有恶事，右有思之。哐者，吉。心动，有利。足痒，得财。梦者，为东家酒肉事。釜鸣，有丧众事。逢精魅，

137. 称人君者，猴也；称九卿者，猿也。请符保命长。保日，入官、亲事吉。

138. 己酉，姓成字文张，正月危，二月破，三月执，四月定，五月平，六月满，七月除，八月建，九月闭，十月开，十一月收，十二月成。

139. 土，宫，是勾陈，商、徵二姓造举百事大富贵，宜子孙，宫、角、羽三姓用之凶。见大官吉，见长史、

140. 受职、拜谒昌，奏表、上书吉，入官吉。嫁娶，三年夫死。求婚，一语十诺。内奴婢吉。市买凶，至狱此日死，

141. 不可市买。还债大吉。酉日不借假，令折伤。内牛马大吉。祀天神烧死，祀大神贵，祀先人吉，祀灶、

142. 土公、门神等贵，祀宅神宜蚕，一云死，一云夏祭吉，祀外神贵。解除吉。祭天神六畜死。祠祀，神在，得

143. 福。寅卯时神在家。解殃遣祟，祟出，主人得财。厌百鬼，鬼出八百里。病者自差，一云甲午此六日差，祟在客死鬼，宜使东南师

144. 解治之吉；一云丑日小差，卯日大差，生死在巳日。省病凶，及受殃。治病、针灸，女子忌，服合药忧，五月及秋忌，一云六月己酉满针灸良，七月己酉除治吉良之。人神在

145. 胃宫，一云在右肋阴中。巳神在门无，酉神在膝，此日不可针灸其穴。经络吉。裁衣不吉。冠带荣。洗浣衣吉。除服

146. 吉。着新衣吉。洗头小儿吉。剃头、沐浴令人健，四月定、六月满、七月除、八月建，并沐浴良吉。藏蚕子吉。造立舍，妨奴婢。

147. 架椽高迁。入新舍宜田蚕，一云此日年灭死日，不可新入，祟。治井灶吉，一云灶用收、成、开、日吉。治碓硙凶。乘新车吉。日游在外，外凶内吉。

148. 天门在午，地户在子。起土凶，土公在地。种瓜瓠、韭、大小豆、稻稷吉。葬埋吉。远行吉，一云神日在离日，不可远行、移徙；又云出行百里不返；又云酉

149. 日夏宜行。还家凶。东行、西行稽留，南行、北行吉。宜出南门行，吉，取戌时，吉。移徙凶。捕鱼、受寄，客灭门。治刀铠

150. 吉。酉不置兵，反相伤。系者无罪。己不往戌，身心伤。不利妊娠，妇儿堕。三神所在，正、四、七、十月在内，二、五、八、十一月在门，

151. 三、六、九、十二月在外。雨立止，一云日止，平旦风至穴，日不复，后亥日可晴。伍胥法曰，闻忧后忧，闻喜后喜，闻兵有兵，闻贼不来。走失不得。失物者，若午未申时失，金银不得，男女共取

152. 十二月，黑色，向东北将去。此日请诸神上天日，百事不避，将军、太岁本命。此日天狗不食，送葬、祠祀、嫁娶、移徙吉。天恩，生

153. 子多病。梦者，家口舌事，及有酒肉事。釜鸣，有祠祀乐。请符保命，吉。逢精魅，称将军者，

154. 有老鸡；称贼者，雉也。入官、亲事吉。

155. 庚戌，姓史字子仁，正月成，二月危，三月破，四月执，五月定，六月平，七月满，八月除，九月建，十月闭，十一月开，十二月收。

156. 金，商，是白虎，宫、羽二姓造举百事吉，大富贵，宜子孙，商、角、徵三姓用之凶。见大官口舌，见

157. 长史凶，受职、拜谒、口舌，奏表、上书，凶。嫁娶无子，一云子孙狂。内妇凶，内奴婢三世富贵，内牛马大凶，

158. 不买犬，唤上床，内钱、买物吉，一云家内金银家，此是天帝内宝日，可以此日内钱财，吉。出财吉，及亥日出大吉。祀天神益财，一云失火烧死；祀先人

159. 吉，一云开讫；祀灶失火，祀大神富贵，祀外神吉，祀水神凶。解除吉。祭宜子孙。戌不解，祀鬼，不吉日。祠祀，不在，

160. 凶。辰时在家。解殃祟，祟不出，伤小女。厌百鬼，鬼出大吉。病者自差，一云辰日差，祟不丈人思病，病祈神不塞，伏鬼

为病，宜使南方师治吉；一云六畜

161. 八日小差，未日大差，生死在午日。治病、针灸八月忌，一云治病除，服药八月良。人神在脚、股中，庚神在尻，戊神在头，此日不可针灸其穴。经络

162. 吉，一云凶。裁衣吉。冠带吉。洗浣衣吉。剃头吉。沐浴小儿吉，一云凶。除服出贵子，大吉。立舍宅病。上梁吉。

163. 架橡凶。入舍多病。治作西门吉，忌四月、十一月。治屋吉。破屋吉。镇宅吉，封侯王，吉。治床吉。治井灶、作碓硙吉。

164. 日游在外，外凶内吉。天门在申，地户在酉。起土凶，上公在地。种瓜瓠吉，种豆凶。远行吉，一云千往不归。皈（归？）家凶，吉，天帝不下。

165. 东行、西行得财，南行、北行吉。宜出南门行，吉，此日取戌时，吉。西徙煞三人。戌入学师门，收、建用吉。射猎吉。

166. 系者无罪。神所在，正、四、七、十月在门，二、五、八、十一月在外、三、六、九、十二月在内。雨此止，一云四日止，一云戌时日雨，平旦甚，晴；无风，小雨后晴；多风，见日辰乃晴。天恩，生子贫。目润，

167. 左有恶事，右忧县官。咥者，吉。心动，有恨事。足痒，得财。梦者，为家人来酒肉。釜鸣，凶，拜钱财。逢精魅，

168. 称人姓者，犬也；称阳公仲者，狐也。义日，入官、亲事、祠祀、内六畜、移徙、嫁娶，百事大吉利。

169. 辛亥，姓左字子行，正月收，二月成，三月危，四月破，五月执，六月定，七月平，八月满，九月除，十月建，十一月闭，十二月开。

170. 金，商，是白虎，宫、羽二姓造举百事大富贵，宜子孙，商、徵、角三姓用之凶。见大官

171. 凶，见长史凶，受职、拜谒有刑，奏表、上书大殃。嫁娶相害，煞夫九人。内妇煞夫，内奴婢得利

172. 主人，市买牛马、奴婢吉。出财吉，此日及 交 出财吉。偿债吉，终身不负。买猪凶。内鸡凶。祀大神生子；

173. 祀先人富；祀宅神吉；祀土公宜田蚕；祀天神凶，用定，此日死，酉日葬，不可此日祀；祀灶有福，吉；祀外神吉。祭往，复又

174. 祀，神在，不凶。申亥时神在家。解遣祟，祟不出，害主人。厌百鬼，鬼出，大吉。病者小差，丙辰日差，一云六日差，祟在殃鬼 为 疟，思

175. 在天门，宜使辰地师解除之，吉；一云亥日病者，卯日小差，巳日大差，生死在未日。治病针灸凶，忌服药，秋忌针灸，十月忌；一云富，辛亥破针灸，病忌服药，秋良；九月辛亥除服药以先。

176. 人神在右足 踝 肠，辛神在股膝，亥神在头，此日不可针灸其穴。治除凶，经络凶。裁衣、冠带凶，

177. 一云宜为使建、除、满、平、定、成日先。洗浣衣凶。带剑印绶凶。着新衣吉。洗头、剃头宜六畜。沐浴富，三月、五月沐

178. 浴良。作酱酒凶。辛不锻铸，兵伤。除服，八月外死徙。造立舍宅大吉，架椽凶。入舍得财。入官舍祸主人。盖

179. 屋吉。治门户吉。镇宅吉。治井吉。日游在外，治内 史 [8] 治外凶。天门在卯，地户在酉。耕动锄煞人，田母此日死，不可此日伐田。

180. 秋作东门、西门，忌四月、十一月。葬埋吉。起土凶，土公在地。塞鼠孔吉，自死。种树高迁、寿，吉，宜子孙吉。远行

181. 凶，忌秋宜春，此日行一里，不还。归家凶。东行、西行、北行凶。宜出南门行，吉，取申时，吉。种麦茶吉。西徙煞三人，

182. 凶。会客凶。入学师门开吉，用成、开、建日吉。系者无罪。神所在，正、四、七、十月在外，二、五、八、十一月在门，三、六、九、十二月在内。雨癸丑日止，

183. 一云一日止，一云六日止，不甚，至午日时即无风，后雨后见日，止辰日时。伍胥法：闻忧后忧，闻喜后喜，闻兵有兵，闻贼有来。走失不得。失物者，若子时失，金银珠玉者可得，

184. 男女共取，家中有人说情，向东近墙壁藏着得之，不之。此日天狗出食，送葬，祠祀、嫁娶、移徙，凶。生子大富。目润，左有酒肉来，右有恶事。咥者，父

185. 母思之。心动，得财。梦者，为西家酒肉。釜鸣，官禄成，家安乐，无殃咎。逢精魅，称君

186. 臣者，猪也；称妇人子者，金玉也。保日，入官、新事、移徙、嫁娶、祠祀、冠带、市买、纳六畜、

187. 起土、立屋、盖屋，富，吉。

188. 壬子，姓厝字上卿，正月开，二月收，三月成，四月危，五月破，六月执，七月定，八月平，九月满，十月除，十一月建，十二月闭。

189. 木，角，是青龙，徵、羽二姓造举百事吉，宜子孙，商、角、宫三姓用之凶。见大官吉，见长

190. 史吉，受职、拜谒失位，奏表、上书吉。壬不书小豕

（篆?），后必讼，一云事主凶，词讼修言反殃。嫁娶凶，煞七人，凶。

191.内妇吉。壬不召女，害母。内奴婢，走失。内牛马，凶。买田宅，吉。出财吉。子不市易，损牛

192.羊。偿债大吉。祀神、先人并吉，祀神富，祀土公、灶神凶，灶神此日死，祠祀外神、杂神吉，祀水

193.神失犬。祭大神吉。解除，去殃，大富贵。祠祀，神在，大吉。午亥时神在家，解殃遣祟，祟

194.西出，主人家败。厌百鬼，鬼出万里。病者自差，一云未日差，祟死鬼厌之，宜使东南上师将白药治之，大吉，合药秋冬良；一云神（申）日小差，午日大差，死生在酉日，治病十日吉，服药治病差。

195.看病吉。卜问不吉，必受殃。人神在膊下三寸，壬神在两足胫，子神〔在〕胃，此日不针灸其

196.穴。经络吉。裁衣、冠带吉。洗浣衣吉。着新衣吉。女忌解除故衣。带剑、印绶吉，用定日吉。

197.洗头富。沐浴吉，七月定日沐浴吉，良。除服吉。造立宅舍失火凶。架椽富。治户吉。入户、入舍相伤。作北门、

198.西门吉。涂屋吉。治屋多病。盖屋、发屋并吉。治井灶吉，一云灶君此日死，勿令治灶。子日不买金，有亡。

199.治碓硙凶。治鸡栖吉。作厕吉。镇宅。日游在外。天门在酉，地户在午。起土凶。种麻、

200.豆、瓜、葱、蒜吉，种麦凶。倚篮吉。葬埋吉。远行吉，一云百里不还，一云秋吉，一云此日天四，不行。归家死，一云行李吉。东行

201. 得财，南行稽留，西行忧，北行得财＝＝＝一云此日上船家＝＝＝日必死。

202. ＝＝＝[癸丑][9]秋夏祭水吉，[一云]失火。祭＝＝＝

203. 福七。丑戌时神在家。解殃遣祟，祟＝＝＝

204. 使南师治之，宜服药吉；又云丑日病者，巳未日小差、大差，生死在戌日也，治病、合药秋冬良；一云□□针灸＝＝＝[针]灸小良，治病良，癸丑除亦吉＝＝＝

205. 癸神在足心，丑神在两耳，不可针灸其穴。经络吉。裁衣、冠带＝＝＝凶，一云丑不冠带，建、除、满、平、定、成日＝＝＝

206. 洗浣衣凶，鬼上床。带剑绥吉。洗头得财。剃头吉。沐浴得财物。浴小儿吉。作酒凶。葬 积 甲

207. 吉。除服，徙三戍人。造立宅舍无福。架椽妇死。上梁吉。入舍鬼来。作户吉。除忌作北门吉，

208. 忌五月、九月作，日穷之。治门吉。盖屋吉。治屋吉。镇宅舍吉，宜子孙。治床得财。安床吉。日游在外，

209. 治外凶，治内吉。天门在午，地户在子。乘新车吉。起土凶，土公在地。种豆、禾、葱吉，种麻凶。

210. 葬埋吉。远行逢贼，一云春行吉。行来吉。东行死，南行忧，西行得财，北行见殃，宜出北门行吉，

211. 取辰时吉。移徙从甲辰屋（至）癸丑，孤在寅卯，虚在申酉，前七日宜主人，后三日宜客。避难西行吉。战斗、博戏向东

212. 南胜。会客吉。治刀、碓砲吉，用执、破、平大吉。系者无罪。正、四、七月在外，二、五、八、十一月在内，三、六、九、十二月在门。雨立止，一云平旦甚，暮不胜，卯日止，寅胜，

213. 若不胜，合阴，一云三日止。伍胥法曰，闻忧无，闻喜无，闻兵有，闻贼有。走失不得。失物者，若辰子卯申时失，麻布丝可得，除不可得，男子共取，一人白色，向南□；若是牛马，煞在，不可藏。

214. 此日诸神上天日，百事不避，将军、太岁、本命。此日天狗不食，送葬、嫁娶、祠祀、移徙吉。生子吉。目润，左君子思之，

215. 右有人思之。足养（痒），酒肉事。梦者，为北家失物，口舌事。保日，入官、亲事、嫁娶、祠祀、立

216. 屋、出行，百事吉。葬埋不利，为忌。请符保命长。釜鸣，有上客，会君子事，称

217. 书生者牛也。

218. 甲寅，姓明字文章，正月建，二月闭，三月开，四月收，五月成，六月危，七月破，八月执，九月定，十月平，十一月满，十二月除。

219. 水，羽，是玄武，商、角二姓举百事大吉，富贵，宜子孙，宫、商、（徵）[10]羽三姓用之凶。见大官欢喜，见长史吉，受职、拜谒自如，奏表、

220. 上书凶。嫁娶无子。求婚吉，此日天地合日，可求婚，吉。纳妇凶，寅日不嫁娶，家人亡，亦云姑、子孙亡。买物吉，正月有此日，买物千倍，不卖出物，

221. 火亡。甲不纳金器，主人凶。不开仓，钱财凶。纳奴婢凶，云秋冬凶。纳牛马凶，一云平旦吉，取马凶，治马凶。纳羊凶。纳猪吉。买

222. 田宅吉。祀天神煞人；祀仙人百鬼不顺，一云有病死；祀

土公凶，一云狱死；祀外神凶；祀杂神凶；祀水神凶，祭

223. 致辱；祀神不在，凶。寅不解祭，不厚。辰卯时神在家。解殃遣祟，祟不出，主人凶。厌

224. 百鬼，鬼不出。病者自差，一云戌午日差，祟在客死鬼病之，忌，解之；一云寅日病者，午日差，申日下差，死亥也。人神在右膝，甲神有（在）头，寅神在胸，

225. 此日不可针灸其穴。经络、裁衣凶。冠带自如。洗衣吉。着新衣吉。带剑吉。绶佩、洗头凶。沐浴小儿吉。

226. 沐浴，虎伤人，四月吉。除服凶，一云都子死亡。剪脚甲吉。造立宅舍富。架椽失火。入宅、治舍、治堂、发

227. 屋吉，一云甲不治屋舍，必倒。治碓硙凶。治床大吉。治井灶厕吉。作灶吉。作治仓库吉。安马槽吉。作

228. 东、南门并吉，忌三月、十月。镇宅大凶。日游在外，治外凶，治内吉。天门在午，[地][11]户在未。起土吉，土公在天，一云三月是

229. 地囊日，掘一尺煞一人，掘一丈[煞][12]十人。种瓜瓠、小豆、葵、葱蒜、稷樱[13]吉；种树木高迁，寿老宜子孙，吉。远行

230. 凶，一云冬宜行，还家煞三人。东行得酒肉，南行吉，西行、北行稽留。移徙吉。射猎吉。煞生，战

231. 死。入学吉。系者无罪。神所在，正月、四、七、十月在外，二、五、八、十一月在内，三、六、九、十二月在门。雨立上（止），一云廿七日止，一云平旦甚，至食时不晴，见日月闭阴闲阳，必大雨，雨霁明之。

232. 伍胥法曰，闻忧无，闻喜有，闻兵无，闻贼来。走失不

得。失物者，申酉亥时失，马可得，余物不得，男子取，其人赤色，口小，纳长，年十九，向北五里亲家藏。正月中有

233. 此日，取厕中草于庭烧之，终身无病。此日天狗不食，送葬、祀（祠）祀、嫁娶、移徙，皆吉。生子不善。

234. 釜鸣，有嫁娶、吉庆。目闰（润），左有口舌，右有人念之。咥者，父母忧之。心动，忧。足养（痒），有行事。梦者，不吉。专日，入官、亲事、

235. 移徙，皆吉。

236. 乙卯，姓戴字公阳，正月除，二月建，三月闭，四月开，五月收，六月成，七月危，八月破，九月执，十月定，十一月平，十二月满。

237. 水，羽，是玄武，商、角二姓造举百事大吉，富贵，宜子孙，宫、徵、羽三姓用之凶。见大官欢悦，见长史凶，受职、拜谒小吉，奏表、

238. 上书吉。嫁娶无子。求婚吉，此日天地合日。纳妇凶，女不合归，恐儿亡。不召女，来必亡。市

239. 买奴婢、牛马吉。纳牛马吉，一云纳马、治马凶。纳财吉，乙不藏收，不纳金器，害主人，一云有死。祀天

240. 神吉；祀大神忧；祀仙人吉，一云死凶；祀土公凶，一云斗讼亡；忧，祭祀吉；忧，祭水神吉；祀门户吉；祀

241. 灶益口舌，一云富，一云四十二人吉；祀宅神安；祀外神、杂神吉。祭煞父。祠祀，神不在，凶。辰卯

242. 时神在家。解殃遣祟，不出，主人病。厌百鬼，鬼不出，凶。病者自差，一云乙酉日差；一云庚辰日大神解，十日差，宜使巽

243. 地师解治之，吉，鬼在门户井灶；一云未日大差，生死在酉日；治病、合药春冬良，五月针灸、治病忌，正月破针灸、治病大吉。人神在两乳间，乙神

244. 在头，卯神在鼻，不可针灸其穴。经络吉，一云难取。裁衣吉，一云口舌，用甲建、除、满、平、定、成吉。冠带口舌。洗浣衣吉。洗

245. 头不吉。剃头不吉。浴小儿吉。沐浴自（白）发。离灰、除服，凶使者三。造立宅舍富，利。

246. 上梁、架椽富，吉。入宅夫妻相宜。治屋吉。春涂屋凶，一云此日涂屋，百鬼不入，大吉。作东、南门吉。

247. 治井吉，穿井泉不通。治灶、碓硙吉。治仓库吉。镇宅大凶。日游在外，治外凶，治内吉。天门

248. 在子，［地］户在酉。起土凶，一云土公上天，起土吉；又云四月乙卯、十二月乙卯是地囊日，掘一尺煞一人，掘一丈煞十人。种麦凶，一云吉，种瓜瓠、稷穄、葱、蒜

249. 吉。倚蓝吉。乙不种树，老不秃。远行凶，一云行百不返，一云冬行吉。还家凶。东、南、西行吉，北行死人。宜

250. 出南门，取寅时行。入学吉。移徙煞三人，凶。上船凶，此日船去家不归，其日必有死。出军行将吉。受寄吉。

251. 作音乐凶，时（师）旷[14]此日死，不可此日作乐。系者无罪。神所在，正、四、七、十月在内，二、五、八、十一月在门，三、六、九、十二月在外。雨丁巳日止，一云立止，一云平旦

252. 甚，止食时不当见日，至午当霁，寅日晴。伍胥法：闻忧无，闻喜有，闻兵无，闻贼来。走失不得。失物者，若午辰戌申酉

时失，麻丝布绢、猪犬、金银，可得，男女共取，向西家

253. 南地藏，其家不相可，即得。此日天狗不食，送葬、祠祀、嫁娶、移徙。生子多病。目润，左人说之，右人道之。哇者，贵人说之，

254. 一云父母忧。心动，有忧。足养（痒），贵人思之。梦者，为北家失财。釜鸣，长子孙不嫁。逢精魅

255. 者，称父丈者，兔也；称王父，鹿马也。入官、亲事、移徙、立屋、嫁娶、祠祀，所有行皆

256. 吉利。

257. 丙辰，姓霍字叔慕，正月满，二月除，三月建，四月闭，五月开，六月收，七月成，八月危，九月破，十月执，十一月定，十二月平。

258. 土，公，是勾陈，商、徵二姓造举百事大富贵，宜子孙，角、宫、羽三姓蚕（凶）。见大官口舌，见

259. 长史凶，奏表、上书吉，受职、拜谒昌，一云丙不书疏，头不开。嫁娶相鲁，一云六、十二月丙辰是开日，嫁娶吉。纳妇煞姑及

260. 子孙死，妇儿亡。结婚，往不过三，返。若得女，必死。是雄雌日。纳奴婢妨主，一云大吉。纳牛

261. 马妨主，一云大吉。治马凶。买牛番息。纳鸡犬吉。出财物大忌，凶，又及日出财凶。祀神得百倍利，

262. 吉；祀大神家乱，一云弱死；祀仙人吉；祀土公生贵子，一云百倍；祀宅神凶，一云生贵子；灶祀口舌，此日

263. 食时祀灶，卅二人千佳，大吉利；祀水神凶；祀外、杂神吉。解、去殃，大富。祠祀在，不凶，此日祠命死，不可以祠

之。辰卯时神

264. 在家。厌百鬼，鬼南出万里。祭大神吉。解除吉。病者自差，庚申日差，祟在灶君、土公丈病之，急使即上师治之吉，宜服药，鬼在庭中，三日差；又云申日小

265. 差，戌日大差，生死在丑。治病凶，一云可以服药，良，七月忌，二月良，五月、九月治病，针灸吉，余凶。哭泣重丧，辰不吊问，及受凶。［人神在］尾下，丙神在

266. 肩，辰神在腰背中，不可针灸其穴。经络吉，一云失火。裁衣、冠带吉。剃头吉。沐浴令人不吉。远行，除

267. 灰吉，一云丙不除灰，祸外来。造立宅不居。架椽贫穷、失火。作柱者，入舍少子孙。作马栏吉，用满、成吉。治屋、

268. 发屋、破屋吉，一云六月、十二月丙辰是天开，诸起土、治壁鬼并吉利。涂屋、治床、作户吉，忌除。作南门吉，忌三月、十一月，一云春作百位。移床吉。

269. 治门户、井、灶、厕吉，一云丙不治灶，有肉。治碓碨凶。镇宅大富。日游在外，治外凶，治内吉。天门在申，户

270. 在卯。起土吉，一云土公上天，吉；一云地囊日，死，凶。种麦麻豆凶，辰日种树木高千，寿老宜子孙。远行

271. 凶。还家凶。东行失财，南行、西行吉，北行得财。宜出西门行，吉，取子午时行，吉。移徙吉。系

272. 者吉，卜无罪。神所在，正、四、七、十月在门，二、五、八、十一月在外，三、六、九、十二月内。丙丁巳日上（止），一云平旦大甚，申时霁，无风，巳晴。伍胥法曰，闻忧无，闻喜无，闻兵无，闻

273. 贼□来。走失不得。失物者，亥寅巳时失，牛马猪犬、麻丝布服绢，可得，余物不得，男女共取，向西北五里亲家藏。生子富，一云妇人此日生子者，终身不服生。

274. 目润，左说之，右说之，哑者、梦者吉，不出五日有吉。釜鸣，家有非父即母。逢精鬼（魅），称雨师者，龙也；称河伯者，鱼也。保

275. 日，入官、亲事、移徙、立屋、嫁娶、祠祀、冠带、市买、纳六畜、起土、盖屋吉利。

276. 丁巳，姓崔字臣卿，正月［平］[15]，二月满，三月除，四月建，五月闭，六月开，七月收，八月成，九月危，十月破，十一月执，十二月定。

277. 土，宫，是勾陈，商、羽二姓造举百事大吉，富贵，宜子孙，宫、角、徵三姓用之凶。见大官返殃，见长史凶，受职、拜谒被刑，

278. 奏表、上书吉，一云吉。结婚吉。纳妇母死，召女、遣女凶，纳奴婢、牛马、猪犬吉，出财吉，是又及日出财吉。祀

279. 天神、大神吉，一云失火，祀土公煞牛马，祀灶口舌，祀宅神、外神凶，祀杂神、祭大神吉，祀水神凶。

280. 祠祀，神不在，凶；此日天开日，祠祀吉。寅辰时神在家。厌百鬼，鬼不出，大凶。解除吉。病者自差，丁亥卅四日差，一云辛

281. 酉五日差，祟在灶君、土公病之，宜使西北乾地师解之吉；丁巳日［病者］[16]，酉日小差，亥日大差，生死在寅；治病可服药，合春春不良，针灸治病，女子春忌、九月忌，一云三月除

282. 治病、服药良，吉。人神在胃管，丁神在两臂，巳神在，不可针灸其穴。

283. 戊午，姓徒字元先，正月定，二月平，三月满，四月除，五月建，六月闭，七月开，八月收，九月成，十月危，十一月破，十二月执。

284. 火，徵，是朱雀，宫、角二姓造举百事大吉，富贵，宜子孙，商、徵、羽三姓用之凶。见大官吉，见长史凶，受职、拜谒吉，奏表、上书

285. 从心。嫁娶相背，凶。结婚，一云四月戊午硙碓日善，可求，妇往必得，儿凶。纳妇公死。市买奴婢、牛马吉。纳奴婢吉。纳马，

286. 马凶，出凶，治凶。午不市马，伤折。纳牛驴番息。纳羊吉。将马入亲厩凶。买田宅凶。藏蚕子吉。

287. 出财物大忌，凶。祀天神、大神、仙人并吉，一云祀大神百倍；祀外神吉；祀土公凶，一云夏祭吉；祀宅神吉，一云宜蚕，一云多祭小吉；

288. 祀灶神，一云吉，一云夏祭吉；祀水神吉。解神，去殃咎，大吉。祭宜蚕。祠祀，神不在，凶。辰巳时神在家。

289. 解殃遣祟，祟出，主人大吉。厌百鬼，鬼出万里。病者自差，甲子七日差，为不赛北君，祟在社公病之，宜使亥上师解之治吉，宜服白药，鬼在离北；

290. 二云戌日小差，子日大差，生死不（在）寅；治病、合药春忌，服药十一月吉。午不吊问，及忧丧，云多忧。裁衣耗贫，用建、除、满、平、定、成月大吉。

291. 冠带、着新衣吉。带剑、绶佩凶。男忌解故衣。洗头凶，盲秃。剃头凶。沐浴早老。除服

292. 字失火。造立宅舍不居。上梁吉。架椽失火。入舍多病。造仓库吉。涂屋凶，不出六十日人必死。

293. 治门户盗贼自死。盖屋失火。治井灶砲碓吉。安床、移床吉。日游在外，治外凶，治内凶。天门、

294. 户在子。起土吉，一云土公上天，吉；一云是地囊日，掘一尺一人死，一丈十人死。种树、五谷、葱蒜、稻、瓜瓠、葵吉。戊不行田，禾稼伤，不宜田蚕，

295. 不茂。远行凶，一云行百里不返；一云天回不行，大凶。东行、南行凶，西行吉，北行得财。宜出东门行，吉，取寅时行。治刀剑吉，

296. 用执、破、平大吉。捕鱼吉，用执、开、满、收吉。系者无罪。神所在，正、四、七、十月在门，二、五、八、十一月在内，三、六、九、十二月在外。雨立止，一云三日止，一云平旦不甚，至晴时见

297. 日出，若不晴，当久阴。伍胥法曰，闻忧后忧，闻喜无，闻兵不倒，闻贼不来。走失不得。失物者，辰巳戌亥时失，猪犬可得，余物可得，男子二人共取，其人居水边，急逐之。

298. 此日天狗不食，送葬、祠祀、嫁娶、移徙皆吉。生子大富。目润，左妻子思之，右客欲来。哑者，有酒肉。心动、足痒吉。

299. 梦者，为男子、口舌事。釜鸣忧奴婢。义日，入官、亲事、祠祀、纳六畜、移徙、嫁娶，百

300. 事吉。

301. 己未，姓壬字元通，正月执，二月定，三月平，四月满，五月除，六月建，七月闭，八月开，九月收，十月成，十一月危，十二月破。

302. 火，微，是朱雀，宫、角二姓造百事大吉，富贵，宜子孙，商、微、羽三姓用之凶。见大官、长史吉，受职、拜谒吉，奏表，上［书］[17] 合允。

303. 嫁娶凶，天地相玄，不可嫁娶，必有相背。结婚吉，一云天地合日，求必得，若三姓不得，女死。纳妇，三年夫死。纳奴婢吉，一云秋冬内凶，春夏大吉。偿

304. 债、赏赐物大吉。召女、嫁，凶。纳牛马猪犬吉，四月吉。纳羊吉。祀天神百倍利，祀大神富，祀仙

305. 人、土公吉，一云百倍，祀宅神吉，百倍，祀外神吉，祀神灶凶，一云吉，祀杂［神］吉。祠祀。神不在，凶。解除，

306. 去殃，吉。祭宜蚕，祀水神宜蚕。祠祀，神在，吉。巳午时辰［神］[18] 在家。解殃遣祟，出，主人大

307. 富。厌百鬼，鬼出万里。病者自差，亥日差，祟树神病之，宜使收命鬼病之，宜使乾上师伯解之；先有云，未日病者，亥日小差，丑日大差，生死在卯；治病吉，针灸二月复忌，

308. 合药春冬忌祖，服药亦忌，八月己未开治病吉良；省病凶，及受殃，服药凶。人神在胃管，巳神在两足心，未神

309. 在腹，不可针灸其穴。经络吉。裁衣、带冠凶。忌男解故衣。洗头吉。剃头令人盲秃，凶。

310. 浴小儿凶。沐浴令人宜，亥正月、三月、五月，第七月并沐浴良。服药人人死，大凶。造立宅舍来福，架橡宜子孙，吉。入舍安

311. 居。作床吉，卧不作恶梦。治门户富，吉。治井灶不利，用收、成、开大吉。治厕吉。未日不安床，一人亡。镇宅

312. 七高迁。日游在外，治外凶，治内吉。天门在酉，户在午。起土凶，土公在地，又云是地囊日，掘一尺煞一人，掘一丈煞十人。种五谷、麻、

313. 莚、葱、稻、□、瓜吉。葬埋大吉。远行来，吉。东行、南行吉，西行稽留，北行得财。宜出东

314. 门行，吉，此日取寅则行，大吉利。乘船车、会客、受寄吉。系者无罪，立即放。巳不往伐，身必伤。不

315. 利妊娠，妇儿堕亡。神所在，正、四、七、十月在门，二、五、八、十一月在外，三、六、九、十二月在内。雨立上（止），子日平明不宜并风，至暮甚，亥日小止，子日始乃晴。伍胥

316. 法曰，闻忧后忧，闻喜无，闻兵不行，闻贼不来。走失不得。失物者，若酉戌时失，布绢、猪犬可得，余物不得，君子女人共取，向北二家或四家亲家藏着。此日

317. 天猪（狗）不食，祠祀、嫁娶皆吉。目润，左有恶事，右君子思之。咥者，人呼之。心动，吉。足痒，有口舌。梦者，为南

318. 家失财。釜鸣，家有得，吉。逢精魅，称主人者，羊也；称相吏者，不利。请符

319. 大富。专日，入官、亲事、移徙，吉。

320. 庚申日，姓世 [字] 文阳，正月破，二月执，三月定，四月平，五月满，六月除，七月建，八月闭，九月开，十月收，十一月成，十二月危。

321. 木，角，是青龙，徵、羽二姓造举百事大吉，富贵，宜子孙，

商、宫、角三姓用之凶。见大官有殃，见长史凶，受职、拜谒吉，

322. 奏表、上书自如。嫁娶不利，合有人民离日。纳妇溺死，纳奴婢吉，纳牛马羊主（凶），一云吉。市买吉，

323. 此日出钱，钱得百万倍利；申不市买，鬼上床。祀天神吉，纳物亡，金石人民离日，不可出财，庚不出钱，□□□

324. 不祥；祀大神凶，一云宜蚕，吉；祀仙人凶，一云富贵，一云祭吉；祀土公吉，一云白候，一云秋祭吉；祀灶、宅神吉，一云宜子孙；□□□□

325. 吉，祀杂神凶。秋夏祭水神、门户神，祭大神小神吉。祠祀，神□□□

326. □□□出，主人得财。厌百鬼，鬼□□□

327. □□□人神在□□□

**校注：**

[1] 前缺，但根据后面写的是壬寅的占断，此段应写的是辛丑。

[2] 据文义补缺为"种"。

[3] 为六十甲子历类文书所独有，内容、形式均很规整，占忧、喜、兵、贼。至于规律和依据为何，尚不可知。

[4] 逢精魅，似与《白泽精怪图》有关。《白泽精怪图》中有云："子日称社君者，鼠也；称神人者，伏翼也。丑日称书生者，牛也。寅日称虞吏者，虎也；称当路君者，狼也；称令长者，狸也。卯日称丈人者，兔也；称东王父者，麋也；称西王母者，鹿也。辰日称雨师者，龙也；称河伯者，鱼也；称无肠公子者，蟹也。巳日称寡人者，社间蛇也；称仙人者，树也。未日称主人者，羊也；称吏者，獐也。申日

称时人君者，猴也；称九卿者，猿也。西日称将军者，老鸡也；称贼捕者，雉也。戌日称人姓字者，犬也；称咸阳翁仲者，狐也；称人字者，金玉也。亥日称神君者，猪也。"①

[5] 碓，捣米的工具。硙，同"碨"，石磨。

[6] 此处的"武"多写一撇，疑为武周时讳武则天之姓的缘故。

[7] 残损，据文义补缺。此处两行之间空一行的距离，但无抄写痕迹，从文义来看，也应有所缺失。

[8] 此处按文书残余笔画似为"史"，但按前文应为"吉"或者"凶"。

[9] 残损，据文义，此段写的应是六十甲子中"癸丑"的内容占断。

[10] 前文已写"商角"，此处又写"宫商羽"，定然有误。后一个"商"疑为"徵"。

[11] 据文义补缺。

[12] 据文义，此处应补缺为"煞"。

[13] 古书上的一种树。

[14] 春秋晋国乐师，善于辨音。《孟子·离娄上》："师旷之聪，不以六律，不能正五音。"②

[15] 建除十二直，据文义补缺。

[16] 按内容，补缺为"病者"。

[17] 按文义补缺为"书"。

[18] 按文义补缺。

---

① 图版见上海古籍出版社与法国国家图书馆合编《法藏敦煌西域文献》第17册，上海：上海古籍出版社，2001年，第229—232页。

② ［战国］孟轲著，方勇译注：《孟子》，北京：中华书局，2018年，第128页。

## P.3685《六十甲子历》

1. ⬜⬜⬜ [庚子][1]奏表、上书、合□，娶妻妨子⬜⬜⬜

2. 内奴婢必死，一云庚日大吉。庚不内金钱，家不详，内财吉，此日天帝内金钱财宝吉日，一云是道日，内财大吉；一云买物得百倍利，大吉，好。内牛

3. 马吉，子不可市易，损牛羊。内牛马入厩吉，内猪吉。祀先人六畜死，祀大神富贵，祀

4. 天神凶，祀宅神富贵，祀灶凶，一云大吉，祀外神凶，此日道死，不可以此日祠祀⬜⬜⬜

5. 祟祟西出，得财。厌百鬼，鬼北出万里。病者自差，丙午日差，祟在土公━━━将白药解治之吉，一云辰日小差⬜⬜⬜

6. 在申日。治病者忌，一云十月庚子，针灸治病良。省病即死。子不卜问。人神在膝下五寸，庚辰⬜⬜⬜

7. 在目，此日不可针灸其穴，凶。经络凶，一云吉。冠带吉。洗浣衣吉。剃头、洗头吉。沐浴凶。除服⬜⬜⬜

8. 宅舍小富。入舍多病，此日入金宫，福□人。治床吉。盖屋治屋吉。涂屋、置釜必有亡，日⬜⬜⬜

9. 内，不可治井灶，三年煞三人，凶。镇宅凶，有口舌起。庚子，满、平日作牛栏吉⬜⬜⬜

10. 土公在地，种麦凶，种大豆、麻吉，种葱、葵、荏吉，种树高迁，宜子孙⬜⬜⬜

11. 移徙吉。东行得财，南行得稽留，西行有忧，北行得财。宜出⬜⬜⬜

12. 危、闭日猎吉。庚不求索，无望，寄吉。系者无罪，神所在□□□□

13. 一云鸡鸣甚止，至食时不甚，寅卯日晴，下皆炙阴也。伍胥法：闻忧不忧，闻喜不喜，闻兵不行，闻贼方来。走失不得□□□□

14. 藏着之知也也<sup>[2]</sup>。生子孤独。目润，左君子思之，右女子思之。哑者，有酒肉，心动，有□□□□

15. 忧后吉。釜鸣，妻内乱。逢精魅，称□君者，鼠；称神者，伏翼。义日，入官□□□□

16. 百事大吉。

17. 辛丑，姓卫字公卿，正月闭，二月开，三月收，四月成，[五月危，六月破，七月执，八月定<sup>[3]</sup>，]九月平，十月满，十一月除，十二月建。

18. 土，宫，是勾陈，商、徵二姓造举百事大富贵，宜子孙□□□□

**校注：**

[1] 文书残损，据文义可推知，此处写的是六十甲子中"庚子"的内容。根据内容、行文方式与字迹可推断，该文书应与P.3281为一卷。该文书写"庚子"与"辛丑"的部分内容，而文书P.3281写"辛丑"至"庚申"20个甲子的宜忌内容（辛丑、癸丑、庚申三个甲子的内容有残缺）。从六十甲子的顺序上看，是可以衔接的，但从内容上看，两件文书之间尚有残缺，不能直接完整拼合。

[2] 按文义，此处应为失物在某处藏着，有两个"也"疑为误写。

[3] 此处残损，据文义应为五月到八月的建除，推断为"五月危，六月破，七月执，八月定"。

## P.4680《六十甲子历》

1. [己丑][1]买吉，乙不纳财钱，不成，不纳金器字。

2. 祀土公富，祀外神生子吉，忧秋冬。

3. 祀，神在，得福三倍，吉。辰卯时神在家。殃遣，

4. 庚午此六日差，祟在井灶，后鬼病之，宜使未上师解治之吉；一云丑日小差，卯日大差，生死在巳，若年立酉二，

5. 正月乙酉功（针?）（可?），七月＝＝＝治，大吉，良也。日游在外，治外凶，治内吉。天门在卯

6. ＝＝＝＝此日不可针灸其穴。经络、裁衣、冠带吉，一云裁

7. （衣）吉。浴小儿吉。沐浴吉，一云正月巳时危，三月乙酉执，六月乙酉满，七月乙酉＝＝＝＝

8. 入舍损胎，入新舍吉。治南门井灶碓

9. 五杀人。起土吉。此日土公上天吉。种禾稻、瓜瓠吉，

10. ＝＝＝＝除灰，远行失物，一云宜行吉。还家吉。移徙凶

11. ＝＝＝＝门，北行吉，取寅申时行吉。西不行兵，相伤会

12. ＝＝＝＝五、八、十一月在门，[三、六、九、十二月][2]在外。雨立止，戌日止，又云酉日满，平旦止，亥日雨，□晴。

13. ＝＝＝＝未申时金银可[得][3]，男女共取，向东北将去。此日天狗出食，送葬、嫁娶＝＝＝＝

14. ＝＝＝＝心动，得财吉。梦者，必家有＝＝＝＝

15. ＝＝＝老宅，百事凶。葬埋＝＝＝＝＝

16. ＝＝＝＝＝＝[庚寅][4]造立宅舍富，上梁、架橼凶。入舍益口。盖屋、祭、治门＝＝＝＝

17. 此日治户。作厕吉。治碓硙凶。作车凶，此日癸仲死日，不可作车。

18. ☐☐禾 种荏穄吉，寅种树木吉，种蒜吉。起土凶。

19. ☐☐凶。东行有酒肉，南行吉，西行、北行稽留。

20. [系者][5]无罪。入学吉。出军行将吉。神所在，正、四、七、十月在外，二、五

21. ☐☐时不吉。伍胥法：闻忧不忧，闻喜不喜，闻兵不行，闻贼不来。走失物不

22. ☐☐此日取厕中草三寸烧，无病。此日天狗不食，

23. ☐☐日斩，举则尾于屋，举则显去之。寅日称虞史

24. 者老狸也。心动，为忧。足痒，行事。梦者，西家

25. ☐☐宜子。制日，入官，亲事不吉，嫁娶、内六畜奴婢、出行吉，受寿为凶。

26. [辛卯，姓即字子良，正月除，二月建，三月闭，]四月开，五月收，六月成，七月危，八月破，[九月执，十月定，十一月平，]十二月满。[6]

27. ☐☐吉，大富贵，宜子孙，宫、商、角三姓用之凶。见大

28. ☐☐表、上书自如，嫁娶和顺，吉。内妇吉，一云凶，恐妇亡。结

29. ☐☐有凶。出财吉，此日及交日出财吉。内马☐☐猪豚吉，买蚕子吉。

30. ☐☐凶，一云大神吉。☐☐☐☐

**校注：**

［1］文书残损，据文义可推知，此处写的是六十甲子中"己丑"的内容。

［2］按"神所在"的书写模式可补缺。

［3］按文义，此处为"得"。

［4］根据文义推知，此处写的是六十甲子中"庚寅"的内容。

［5］按文义补缺。

［6］此处残损严重，据P.3281号文书的相关内容补缺。

# Дх04960《六十甲子历残卷》

1. □□□ [嫁][1] 娶移徙皆吉，生不□凡常□□□□

2. 者，虎也；当路君者，狼也；称令长者[2]□□□

3. 寅日釜鸣，有嫁娶庆会事□□□□

4. 辛卯，姓即字子良，正月除，二月 [建，三月闭，四月开，五月收，六月成，七月危，八月破，] 九月执，十月定，[十一月平，十二月满。][3]

5. □□□□徵、羽二姓造举百□□□□

**校注：**

[1] 据文义补缺。《敦煌占卜文献叙录》认为此件文书"前面3行文字应是'庚寅'之占辞，整体行文当属《六十甲子历》（拟）"①。王爱和认为"俄Дх01295+Дх02976+Дх03515残存辛卯1甲子，俄Дх04960残存庚寅、辛卯2甲子，二卷所保存的内容与P.4680+俄Дх10786风格相同，而且二者所存内容正好可以补充P.4680+俄Дх10786的残缺，但三者不是同件文书，由此肯定该二卷所据的是与P.4680+俄Дх10786相同的版本"②。而《敦煌占卜文献与社会生活》则认为"Дх.04960、Дх.01295、P.4680/2三个残片可以缀合；Дх.04960、Дх.01295均是只保留了上端的两个残片，它们的内容可以直接相接，缀合后这两个残片又恰好弥补了P.4680/2号上端所缺部分"③。从写本风格与内容上看，文书Дх04960虽残损严重，

① 郑炳林、陈于柱：《敦煌占卜文献叙录》，兰州：兰州大学出版社，2014年，第299页。
② 王爱和：《敦煌占卜文书研究》，兰州大学博士学位论文，2003年，第484页。
③ 王晶波：《敦煌占卜文献与社会生活》，兰州：甘肃教育出版社，2013年，第416页。

却可以与P.4680中的"庚寅""辛卯"部分内容相互参照补充；从写本的形式与外观上看，这两件文书虽有所相似，但从"娶"字等处的书写仍能看出落笔的不同，尚不能确定是同一写本。

〔2〕此处写逢精魅，故可推知"长"后为"者"，参见《白泽精怪图》中相关内容。①

〔3〕参照其他六十甲子历类文书内容，将残损处补充完整。

---

① 图版见上海古籍出版社与法国国家图书馆合编《法藏敦煌西域文献》第17册，上海：上海古籍出版社，2001年，第229—232页。

## Дx01295、02976、03515《六十甲子历残片》

1. 木，角，是青龙[1]□□□□

2. [见] 官[2]吉，见长史凶，受职、拜谒、伏位□□□□

3. 婚大吉，此日金石合日，可以结婚，大吉[3]。卯不召女，来必□□□□

4. 祀先人得财，一云宜祀蚕公先 [吉?][4]，祀大神天神，逢口□□□□

5. [祀][5]门神吉，冬夏祭神吉，祀灶神吉，一云□□□□

6. 神在家，一云神月════月□神在[6]□□□□

7. 一云丑不冠带，兄弟史（使）[7]人不迁。浣衣吉。剃头凶。沐浴吉□□□□

8. 作屋三年凶，上梁涿富贵，入舍宜主，治井□□□□

**校注：**

[1] 文书残损严重，仅为一残片，按字迹辨认，似为"木，角，是青龙"。青龙在中国传统文化中是代表东方的灵兽，方位为东、左，表示春。二十八星宿中，青龙是东方七星的总称，东方七星包括：角、亢、氐、房、心、尾和箕。从内容和书写模式可推断，该文书为六十甲子历残片。《敦煌占卜文献叙录》认为此文书"后两张残片应系《六十甲子历》；《俄藏敦煌文献》定名为'具注历'，不确；《敦煌占卜文书与唐五代占卜研究》未收录此件写本"①。《敦煌占卜文献与社会

---

生活》则将P.4680/1+Дх10786→Дх5191→Дх04960+Дх01295+P.4680/2→Дх02976缀合为一件文书，认为Дх02976"抄写笔迹、形制均与P.4680/1+Дх10786→Дх04960+Дх01295+P.4680/2相同，可以确定是同一写卷的断裂部分，但内容与其他部分不相连接"，文书缀合后"共存文字37行，包含4个不相连续的残片，涉及了六十甲子中的乙酉、丙戌、庚寅、辛卯四个甲子的内容"①。

[2] 按文义补缺为"见官"。

[3] "此日金石合日，可以结婚，大吉"似为"五合五离择日法"。隋代萧吉《五行大义》第八《论合》里讲道："就支干配日辰，乃有五合、五离。五合者，河图云：甲寅乙卯天地合，丙寅丁卯日月合，戊寅己卯人民合，庚寅辛卯金石合，壬寅癸卯江河合。五离者，甲申乙酉天地离，丙申丁酉日月离，戊申己酉人民离，庚申辛酉金石离，壬申癸酉江河离……凡为万事，吉则从合，凶则从离，遇合则休，值离则否，选日定时卜筮之用弥所用也。"②这段文字里讲述的就是这种择吉方法。

[4] 按此文书行文格式，此处似乎应为"吉"。

[5] 据文义补出，"祀门神吉"。

[6] 这一部分为残片残断处，虽不能直接拼合纸张，但据文义推断，应为"神在家"之下的两行阐释，内容似是在说人神所在。

[7] 据文义，此处应为"使"，"史"似为其讹字。

---

① 王晶波：《敦煌占卜文献与社会生活》，兰州：甘肃教育出版社，2013年，第414–417页。

② 续修四库全书编委会编：《续修四库全书术数类丛书》第13册，上海：上海古籍出版社，2006，第224页。

## S.2620《年神方位图》

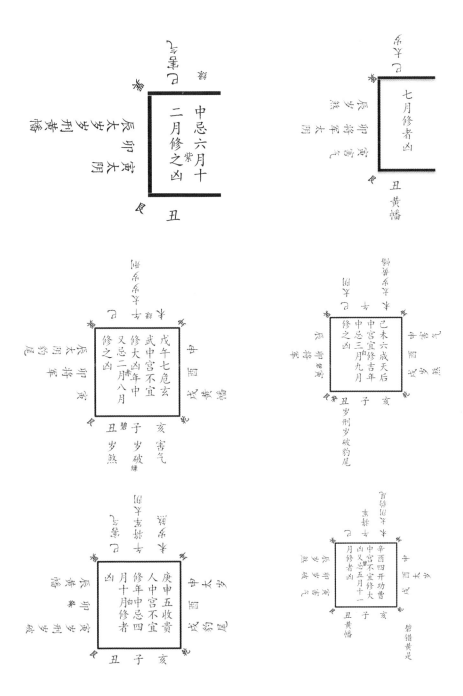

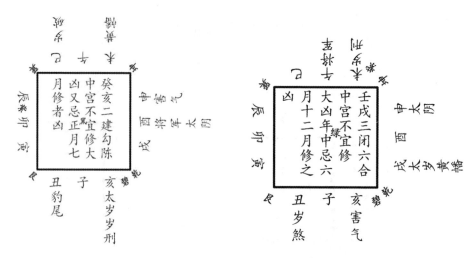

1.右从下元天宝九载至庚寅，覆前勘算至乙未。天宝十五载改为至德，自后计算于今，却入

2.上元甲子[1] 旬中已来，一十八年至辛巳年。[2]

**校注：**

[1] 古代有"三元之说"，即上元、中元、下元。按文书的年代，所说的上元甲子应该就是由隋仁寿四年（604）甲子起，此六十甲子为上元，唐麟德元年（664）的甲子就入中元，开元十二年（724）入下元，至兴元年（784）再回上元，如此循环往复。由是，天宝九载的确是在下元。

[2] 残存八图的干支依次为丙辰、丁巳、戊午、己未、庚申、辛酉、壬戌、癸亥。每图四周都以十二地支和乾艮巽坤表方位，子在下为北，午在上为南，卯居左为东，酉居右为西，乾为西北，艮为东北，巽为东南，坤为西南。图上所标记的害气、岁破、岁煞、黄幡、太阴、豹尾等均是值年之神。

## S.5614《占周公八天出行择日吉凶法》

1. 占周公八天出行择日吉凶法。每月一日、九日、十七［日、廿五日］<sup>[1]</sup>□□□

2. 行日大吉，得财；十一日、三日、十九日、廿七日，是天财日，出□□□

3. 吉；十三日、五日、廿一日、廿九日，是［天］仓<sup>[2]</sup>日，小吉，出行恐安；［七日、十五日、］<sup>[3]</sup>

4. 廿三日是天富日，出行觅财，觅求官，四路通□□［四日、十二日、二十日、廿八日是］<sup>[4]</sup>

5. 天阳日，出行平安大吉，得官禄；十八日、二日，十［日、廿六日是天贼日，出行］<sup>[5]</sup>□□□

6. 伤折或逢贼劫剥；十四日、六日、廿二日，是天集［日，出行］<sup>[6]</sup>□□□

7. 官事起；十六日、八日、廿四日，是［天］盗日，出行<sup>[7]</sup>□□□

**校注：**

[1] 据文义，"十七"后残缺字应为"日"。"八天"，即天门、天贼、天财、天阳、天仓、天集、天富、天盗，其中天门、天财、天阳、天仓、天富为吉，天贼、天集、天盗为凶。每月一日、九日、十七日、廿五日为天门日，故此处残损还应有"廿五日"三字。

[2] 应为天仓日。

[3] 初七、十五、廿三为天富日，此处据此补缺。

[4] 初四、十二、二十、廿八为天阳日，此处残损后面接"天阳日"，故可补缺十二个字。

[5] 初二、初十、十八、廿六为天贼日，此处据文义补缺。

[6] 据文义补缺三字。

[7] 此处后面内容残损，但天盗日为凶，故残损部分的占断应为出行凶的含义。

## S.8350《太岁等神游日与宜忌》

1. ◻◻◻◻　［丙子］[1]日南游至子日，到辛巳日还；庚子日西游，乙巳日还；壬子

2. ［日北游，丁巳日］[2]还。右太岁以[3]下将军、太阴、诸煞等神，逢子即游，逢

3. ［巳日还］[4]◻◻◻◻忌，如所游方之，虽无官府，犯之大凶，为众神皆怒。

4. ◻◻◻◻　［沐］浴：◻子，乙丑，己巳，辛未，壬申，乙亥，丙丁，丁丑，辛巳，癸未，

5. ◻◻◻◻　丙[5]卯，己亥，庚◻，辛丑，乙巳，丁未，戊申，辛亥，壬子，癸丑，

6. ◻◻◻◻吉，丁酉日，正月二日，二月一日，三月六日，四月八日，五月一日，六月

7. ◻◻◻◻十一月廿四日，十二月廿日，煮苟杞[6]沐浴，大益人。

8. ◻◻◻◻入时：四月四日、六日◻◻◻◻

9. ◻◻◻◻廿八日，食时，九月◻◻◻◻

10. ◻◻◻◻十日取枇药作◻◻◻◻

11. ◻◻◻◻天◻作◻◻◻◻

12. ◻◻◻◻辟◻己酉◻◻◻◻丙辰，戊子◻◻◻◻

13. ◻◻◻◻贵吉◻◻◻◻乙◻◻◻◻

**校注：**

[1]　《钦定协纪辨方书·义例一·太岁以下神煞出游日》引《历例》曰："太岁出游日者，甲子日东游，己巳日还位；丙子南游，辛巳日还位；戊子日游中宫，癸巳日还位；庚子日西游，乙巳日还位；壬子日北游，丁巳日还位，共出游二十五日。"①据此，太岁南游到辛巳日还位，应从"丙子日"出游，故补缺"丙子"二字。

[2]　依据《太岁以下神煞出游日》以及文中行文方式，此处补缺六字。

[3]　据文义，此字应为"以"。

[4]　按上述文义，此处残损可补"巳日还"三字。

[5]　按字形和文义，此处似为"丙"。

[6]　即枸杞。

---

①　［清］允禄等著，金志文译注：《钦定协纪辨方书》卷三，北京：世界知识出版社，2011年，第133页。

## P.3594 《阴阳书残卷》

1. （似有一行残损）

2. 南□□□□□□□□□□□□□□□□□

3. 上□□□□□□□□□□□□□□□□□

4. 祭之。凡人疾病、移徙、嫁娶□□□□□

5. 天下一州省黄一，一县有黄一，一乡有黄一，一里。犯天形（刑）[1]，治土德。

6. 犯勾陈[2]，治金匮。解勾陈，治雄黄五两，麻子三升，悬著勾陈下。

7. 解玄武，慈石十二两，大豆二升，悬着玄武下。犯青龙，治玉堂。

8. 犯白虎，治明堂。解白虎，慈石九两，大豆二升，[悬][3]白虎下。

9. [太][4]岁在中宫，不移徙，可西向，不□□害，吉。

10. 推移徙，黄黑徙，与前厌壤（禳）[5]法同。正月、七[月][6]，亥子□□酉戌等地黑，

11. 丑辰巳未地黄。

12. 二月、八月，辰巳戌亥子丑寅等地黑，午未申酉卯等地黄。

13. 三月、九月，甲寅卯辰午未戌地黑，巳申酉子亥地黄。

14. 四月、十月，寅卯辰巳午申酉子等黑，未戌亥丑等黄。

15. 五月、十一月，寅辰巳午未申戌亥等黑，子丑卯酉等黄。

16. 六月、十二月，丑辰未申酉戌等地并黑，寅卯巳午亥子等黄。

17. □□月避病与贩买田宅及奴婢、起生（土）修造、立舍、簇蚕

18. 等皆昌。从黄向黄，大富，吉昌。一切诸神不能为殃，大吉利。

19. 从黑向黄，中吉。从黄向黑，中凶。从黑向黑，百事皆凶。

20. 推太岁游图法

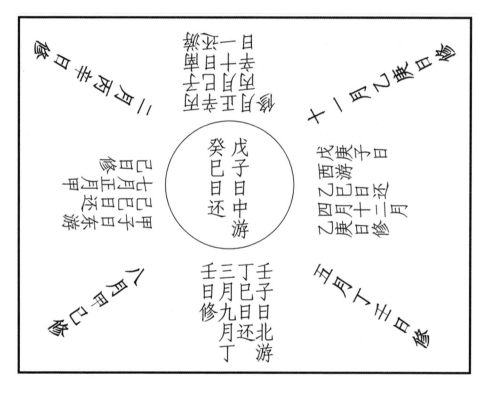

21. 太岁太阴常同游，游后本

22. 位地修造吉，告还日且

23. 停。如作未了，更代后游日

24. 重作。妨其太岁游

25. 在之处，不须修造动土，

26. 审看慎之，大吉。不忌

27. 之，须家长大凶。

| | 甲午日南煞（煞）甲午日 | 宅内土公法 |
|---|---|---|
| 戊子甲（寅）日东游 | 土公 | 游南甲申日游（酉）甲寅日还 |
| | 甲子（日）庚午日还北游 | |

土公出游图[7]

28. 推五姓墓月法。

29. 宫、徵、羽三姓，上利西南，下利东北，三月、九月

30. 墓月，辰戌为墓时；

31. 商、角二姓，上利东南，下利西北，六月、

32. 十二月墓月，丑未时为墓［时］。

33. 用石镇宅法。

34. 凡人居宅处不利，有疾病、逃亡、耗财，以石九十斤

35. 镇鬼门上，大吉利，艮是也。

36. 人家居宅已来，数亡遗失，钱不聚，市买不利，以

37. 石八十斤镇辰地，大吉。

38. 居宅以来，数遭县官、口舌，年年不绝，以石六十

39. 斤镇大门下，大吉利。

40. 宫家，金火日吉，水木。商、羽，土日吉。角，水火日吉。徵，木土日吉。

41. 羽，金木日吉，火土日大凶。

42. 推五姓祭祀、修造月日法。

43. 宫家：二月、五月、十一月大吉，八月、十月小吉也。

44. 商家：七月、八月、十月大吉，九月、十一月小吉。

45. 角家：四月、九月、十月大吉，十一月、三月小吉。

46. 徵家：正月、二月、七月大吉，五月、十一月小吉。羽家：正月、二月、八月大吉，

47. 七月、十一月小吉。

48. 推伏龙法 [8]。正月一日（庭）中伏六十日，

49. 三月一日堂中伏一百日，六月十一日东北伏六十日，八月十一日

50. 西南伏一百日，十一月廿一日灶下伏卅日。右，犯之，灭门，慎之。

51. 推出入逐急不得吉日，随时所去门。

52. 会门在子，远行吉；兵门在丑，功罚吉；天门在寅，见贵人吉；

53. 贵门在卯，见官长吉；贼门在辰，行盗吉；阴门在巳，

54. 奸私吉；阳门在午，求利吉；狱门在未，鱼（渔）猎吉；

55. 解门在申，祷祀吉；男门在酉，求男吉；女门在戌，求女

56. 吉；禁门在亥，求物吉。

57. 求九方色。从开元十二年甲子入下元，今合用下元甲子[9]，

58. 每一周年用一图，一［百八十］年三元毕，周而复始。[10]

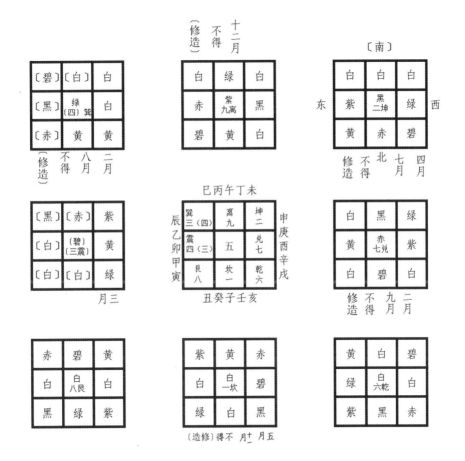

**校注：**

［1］据文义，此字应为"刑"。

［2］勾陈，古星宿名，属紫微垣，是现在的北极星。后文的玄武、

青龙、白虎也都是指星宿。

［3］据文义补出。

［4］据文义，应为"太岁"。

［5］据文义，应作"禳"。

［6］据文义补出。

［7］ S.2404《后唐同光二年甲申岁（924）具注历日并序》云："凡土公，常以甲子日北游，庚午日还；戊寅日东游，甲申日还；甲午日南游，庚子日还；戊申日西游，甲寅日还。凡土公本位恒在中庭，每有游日之方，不得动土，犯之凶。"图中文字据此校补。

［8］此处画有一龙，头有二角，身下四足，一足抬起，尾长上翘，口大微张，抬头蹲坐。

［9］由此处推断，该文书可能是晚唐抄本。

［10］九方色图可用于占断某年修造的吉凶方位、月份，但在敦煌写本宅经文书中未曾出现。

# P.3602V《神龟推走失法等》

（前缺）

1. 天日 □□□□

2. 得之，出即不得；人日失，人 □□□□

3. 来自求，得之；时日失，灯时得，迟即

4. 不得；音日失，保来得消息，求之得；

5. 星日失也，吴吏□之，将来自求之 □□□□

6. 日失，水草风求之；明日失，出三日得之 □□□□

7. 即不得。

8. 神龟推走失法[1]（图略）

9. 凡男忌祸害，不得吊死问病；

10. 女忌绝命，不得吊死 [问] 病。

11. 生气地，求觅财物吉。

12. 孟遇禄命一部[2]。

13. 大月从头向下数之，至失日止；

14. 小月从下向上数之，至失日止。

15. 数值长画者，走失不可捉得；

16. 数值罗城者，走失急捉得；

17. 数值短画者，走失不捉自来。

18. 万无一失。

19. 右土公，犯之损家母，凶（图略）

20. 宅内伏龙法。

22. 正月一日灶前六十日，

23. 六月十一日在东北六十日（后有三图，土公出游图如下，另两图略）

| | 庚子日还<br>甲午日南游 | |
| --- | --- | --- |
| 甲申日还<br>戊寅日东游 | | 戊申日酉游<br>甲寅日还 |
| 右土公犯之<br>家□凶 | 庚午日还<br>甲子日东北游 | |

**校注：**

[1] 利用乌龟来推断是否能寻得失物的占法，有残损不完整。敦煌文书中Дx01236《推神龟走失法第二》与此题目相似，残存7行：推神龟走失法第二/每月一日数至□□□□/小月从尾逆□□□□/耳日失，十字□□□□/嫁墓询得□□□□/足日失者，神□□□□/尾日失，桥下──若井灶求之得。①从文书中的"耳日""足日""尾日"可见，此文书通过神龟身体部位推占失物，与P.3602V中依据数值长短等的占断方法并不

---

① 图版见俄罗斯科学院东方研究所圣彼得堡分所、俄罗斯科学出版社东方文学部、上海古籍出版社编《俄藏敦煌文献》第8册，上海：上海古籍出版社，1997年，第27页。

相同。

　　[2]　此处自题"孟遇禄命"，是目前所见的敦煌写本中唯一自题为"禄命书"的写卷，包括题目仅存4行，是否还有其他内容尚不明确。

## S.0612V 《推杂忌日法等》

1. 推杂忌日法 [1]。子日不卜问，怪语非良；丑日不买牛，子孙不昌；寅日不祭

2. 祀，鬼来反殃；卯日不穿井，百泉不通；辰日不哭泣，有伤重丧；

3. 巳日不纳妇，不宜姑嫜；午日不改屋，失火多殃；未日不服药，药毒反伤；

4. 申日不裁衣，衣生祸殃；酉日不会客，客必斗伤；戌日不养狗，狗必

5. 上床；亥日不迎日，必忧死亡。

6. 推修造 [2] 月法。

7. 宫 [3] 家：四月、五月、七月大 [吉] [4]，八月、十一月小吉；

8. 商家：三月、七月、十一月大吉，四月、十月小吉；

9. 角家：四月、五月、十月大吉，三月、十一月小吉；

10. 徵家：正月、五月、六月大吉，四月、七月小吉；

11. 羽家：正月、七月、八月大吉，五月、十一月小吉。

12. 推修造日法 [5]。

13. 宫家：用金火日，水木日凶；

14. 商家：用水土日，火木日凶；

15. 角家：用水火日，金土日凶；

16. 徵家：用木土日，金水日凶；

17. 羽家：用金木日，火土日凶。

**校注：**

［1］民间流传之甲子日禁忌与此相似：甲不开仓，乙不栽种，丙不修灶，丁不剃头，戊不受田，己不破券，庚不经络，辛不合酱，壬不决水，癸不词讼。子不问卜，丑不冠带，寅不祭祀，卯不穿井，辰不哭泣，巳不远行，午不苫盖，未不服药，申不安床，酉不宴会，戌不乞狗，亥不嫁娶。

［2］修造，一般指动土修建房屋。这件文书的"推修造月法"和"推修造日法"就是在推占何月何日进行修造为宜。

［3］古时阴阳家用宫、商、角、徵、羽将姓氏分为五类，是为"五姓"，天下万物，悉配属之，行事吉凶，依此为法。

［4］此处据文义可补缺为"大吉"。

［5］此文书中的推修造日法与推修造月法为上下书写，月在上而日于下，共占6行，此处为录文方便而将序号顺延至17，实则文书共存11行。

## S.0813 《月占书》

1. 每月一日，见月[1]，大吉；二日，见月，所求称心；三日，见月，斗诤；四日，见月，大利；

2. 四（五）[2]日，见月，悲哀；六日，见月，所求称意；七日，见月，损才（财）[3]；八日，见月，所见欢喜；

3. 九日，见月，凶；十日，见月，平安之事。

（后似有残缺）


**校注：**

[1] 王爱和《敦煌占卜文书研究》认为该文书是一种外来的卜术，与P.2693《七曜历日一卷并十二时》在用词、文风上基本一致。故而，可以推测这两件文书属于同一文化系统，但在卜法上并不相同，这篇文书"以见月推休咎，明显表现出'月崇拜'特征，这是中国本土文化所不具备的，说明它没有经过本土文化的改造，或者说它没有攀附本土文化的倾向，由此推测，它的传入可能在唐代，而且它的流传范围也十分有限"①。

[2] 此处写"四日"，但按文义和写作顺序，应为"五日"。

[3] 按文义，应为"财"。

---

① 王爱和：《敦煌占卜文书研究》，兰州大学博士学位论文，2003年，第101页。

# S.9987B3 《裁衣吉日》

1. 裁衣吉日　约□宿日终而复始，十二月☐☐☐☐

2. 正月：三日、四日、七日、九日、十日、十五日、十六日
☐☐☐

3. 廿四日、廿五日、廿六日，巳（以）<sup>[1]</sup> 上日裁衣大吉。

4. 二月：一日、二日、五日、八日、十三日、十四日☐☐☐

5. 廿二日、廿三日、廿四日、廿八日、廿九日。

6. 三月：三日、六日、十一日、十二日、十三日、十四日、十
☐☐☐

7. ☐☐☐廿□日☐☐☐

8. ［四月］<sup>[2]</sup>☐☐☐☐☐☐十二日、［十三日］<sup>[3]</sup>☐☐☐

9. ［五月］☐☐☐☐☐☐☐☐［日］<sup>[4]</sup>、十一日
☐☐☐<sup>[5]</sup>


**校注：**

[1] 按现代汉语的用法，应为"以上"。

[2] 按文义，三月的裁衣吉日说完，自然就应该是四月的。

[3] 据文义，此处可以辨识为"十三日"。

[4] 据文义，此处为"日"。

[5] 这行与上行中间似乎还有一行。按文书的行文方式，每个月
的裁衣吉日约占两行，据此可推断，这一残行似为五月的裁衣吉日。

## S.11362BV《占日记》

1. ⎡———⎤八月二日、三日、十一日、十二日⎡———⎤
2. ⎡———⎤八月四［日］<sup>[1]</sup>□合木⎡———⎤

**校注：**

［1］据文义，此处可推断有"日"字。文书残损非常严重，仅存2残行，仅能辨识出是说八月的某些日子。从后有"合"字看，似乎是吉日。黄正建认为此件文书或许是《裁衣吉日》之类的残片。

## P.2661V 《诸杂略得要抄子》

1. 诸杂略得要抄子一本。

2. 正月一日，取阳桃支（枝）着户上，百鬼不入门。冬至日，裁衣令人无病，大吉利。以破履

3. 埋庭中，令人宜仕，大吉。以正月悬古羊头着户上，辟盗贼。以羊蹄马蹄埋

4. 宅四角，令人大富贵。以狗肝涂灶，令妇人生富贵子。以庚寅日塞鼠穴，永

5. 不入人家，吉。以鹿角着厕中，令人得财。以寅日涂仓，令鼠不食五谷。

6. 以岁三十日裁衣，宜官宦迁。以牛骨悬屋四角，令人家富，吉。以小儿初（出）

7. 生日入学，必尊贵。己丑、己巳日，欲有求聪明，所愿从心。夫着妇内衣，生贵子，吉。

8. 欲令达官不堕，取白雄鸡羽带之，吉。正月上朔日卖买，十万倍，吉利。以癸[亥]

9. 日偿债，令人终身负他人债。以五月庚辰、庚申日纳财，千倍利。

10. 又法。以石九斤埋酉地，大吉利也。灶在勺命上，令人大宜子孙；灶在明堂上，

11. 令人出贵，门户同；故灶安仓库，大吉，富贵也；灶在金匮（柜）上，令人横

12. 得财物，门户同。屋上瓦迅黄，令人大吉昌。库舍马枥，

枛在青龙、

13. 朱雀，出贵人；马枛在勾陈上，宜牛马，大吉。仓库在金匮（柜）、勾陈、明堂

14. 上，大吉昌。甲子字明执，欲入火，呼执明（明执），吉。甲戌字弘张，欲入水，大吉。甲申

15. 字孟章，欲入山，呼孟章。甲午字陵光，欲入兵，众呼陵光，吉。甲辰字

16. 天禽。甲寅字盗兵，欲出行，呼盗兵，吉；欲渡河，手中书土字，吉；欲入山，

17. 手中勾龙字，大吉利；欲入众吠，手中作学字；欲恶人家，手中作大字，吉；

18. 欲至病人家，手中作鬼字；欲入丧家，手中作罡字；欲入水，手中作土字，大吉；

19. 欲入妇家，手中作合字，大吉；欲入阵，手中作乾字，大吉；欲至恶狗家中，手

20. 中作捉虎字，犬不齿人。以三月上卯日，取桑皮向东煮，取汁渍户上，

21. 厌百鬼；取家长卧席于道头烧，去时气，亦用正月一日平，烧吉。正月平旦，

22. 面向东，吞麻子二七枚，令人无患，半亦良，大吉。七月七日，取田中瓜下土着觅

23. 坟中，令儿多智，聪明无病，吉。八月一日，却坟柸，令人无病，益子孙，吉。

24. 以太岁日，悬虎头户上，令子孙孝寿，宜官位，一经云[1]

虎鼻吉。以五月上

25.卯日，取虎骨向东煮，取汁饮之，令人不病，大吉。正月十五日，悬腊日猪耳

26.屋梁上，令人大富，极吉。以满日，取三家井水作酒，令人富贵，得才（财），吉。

27.欲入山，取烧犀角将行，狼虎出走避之，有验之，吉。以虾蟇（蟆）[2]一枚着

28.厕中，勿使人知，令人妇孝顺事姑章[3]。以岁申日，着新衣，富，宜子孙，大吉。

29.妇人不宜子，初娠身后，系钱一文裙带头，每月带盖一钱，三日以钱着

30.小儿衣理，吉。 推作灶法。长七尺，阔四尺，高三尺。各不如法，神不居□，

31.致虚耗。小儿初生时，煮虎头骨汤洗之，老无病，吉利。以五月五日，虾

32.墓[4]左足系着右肩臂上博（搏）戏，决得胜吉。以三月乙丑日，取东南□□□

33.令人富贵，宜子孙，吉。以二月上辛日，取五道中土，涂蚕屋[5]，令人大吉利。

34.以鼠头三枚着蚕屋，鼠不食蚕，大吉。人家□□悬，官不利者，

35.取三家水涂门户上，吉。起楼在亥上，盗贼不过门；在辰上，出贵人；在卯

36.上，宜利子孙；在酉，富利。人家宅中阴寒，不利百事，

田蚕不得，钱耗损，以

37. ⬜⬜⬜⬜石八十斤埋辰地，吉；又法，以正月十日，且称石一斤，东面埋鸡栖，大吉。

38. ⬜⬜⬜⬜疾病，以石二斤埋寅地，大吉。人家数有口舌，取三牲头埋门户中，

39. 吉。东［家有］[6]取造，西家举金向之；西家有取造，东家举炭向之；

40. 南家有取造，北家举水向之；北家取造，南家举土向之。

41. 凡欲移徙，拔釜之时，以上五谷着其⬜⬜⬜⬜

42. 富，大昌，延年长乐无各殃。凡卜每月，正⬜⬜⬜

43. 十八宿、皇天后土尚言，令我长受富贵⬜⬜⬜

44. 凡洗头、沐浴，子、丑、未、酉、亥吉。常以八月□日取清酒和饭七口，令人不被

45. 贼，宜子孙。三月三日，作九索十，寻连门户上气，去温吉。六月一日，取三家井

46. 水作酒，饮之，令人耐老百事吉。凡欲除殃去祸，以壬辰扫除宅中，莫当

47. 门烧之，取牛马骨在庭烧之，令人家富。凡正月一日，家长卧鹰，四道

48. 中烧，厌天行时气。小儿出生时，煮虎头骨，取汤洗，至老无病，吉。

49. 凡巳日，慎相受人财物，凶。春三月，申衣不裁；夏三月，酉裁衣凶；秋

50. 三月，未不裁衣；冬三月，酉［裁衣］凶。丁巳日裁衣，

煞人，大凶；秋裁衣大忌，申日大吉；

51. 血忌日不裁衣；申日不裁衣，不死亡，凶。凡八月，六日、十六日、廿二日不裁衣，凶。

52. 凡种树，东方种桃九根，西方种槐九根，南方［种］枣九根，北方［种］榆九

53. 根，依此法，宜子孙，大吉利，富贵。六日神者，天公字大华，日字长生，月字子

54. 光，北斗字长文，太白字文君，东方朔字祖常。右难此六神名字，

55. 识之不兵死，女人识之不产亡，有急难，呼此神，老老[7]不避厄，吉；一云，

56. 知此六神名，长呼之，即长生不死，上为天官。常以八月一日取东流水，沐

57. 浴去靥[8]中垢，令人不□不老，冬不寒，夏不热，大验。正月八日、二月□日、

58. 四月四日、五月一日、六月六日、七月一日、八月廿五日、九月十二日、十月廿八日、十一月四日、十二月廿日，

59. 常以上件日用枣柴灰洗头面，若能一周，除万病；若能终身，聪

60. 明延年；南阳太守两目盲，依此行万病除，吉。五月五日，以未嫁女子发

61. 二七物作绳，系脚，必有时人爱敬。□鼠远人家法[9]：取狗头目烧作

62. 灰，和狗脂涂四壁下，家中鼠莫问大小，悉皆走去，大

验。四月八日日中

63. 时，取大豆三枚，杏人（仁）一枚，井水服，解鸟语。八月社日[10]，取舍西四十步，取土

64. 一升作泥屋四角门户上[11]，令人不失火、无贼。埋犬肝宅四角，令人大富、

65. 吉利。埋蚕屎一石二升亥地，令人宜蚕、益富贵。埋鹿角门中厕中，得□，

66. 吉。立春日，取富家地中土涂灶，令人富贵。建日，悬析车草户壁，悬官□，

67. 悬虎头骨门户上，令子孙长寿，吉；悬牛骨舍四角，令人家富贵、利吉。

68. 满日，取三家水作酒，令人家富，吉。己午日不出财，此绝本□□利。辛巳、甲寅

69. 日取钱三枚着卧床，皆下将眠，勿令人知，钱财万□，利财。人患口臭者，

70. 取正月一日，取井□水噙弥着厕中，着井□水煮，平旦未有取者。治小

71. 儿夜啼，取井中草着母背下，即止。人面黑，□与杏子人（仁）、鸡子□

72. 合和之封上一宿，即差利。小儿衄惊，以鸡粪血临着口中即差，吉。

73. 小儿头上疮，烧牛角骨作灰，和腊曛□之，差利。小儿夜惊，取牛

74. 口味（沫？）着母乳头与饮，良，利。满日，取三家井水祀

灶，令人大富；须宿种，

75. 大利。天遂日内财不出，三年大富，庚子日是大吉。正月一日买一牸牛，

76. 万倍。午卯日内财，大吉利。丙子日不得与人钱及出粟与人，令人家

77. 贫，不利。癸丑日偿债，使人终身不负人债，吉。常以壬戌日还债，

78. 终身大吉，不负他人债，利。癸亥日还债，令人终身负他人债，凶，

79. 一凶云。常己巳日、癸酉，此云债偿，终身不□人财，利。常五月上卯，

80. 取东南桃支悬户上，鬼不敢入舍，利。谁诸忌讳。丑不种葱，

81. 丁亥不治田下种，戌不种树，未不与人钱，望不受寄。夏至不呼 女 ，

82. 妇着夫衣不得。正月不洗衣。妇人产不满百日，不得为夫裁衣、浣

83. 衣，大凶。妇人灶前不哭。故车辕不得作床床 [12]。妇人月水 [13] 不裁 [衣] [14]，

84. 煞夫，裁衣煞夫。以上月十日裁衣市死，晦朔日裁衣被虎食，大凶。

85. 妇姑不同食，令不孝，又生不孝子。姑章同床卧，生跛躄 [15]，凶。

86. 杜康以丁酉日死，不得此日会客；［扁鹊］ [16] 辛未日

死，不得此日服药；

87. 田公丁亥日死，勿此日种五谷，凶；仓颉以丙寅日死，勿此日入学；师

88. 旷以辛卯日死，勿以此日作乐；河伯庚申日死，勿此日乘船远行；

89. 皋陶以壬辰日死，不得此日效罪人。烛竖不得露天，不过三年

90. 出三，见籈箕成业成饮，令人家贫。灶当户舍，令人

91. 失火，凶。碓在酉上，令人出兵死，凶。门在青龙上，令人不吉利。

92. 除灰溷中，令人淋淋，又令人家贫。井与刑合，出溺死人，凶，不利，

93. 不吉。门在玄武上，令人数被贼盗□□。门在未地，令人患足，

94. 不利。屋梁当户，令人出兵死。入门见□，令人生颠狂人，不利。

95. 故灶处安床，令人子孙不利。庭中多树木，出孤寡妇，不利。

96. 屋柱到竖，出逆子，不利。井灶相当，令人数有口舌，不利。

97. 灶与天牢并，令人烧死，不利。沸汤灭火，令人多温病，不利。

98. 灶前浴小儿，令隆残，不利。碓硙在辰、巳、午、未，无子孙，不利。

99. 水流从大门出，令人贫，不利。鸡栖在刑上，令人数逢祸，凶。

100. 丑日作窗，令人不利兄弟，凶。凡作灶砖土，囗着人傍，令人家衰

101. 耗，宜着宅外丙丁地好。离宅分灰，凡作余涂，凡灶中

102. 灰，随多少去之，勿出着前，令家人不利。甲不开藏(仓)[17]，乙不纳

103. 财，丙不指灰，丁不剃头，戊不受田，己不伐树，辛不作

104. 酱，壬不书家，癸不买履。子不卜问，丑不冠带，又不买牛，

105. 寅不召客，卯不穿井，辰不哭泣、不远行，巳不取妇，午不盖屋，

106. 未不服药，申不裁衣、不远行，酉不宴会，戌不祠祀，亥不呼妇。

107. 建不治头，除不治喉，满不治腹，平不治背，定不治脚，执不

108. 治手，破不治口，危不治鼻，成不治胃，收不治眉，开不

109. 治耳，闭不治目。甀盖着露地，令人贫。夫妇以乙未、己亥、

110. 辛卯日出行。夫妇勿以月一日、十六日沐浴，凶，不利。夫妇共舆床，

111. 一人亡。凡葬，岁寅、午、戌，劫吞在丑；岁在亥、卯日、未，劫吞在庚；

112. 岁在酉、丑、巳，劫吞在申。凡人有五逆、六不逆者，以

此日子亡，须避之。

113. 人宅前高后下为一逆，宅东高西下二逆，水渎西出为三逆，

114. 灶口向北东为四逆，井在舍后五逆。正月煞狗庭中，未死，或

115. 走入房中，污床，一不祥也；阳月煞鸡庭，未死，走上堂，二不

116. 祥；烛竖在庭，日月见之，三不祥；蚕树生，四不祥；坏器弃土

117. 厕中，五不祥；簸箕盛不净物，六不祥。凡人宅有六虚、

118. 五耗。傍宅有坑窖名四虚，除灰置坑坟中五虚，宅大

119. 人少为一虚，舍少门大名二虚也，六畜不具为名三虚，舍后有

120. 坑井名六虚。建上作屋，主失亡、失火。家有妇人娠身，不

121. 作屋门，月不可作屋，凶。三门相当，灭小口，慎之。犁辕不可

122. 作屋，屋不用盖井，凶。牛羊在白虎上，大凶。屋梁头不可

123. 当户，出凶死。宅近逆流水，逆不孝子，西流北是。

124. 危日取水置屋，厌大吉。仓舍不得当门。甲寅日癸仲死，不得

125. 造车。正月七日，七月一日，男吞赤小豆七立（粒），女吞十立（粒），令人无病，吉。

126. 正月上寅日，取厕中草三寸，庭中烧，云大吉。常以正月

上寅，取

127. 厕前草，庭中烧之，令人家无病时气。

128. 正月卯日，取桃枝着户上，鬼不敢入舍，吉。丙日不淋，淋灰灰鬼

129. 入来。子酉日不治目，丙辰日不治耳，戊寅日不入泽。已（以？）上日并□中。

130. 东行越木，南方越火，西方越金，北方越水是也。

131. 凡人欲急，不择日者，出大门画地五纵六横[18]，一云四纵五横：禹为治地进，蚩尤壁（避？）兵，五周行天下，为祸殃，呵吾者死，流吾者亡，急急如律令。

132. 迄云，可画上过而去，物（勿）回头。

133. 凡欲远行，初发家，东行避日出，南行避日午，西行避日入，北行避

134. 夜半，慎之，大吉；凡欲远行，避四绝，立春、立夏、立秋、立冬，此是四绝；

135. 凡欲远行，千里外，勿三长、三短日：正月岁长，每月一日甲子日长，每月卅日月短，癸亥日日短，十二月卅日岁短，此是 短 ；

136. 凡欲远行，东行持槐枝东枝一寸，南行持李南一寸，西行持柳枝西一寸，北行持□枝一寸，依此□□□


## 校注：

[1] 按文义，应为"一云经"。

[2] "墓"应为"蟆"，"虾墓"即为"虾蟆"，也就是蟾蜍、蛤

蟆。虾，《说文》："蝦蟆也，从虫叚声，呼加切。"①中国有流传下来的中医针灸禁忌古籍《黄帝虾蟆经》，就是假借"月中有虾兔"的说法，形象描述人体气血在一个月中随月盈亏而在人体不同经络的分布情况，以及进行针灸的禁忌。从民俗学的角度看，虾蟆腹部浑圆似孕妇，属于一种生殖崇拜，故此处占文将"虾蟆"与妇女联系起来。

［3］姑章，同姑嫜，丈夫的母亲与父亲。

［4］应为"虾蟆"，详见校注［2］。

［5］蚕屋即蚕房。此处出现两个"蚕"字，第一个"蚕"右侧写"卜"，表示将其删除之意。

［6］此处模糊不清，据后文可补"家有"二字。

［7］此处有两个"老"字，不知是否为误写。

［8］"斉"为"齐"的讹字，"齐"古同"齐"，故可推测此处应为将污垢全部洗除的意思。

［9］"鼠"前似有一字辨识不清，按文义，应该是把老鼠赶走而使之远离人家的方法。

［10］古代春秋两次祭社神的日子，通常是立春、立秋后的第五个戊日。

［11］此处两个"升"，第一个"升"和"涂"右侧均有一个卜字，表示将这两个字删除之意。

［12］从文义上看，此处应该多写一个"床"字。

［13］月水，即月经，这里是说女人经期不可以裁衣。

［14］据文义补缺。

---

① ［汉］许慎撰，［宋］徐铉校定：《说文解字》，北京：中华书局，2013年，第283页。

［15］此处据文义录作"跛躄"，意为两足不能行，比喻困顿、无所作为。

［16］此处残损难以辨识，根据针灸中有"忌辛未扁鹊死日"之语分析，所缺两字似为"扁鹊"。

［17］据文义，又按民间的"甲子日忌"，应为"仓"。按，民间流传之甲子日忌：甲不开仓，乙不栽种，丙不修灶，丁不剃头，戊不受田，己不破券，庚不经络，辛不合酱，壬不决水，癸不词讼。子不问卜，丑不冠带，寅不祭祀，卯不穿井，辰不哭泣，巳不远行，午不苫盖，未不服药，申不安床，酉不宴会，戌不乞狗，亥不嫁娶。

［18］此行最前端画一"五纵六横图"，下写两行字，按占文的行文特点实为一行，是配合此图趋吉避凶的口诀。

## P.3064《占星书》

1. 翁来北黄衣男子看病者，凶

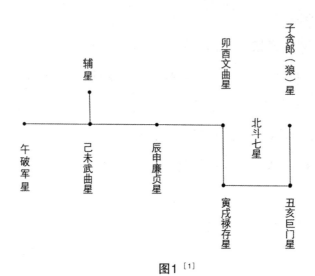

图1 [1]

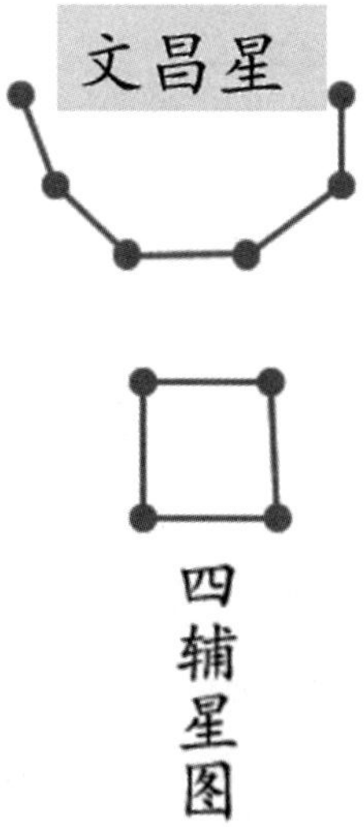

文昌星

四
辅
星
图

图2

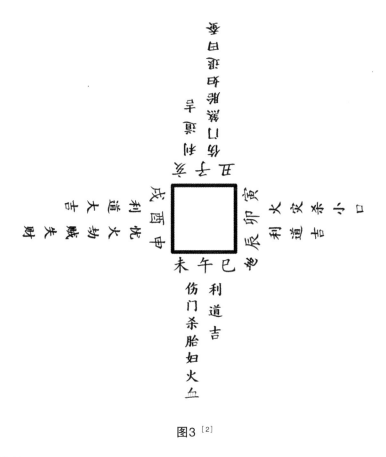

图3 [2]

**校注：**

[1] 北斗七星为天枢、天璇、天玑、天权、玉衡、开阳、摇光，即北斗第一阳明贪狼星君、北斗第二阴精巨门星君、北斗第三真人禄存星君、北斗第四玄冥文曲星君、北斗第五丹元廉贞星君、北斗第六北极武曲星君、北斗第七天关破军星君。道家学说根据人的出生时辰，将其分属七个星君掌管，即：贪狼太星君，子生人属之；巨门元星君，丑亥生人属之；禄存真星君，寅戌生人属之；文曲纽星君，卯酉生人属之；廉贞纲星君，辰申生人属之；武曲纪星君，己未生人属之；破军关星君，戌生人属之。此说与本占文北斗图中内容相符。

图中第六星武曲星画出了辅星，北斗七星下又画"文昌星"与"四辅星图"。《史记·天官书第五》云："斗魁戴匡六星曰文昌宫：一曰上将，二曰次将，三曰贵相，四曰司命，五曰司中，六曰司禄。在斗魁中，贵人之牢。魁下六星，两两相比者，名曰三能。三能色齐，君臣和；不齐，为乖戾。辅星明近，辅臣亲强；斥小，疏弱。"①说的就是这一部分星图的内容，认为北斗七星乃至辅星关乎国运与政治。

反观此文书图中内容，详列每一北斗星君所司某时辰出生之人，其后又写"翁来北黄衣男子看病者，凶"，着眼点还是在于北斗七星对人的关照，似在用与北斗七星相关的某种方法占断吉凶，显然属于时日宜忌的范畴，但语焉不详，尚不能很好地了解其中的方法。

［2］文书背面的图有"利道吉"之语，似与时日宜忌有关。该图旁有三行红色的字，红字旁有黑色字写"此者朱字人乱书着，谁人见者莫□也"。由此可见，红色的三行字并非占文，这里不作校录，只将图释读出来，以供相关研究参考。

---

① ［西汉］司马迁：《史记》第27卷，北京：中华书局，1959年，第1293页。

## P.3803 《龙母决》

龙母决 [1]

| 日起逆 | | | | | |
|---|---|---|---|---|---|
| 时逆　日顺时从 | 十一、五月 | 龙德 [2] | 十、四月 | 空亡 [3] |
| | 十二、六月 | 口煞 [4] | 九、三月 | 龙安 |
| | 七、正月 | 龙母 [5] | 八、二月 | 速 [6] |
| 日顺 | | | | | |

**校注：**

[1] 首题"龙母决"，后面的内容似一图，为方便研究，这里以表格的形式列出。黄正建指出，表中从月份、神煞的安排顺序看，似与后世的"六壬课时""六韬时"或"六曜"等相似。[1]六曜，又称小六壬，是中国传统历法中的一种标示每日凶吉的注文。《事林广记》中的"六曜"为大安、留连、速喜、赤口、小吉、空亡；民间口传中又变成大安、友引、先胜、赤口、先负、佛灭。

[2] 十一、五月，龙德，《事林广记》中称"小吉"，虽叫法不同，但看样子似乎都是吉祥的。龙德，似从龙德星而来。龙德星，相传是封神榜中的洪锦。他与妻子龙吉公主助周伐纣，在通天教主的万仙阵中战死，被封为龙德星和红鸾星。龙德星主贵人，象征贵人多助，努力有成，德望崇高，逢凶化吉，能避煞。

[3] 空，相对于实而言，亡，即无。古歌云："胎里生逢怕遇空，

---

① 黄正建：《敦煌占卜文书与唐五代占卜研究》，北京：学苑出版社，2001年，第102页。

遇空时节自昏蒙；饶君十步有九计，不免飘飘西复东。"

[4] 此处为"口煞"，可推知此推占非吉祥也。

[5] 七、正月，龙母，《事林广记》标此为大安。由此，我们试推断，"龙母"是吉祥的占断。另外，这件择吉文书能自题名《龙母决》，自然也不会以凶占名之。于是，我们可以肯定，"七、正月，龙母"是吉祥的。

[6] 此处只有一"速"字。按六曜等都有"速喜"的占断，似与此有关。但这里说的是八、二月，而《事林广记》中的八、二月对应的是流连，所以，还不能确定文书这里是不是"速喜"。

## P.3984V《六十甲子纳音》[1]

1. 甲子乙丑金，丙寅丁卯火，日月合[2]；戊辰己巳木，庚午辛未土，壬申癸酉金，江河 离[3]；

2. 甲戌乙亥火，丙子丁丑水，戊寅己卯土，人民合；庚辰辛巳金，壬午癸未木，

3. 甲[4]申乙酉水，天地离；丙戌丁亥土，戊子己丑火，庚寅辛卯木，金石合；壬辰癸巳火（水）[5]，

4. 甲午乙未金，丙申丁酉火，日月离；戊戌己亥木，庚子辛丑土，壬寅癸卯金，江河 合 [6]；

5. [甲辰乙]巳火，丙午丁未水，[7]戊申己酉土，人民离；庚戌辛亥金，壬子癸丑木，

6. [甲寅乙卯水，天地合；丙辰丁巳土，戊午][8]己未火，庚申辛酉木，金石离；壬戌癸亥水。

**校注：**

[1] 此文书首尾全，距离首行较远处写"福增众显 普出 皆 庆/岁次辛丑七月朔十三日题毕"两行字，不确定是否与此文书有关，这里不作校录。《敦煌占卜文献叙录》将其与北大D195V缀合研究。①

此文书存6残行，尾行后有一残行写"不种树，不冠带，不还故乡，不治火光"等语，似可与北大D195V缀合。此句残损严重，且不属于"六十甲子纳音"的范畴，故不在本文书中校录，而与北大D195V

---

① 郑炳林、陈于柱：《敦煌占卜文献叙录》，兰州：兰州大学出版社，2014年，第301—302页。

一并研究。

　　[2] 似用"五合五离择日法"择日。

　　[3] 按内容可推断，此处为"江河离"。

　　[4] 文书为六十甲子纳音，按内容可知，此处为"甲"。

　　[5] 此处文书中写作"火"，但按六十甲子纳音的内容，此处应为"水"，盖误抄。

　　[6] 按"五合五离择日法"推知，此处为"合"字。

　　[7] 此处残损严重，难以辨识，但按六十甲子纳音可推知此处为"甲辰乙巳火，丙午丁未水"。

　　[8] 此处残，按文义可通过北大D195V残存部分补缺。

Дx01064、01699、01700、01701、01702、01703、01704

## 《推皇太子洗头择吉日法》

1. 推皇太子洗头择吉日法 不独孝顺▯▭▭▭

2. 凡每 [月三日、八] 日洗 [头][1] 日▯▭▭▭

3. 十日▯▭▭▭▭▭▭▭▭▭

4. 廿日══════日得▯▭▭▭▭▭

5. 巳（以）[2] 上日吉，[余] 别日及阴════════ [洗][3] 头凶

▯▭▭

6. 之又法。子日洗头，令人有好事，及得

7. 财，吉；丑日洗头，令人富贵，宜六畜；

8. 寅日洗头，令人死，不上堂，凶；卯日洗

9. 头，令人发白更黑，大吉；辰日洗头，令人

10. 起事，数数被褥（辱）；巳日洗头，令人宜远行，

11. 无忧；午日洗头，令人破伤生疮，凶；

12. 未日洗头，令人发美长好，吉；申日洗头，[令][4]

13. 人见鬼，凶；酉日洗头，令人得酒食；戌 [日][5]

14. 洗头，令人死，凶；亥日 [洗头]，[6]▯▭▭▭

15. 贵▯▭▭▭▭▭▭▭

16. 日══════日▯▭▭▭▭ [7]

17. 六月七日，七月七日，八月一日，▯▭▭▭

18. 九日（月）[8] 廿日，十月十一日，十一月十四日、廿日，

十二月▯▭▭

19. 并大吉利，余日即凶恶。[9] 又法：

20. 正月五日洗头，至老不入狱，不被官嗔；二月

21. 八日洗头，至老不入狱；三月廿六日、廿一日洗

22. 头，令人高迁；四月十二日洗头，令人并□□□□

23. （五）[10]月廿日洗头，令人眼明；六月八日洗头，令人富

24. 贵长命；七月七日、廿一日洗头，令人不死□[11]；

25. 八月廿一日洗头，令人大吉贵；九月九日、十九日

26. 洗头，令人颜色好；十月四日、十一日[洗头][12]，令[人][13]□□□□

27. 贵；十一月□□□□日洗头，[令人][14]□□□□十[二][15]月□□□

28. 洗头□□□□富贵□□□□□□□□□□

**校注：**

[1] 因本文书为"洗头择日法"，故很容易推断此处为一"头"字。

[2] 按现在汉语的用法，应为"以上"。

[3] 按文义，为"洗头"。

[4] 按文书行文模式，可推知此处为"令"。

[5] 按文义，可推知此处为"日"。

[6] 按文义，可知此处为"洗头"。

[7] 此行残损严重，仅能辨识出两个"日"字，可知是说日子的。按后文写六月到十二月的洗头吉日，可推知，这行残损的内容应该在写一到五月的洗头吉日。

[8] 月字旁有一"卜"表示删除。按文义，此处应是"九月廿日"，而非"九日廿日"。

［9］这里还有"食时，九月九日"语，但字旁均有"卜"字，表示删除。

［10］前文说四月的洗头吉日，按文义推断，此处应是"五月"。

［11］"令人不死"已经说出七月七日、廿一日洗头的结果，那么，后面残损的字或为"吉"之类的字。

［12］据文义，此处为"洗头"。

［13］按行文格式，此处为"人"。

［14］按行文格式与内容，此处为"令人"。

［15］按行文格式与内容，此处应该是在写十二月的洗头吉日。

Дx01258、01259、01289、02977、03162、03165、03829

## 《天牢鬼镜图并推得病日法》

1. 天牢鬼镜图并推得病日法，张师天撰。

2. ☐☐☐系无罪，病者自差。

3. [第一牢内][1]者，囚系速出，家☐☐☐

4. ☐☐☐病者速差。

5. [第二牢][2]内者，囚系难出，诉讼无

6. ☐☐ [病][3]者迟差。

7. ☐☐☐第三牢内者，囚系有罪，争讼☐☐☐

8. 病者忧重。

9. 子日病者不死。何以知之？神后，南斗

10. 之孙，注人命，故以不死。病者☐☐☐

11. 手足☐外从☐☐☐

12. 人来☐☐☐

13. ☐☐生☐☐☐

14. ☐☐人☐☐☐

15. 头痛☐☐心腹☐☐☐

16. [丑日病者][4]解谢之吉，巳日小差，未 [日大差，生]

17. 死在酉日知之，男轻女重。

18. 寅日病者不死。何以知之？寅者功

19. 曹，天上五官，注人寿命，故知不死；病

20. 者哕逆，乍寒乍热，祟在丈人，皆

21. 午日小差，申日大差，生死在戌，男

22. 重女轻，解之大吉。

23. 卯日▢▢▢▢▢

24. 辰日病者▢▢▢▢▢

25. 天罡，天上旺吏，主人命，故知大困；

26. 病者头痛，心腹胀满，祟在

27. 丈人，解谢之吉，申日小差，戌日大

28. 差，生死在子日，男女俱从外得。

29. 巳日病者不死。何以知之？巳者

30. 乙，天上南斗之子，注主人命，故知不

31. 死；病者头痛，饮食不下，祟在

32. 年命上土，解谢之吉，酉日小差，▢

33. 日大差，生死在丑▢▢▢▢

34. 午日病者▢▢▢▢

35. 先，天上都▢▢▢▢

36. 病者头痛▢▢▢▢

37. 下，祟在大人▢▢▢▢

38. 大差，生死在寅日，女轻▢▢▢▢

39. 未日病者小厄。何以知之？未者小吉，

40. 天上娇女，主侍人命，故知小厄；[病]

41. 者头痛，乍寒乍热，祟在丈人

42. 注鬼，解谢之吉，亥日小差，丑日▢▢▢▢[5]

43. 诗曰：

44. 衰气五鬼有飞灾，不宜买六畜▢

45. 来。更忌吊丧并动土，定应▢

46. 病损钱财。

47. 绝命祸害百不宜，迎师问病及□

48. 医。若往此□衰厄病，

49. □□□困死无意。□□

50. □方婚姻移，□□□

51. 财并六畜。孽生万倍定□□。

52. 天医之方宜服药，求师疗病总□

53. 恶。针灸一切往其方，先圣□

54. 经定不错。

55. 黄帝曰，凡人灾病之方名曰□□□□

56. 往来其地，必见死亡。

57. 推得病日法。

58. 建日病者，犯东方土公，丈人索食，祀

59. 祭不了，有龙蛇为在，家亲所为，

60. 解之吉，七日差。除日病者，客死鬼

61. 为祟，来去有时，耗人财物，令人斗

62. 讼，急需安宅，解之吉，五日差。满（日）

63. 病者，断后不葬鬼，与人为祟，病者□□□□□

64. 在天神北君，求谢之吉，寅日小降，

65. 辰日大差，生死在子日，女轻男重。

66. 亥日病者小厄。何以知之？征明天

67. 南斗之孙，注□人命，故知不死；

68. ［病］者头痛，手足寒，□□减作加，祟

69. 在丈人，此君求谢之吉，卯日小降，巳

70. 日大差，生死在未日，男重女轻。

71. 寒热，解送之吉，七日小降，十日大差。

72. 平日病者，西南有造作，犯触神树，

73. 不葬鬼为之，急谢之，五日小降，七日大（差）[6]。

74. 定日病者，大神并司命鬼为祟，[病][7]

75. 者心肠胀满，须谢饲之吉，七日小降，

76. 十日大差。执日病者，有大神及宿

77. 愿不赛，丈人将新死鬼为祟，解

78. 送之吉，七日小降，十日大差。破日病者，

79. 犯触家废灶，土公丈人欲得食，

80. 并星死鬼为之，解送之吉，五日小[差][8]，

81. 七日大差。危日病者，犯触东

82. 南树神，丈人嗔责，遣客死鬼为[祟]，

83. 解谢送吉，七日小降，十日大差。


**校注：**

[1] 按文义补出。

[2] 按书写模式与文义，此处应为"第二牢"的占断。

[3] 据文义补缺为"病"。

[4] 据文义，此处应写"丑日病者"。

[5] 此处残损。然参照笔迹相似、内容相近的文书Дx06761号，可将这句内容补充为"丑日大差，生死在卯日，女重男轻"。事实上，与此相似的文书还有Дx06761V，与Дx06761号文书正反面书写，似为一件文书。本写卷申酉戌亥日的占病内容残损，但参照上述两个卷号的文

书内容，可试补缺为"申日病者不死。何以知之？申者传送，天上主簿，经人命，故之不死；病者头痛，手足心腹，祟在丈人、土（有残缺）解之吉，午日小降，寅日大差，生（有残缺）死，有愿发悔，男重（女）（有残缺）。酉日□□。何以知之？酉者从魁，天上□□，注收人命，故知小困；病者头痛，四肢寒热，祟在丈人、外鬼，解谢之吉，丑日小降，卯日大差，生死在巳日，男轻女重。戌日病者大困。何以知之？戌者天上北君，注收人命文案，故之大困；病者头痛，腰背上气，祟在天神、北君，求谢之吉，寅日小降，辰日大差，生死在子日，女轻男重。亥日病者小厄。何以知之？征明，天上南斗之孙，注□人命，故知不死；病者头痛，手足寒热，乍减乍加，祟在丈人、北君，求谢之吉，卯日小降，巳日大差，死生在未日，男重女轻"。

〔6〕据文义补缺。

〔7〕按文义，应为"病者"。

〔8〕据文义补出。

## Дx01274、03029《占书残片》

（前缺）

1. ▭▭▭震在辰，夫▭▭▭

2. ▭▭▭天德[1]在甲，月德在▭▭▭

3. ▭▭▭[在][2]巳，月[德][3]在戌，月▭▭▭

4. ▭▭▭九道九坎[4]在午▭▭▭

5. ▭▭▭在[5]子，往▭▭▭

6. ▭▭▭在卯▭▭▭

7. ▭▭▭在酉▭▭▭在子▭▭▭

8. ▭▭▭[在][6]辰，天煞[7]在酉，地煞[8]在丑▭▭▭

9. ▭▭▭生士[9]在寅，死士[10]在申▭▭▭

10. ▭▭▭五墓[11]在子，丧车在子▭▭▭

11. ▭▭▭小煞在戌，大煞在巳▭▭▭

12. ▭▭▭在子，大时[12]在子，豹尾[13]在丑▭▭▭

13. ▭▭▭在丑，天开在角[14]，天梁在参[15]▭▭▭

14. ▭▭▭方，九天朱雀[16]，九天玄武[17]▭▭▭

15. ▭▭▭在子，阴虚在亥▭▭▭

16. ▭▭▭日在巳▭▭▭

**校注：**

[1] 天德、月德，都是占卜的术语。《选择求真》："天德者，天之福神也！"天德者，正丁二坤宫，三壬四辛同，五乾六甲上，七癸八寅同，九丙十居乙，子巽丑庚中。实际上，天德，就是三合五行之气

的天干，正月、五月、九月是三合火气，天德在丙，天德合在辛；二月、六月、十月三合木气，天德在甲，天德合在己；三月、七月、十一月三合水气，天德在壬，天德合在丁；四月、八月、十二月三合金气，天德在庚，天德合在乙。天德是以月支对日干支、时干支来推算，见于日干者最佳，若见于年干支或月干则不是天德。月德是以月支对日干或时干来推算，见于日干者最佳，见于年干支或月干者则不是月德。

［2］按文书的编撰形式，可推断此处有一"在"字。看该文书的内容和形式，似在推算丛辰的所在。丛辰择日法，就是用神煞来推算择日的方法。该文书似与丛辰择日法有关联。

［3］此处按文义可补缺"德"字。月德者，寅午戌月在丙，申子辰月在壬，亥卯未月在甲，巳酉丑月在庚。月德是三合的产物，寅午戌三合，为火局，阳火为丙；亥卯未三合，为木局，阳木为甲；申子辰三合，为水局，阳水为壬；巳酉丑三合，为金局，阳金为庚；月支所在三合中的属性相对应的日干为月德，如寅午戌月的丙干。月德合就是与月德相合的天干。正月、五月、九月是寅午戌月，寅午戌三合，火局，合化成丙火，与丙合的是辛，故正、五、九月的月德合是辛；二月、六月、十月是亥卯未月，亥卯未三合，木局，合化成甲木，与甲合的是己，故二、六、十月的月德合是己；三月、七月、十一月是申子辰月，申子辰三合，水局，合化成壬水，与壬合的是丁，故三、七、十一月的月德合是丁；四月、八月、十二月是巳酉丑月，巳酉丑三合，金局，合化成庚金，与庚合的是乙，故四、八、十二月的月德合是乙。

［4］九坎，星名，在二十八星宿的牛宿之南。

［5］此字不清，按内容可以辨认为"在"。

[6] 按文义，此处也可以推知有一"在"字。

[7] "天煞"，中国古代的神话中一种天地至阴之物，凶狠狡诈，残忍凶横。此处应该也是丛辰之名，似应为凶煞，所在时日应该是不吉利的。

[8] "地煞"一般配合天罡出现，称三十六天罡、七十二地煞。这里应该也是丛辰的名称。另，七十二地煞名如地魁星陈继真、地周星姚金秀、地暗星余惠、地进星徐吉、地俊星袁鼎相、地妖星龚倩、地全星匡玉、地阴星焦龙、地狗星陈梦庚等，共计七十二个。

[9] 按文义，似为神煞名。

[10] 同上，按文义，似为神煞名。丛辰择日法中又有"力士"，不知是否与此有关。力士，性属土，居乾坤艮巽四维之宫，主瘟疾、死丧、杀戮之事，是凶煞。《钦定协纪辨方书》："力士恒居太岁前维，辰、戌、丑、未年与巡山罗睺同位，太岁同宫，不惟不宜抵向，修造亦不可犯，余年不忌也。"①

[11] 按文义为神煞名，似为凶煞。有歌诀曰："三丘五墓得人愁，爷娘妻子无尽周。春丑夏龙秋即末，三冬逢犬是三丘。欲知五墓对宫是，运限到此切须忧。"

[12] 大时，即太岁，本来是道教神祇的尊称，后来被用作丛辰择日法推占择日的神煞。流年太岁，是按六十甲子每年更换的太岁，共计六十位，每位都有名有姓，是掌管这一年吉凶祸福的神。

[13] 豹尾为古代旌旗之象，常居黄幡对冲。豹尾所在之方不可嫁

---

① [清]允禄等著，金志文译注：《钦定协纪辨方书》卷三十四，北京：世界知识出版社，2011年，第995页。

娶、纳奴婢六畜、兴造，凶，犯之破财物。

［14］角，即角宿，星官名。二十八星宿，是古人用来说明日、月、五星运行所到的位置而把天空中可见的星分成二十八组，东西南北各七宿，每组包含恒星若干。东方青龙七宿：角、亢、氐、房、心、尾、箕；北方玄武七宿：斗、牛、女、虚、危、室、壁；西方白虎七宿：奎、娄、胃、昴、毕、觜、参；南方朱雀七宿：井、鬼、柳、星、张、翼、轸。

［15］参，同上，星宿名，二十八星宿之一。

［16］朱雀的方位是南、前，代表夏季；二十八星宿中的南方朱雀七宿：井、鬼、柳、星、张、翼、轸。

［17］玄武的方位是北、后，代表冬季；二十八星宿中的北方玄武七宿：斗、牛、女、虚、危、室、壁。

## Дx12829、12830V 《占出行择日吉凶法》

1. 凡行，有四火出日[1]：己卯□□□□

2. 辛未，右件日，行车破马□□□□

3. 正月六日、二[月]□日、三月五[日][2]□□□□

4. [七][3]月十二日、[八月十一日][4]、九月□□□□

5. 右件日是天陷[5]□□□□

6. □□□□[太]岁日[6]，春[三][月][7]□庚辛

7. 有五穷日[8]，行□□□□

8. 南集□行□□□□

9. □□□□正月三日、[二]月□□□□

**校注：**

[1] "四火"是火星的四个躔度，"日"即太阳，"四火出日"意即日躔四火位之时，遇此日，出行不利。

[2] "三月五"后残损，按文义，此处补缺"日"字应无误。

[3] 按顺序，此处为"七月"。

[4] 按内容推算，此处似为"八月十一日"。

[5] "天陷"是每个月都有的一种凶日，不宜出行。

[6] "大岁"即"太岁"，又称"大时""咸池"，是在某一周期内按固定方向运行于四方的神煞，凶。

[7] 按文义辨识，似为"春三月"。

[8] "五穷日"即是"五墓日"，一、二月乙未，四、五月丙戌，七、八月辛丑，十、十一月壬辰，四季月戊辰，土盛而不宜出行。

# 北大D195V《择日占卜书》

1. 甲辰乙巳火，丙午丁未水，［戊申己酉土，人民离；庚戌辛亥金，壬子癸丑木］[1]，

2. 甲寅乙卯水，天地合[2]；丙辰丁巳土，戊午［己未火，庚申辛酉木，金石离；壬戌癸亥水］[3]。

3. 甲不开［仓］[4]，钱财耗亡，又不治宅，必空囊；子不卜问，及受具殃，又不与人物；［乙不种树］，□岁不长，[5]又不吊，必有亡失；丑［不冠带，不还故乡］[6]，不利兄弟，令人贫；丙［不治火光］[7]，岁揭，百鬼

4. 在傍；寅不布籍（祭）[8]，鬼神不宁；丁不剃头，头多生疮，又不洗头；卯不攀（穿）井，百泉不通；戊不庆（受）田[9]，必重相伤；辰不哭泣，必有重丧，又不屠，煞嫁娶；

5. 巳不破券书，二人俱亡，亦不迎女，不宜姑嫜；庚不经络，其身受殃；午不枷屋[10]，必见火光，又不买马，必绝绊缰；辛不作酱，一人不喜；未不服

6. 药，毒伤肺肠；壬不决水，家逢外丧，又不书契，口舌竞起；申不安床，鬼居其傍，又不裁衣，远行不祥；癸不狱讼，两相害妨；酉不买鸡，还自必伤，又不会客，差伤[11]；

7. 戊不祠祀，家室破亡；戌不买狗，狗必上床，又不庆，必有凶亡；亥不嫁娶，必煞姑嫜，又不迎妇。

**校注：**

[1] 从内容上看，此处所抄写的是六十甲子纳音的部分内容。六

十甲子纳音内容为：甲子乙丑金，丙寅丁卯火，戊辰己巳木，庚午辛未土，壬申癸酉金，甲戌乙亥火，丙子丁丑水，戊寅己卯土，庚辰辛巳金，壬午癸未木，甲申乙酉水，丙戌丁亥土，戊子己丑火，庚寅辛卯木，壬辰癸巳水，甲午乙未金，丙申丁酉火，戊戌己亥木，庚子辛丑土，壬寅癸卯金，甲辰乙巳火，丙午丁未水，戊申己酉土，庚戌辛亥金，壬子癸丑木，甲寅乙卯水，丙辰丁巳土，戊午己未火，庚申辛酉木，壬戌癸亥水。而且，此文书似可与文书P.3984V《六十甲子纳音》缀合，前两行可据其补缺。

　　〔2〕此为"五合五离择日法"。

　　〔3〕此处按文书P.3984V《六十甲子纳音》内容补全。

　　〔4〕此字不甚清楚，但根据民间流传的甲子日忌，应为"甲不开仓"之"仓"。另，民间流传之甲子日忌：甲不开仓，乙不栽种，丙不修灶，丁不剃头，戊不受田，己不破券，庚不经络，辛不合酱，壬不决水，癸不词讼。子不问卜，丑不冠带，寅不祭祀，卯不穿井，辰不哭泣，巳不远行，午不苫盖，未不服药，申不安床，酉不宴会，戌不乞狗，亥不嫁娶。

　　〔5〕此处残损。按甲子日忌，应为"乙不栽种"。按文书P.3984V《六十甲子纳音》最后一残行，可补缺"不种树，□岁不长"，与乙不栽种的意思是一致的。

　　〔6〕此处残损。按甲子日忌，应为"丑不冠带"，那么，后面三个字就应在说明为什么不能冠带，或者说是冠带的后果。按敦煌写本P.3984V《六十甲子纳音》末尾残存的半行字可补缺。

　　〔7〕此处残损。按文书P.3984V《六十甲子纳音》可补缺为"不治火光"。按甲子日忌，此处应为"丙不修灶"。从字面上看，"不治火

光"或许也与"不修灶"的意思是相关的。

[8] 此处"布籍",不知何意。按其后写"鬼神",又按甲子日忌"寅不祭祀",那么此处的"布籍"之"籍"可推断为"布祭"之"祭"的讹字。

[9] "不庆田"似为"不受田"的误写。

[10] 甲子日忌为"不苫盖",义同也。

[11] 甲子日忌为"酉不宴会",这里既写了"不会客",又写了"不买鸡",似是从酉属鸡而来,与后文"戌不买狗"异曲同工。

附录
敦煌写本时日宜忌文书内容检索

# 衣

1. 蜜，宜串新衣。（P.2693）

2. 莫空，不宜串衣、裁衣。（P.2693）

3. 云汉，宜借诸裁缝，串佩。（P.2693）

4. 嘀，宜裁衣、着衣服。（P.2693）

5. 温没斯，宜造衣服、着新衣服。（P.2693）

6. 那溢，衣裳及串带，吉。（P.2693）

7. 鸡缓，此日身上宜带金银吉，造新衣不宜，串带凶。（P.2693）

8. 郁没斯，宜裁衣。（P.3081）

9. 莫日不得裁衣。（P.3081）

10. 嘀，着新衣，凶。（P.3081）

11. 丁未，一云裁衣吉，用建满平定成吉，洗浣衣亦吉。（S.6182）

12. 申日不裁衣，衣生祸殃。（S.0612V）

13. 裁衣吉日。约□宿日终而复始，十二月（残）正月：三日、四日、七日、九日、十日、十五日、十六日（残）廿四日、廿五日、廿六日，以上日裁衣大吉。二月：一日、二日、五日、八日、十三日、十四日（残）廿二日、廿三日、廿四日、廿八日、廿九日。三月：三日、六日、十一日、十二日、十三日、十四日、十（残）廿□日（残）四月（残）十二日、十三日（残）五月（残）日、十一日（残）（S.9987B3）

14. 丑，浣衣吉。（Дx01295、02976、03515）

15. 丁不裁衣，远行不祥。（北大D195V）

16. 辛丑，裁衣吉。（P.3281）

17. 壬寅，裁衣吉，洗浣衣吉。（P.3281）

18. 癸卯，洗衣凶，鬼上床，凶。（P.3281）

19. 甲辰，着新衣吉。（P.3281）

20. 乙巳，裁衣凶，一云凶，一云不出三日有所得。洗浣吉，此日用定吉。着新衣吉。（P.3281）

21. 丙午，裁衣有居，一云裁衣大吉。（P.3281）

22. 丁未，裁衣，一云裁衣吉，用建、满、平、定、成，吉。洗浣衣亦吉。（P.3281）

23. 戊申，裁衣吉。（P.3281）

24. 己酉，裁衣不吉，洗浣衣吉，着新衣吉。（P.3281）

25. 庚戌，裁衣吉，洗浣衣吉。（P.3281）

26. 辛亥，裁衣凶，一云宜为，使建、除、满、平、定、成日先。洗浣衣凶，着新衣吉。（P.3281）

27. 壬子，裁衣吉，洗浣衣吉，着新衣吉，女忌解除故衣。（P.3281）

28. 癸丑，裁衣凶，洗浣衣凶，鬼上床。（P.3281）

29. 甲寅，裁衣凶，洗衣吉，着新衣吉。（P.3281）

30. 乙卯，裁衣吉，一云口舌，用甲建、除、满、平、定、成吉。洗浣衣吉。（P.3281）

31. 丙辰，裁衣吉。（P.3281）

32. 戊午，裁衣耗贫，用建、除、满、平、定、成月大吉。着新衣吉。男忌解故衣。（P.3281）

33. 己未，裁衣凶，忌男解故衣。（P.3281）

34. 庚子，洗浣衣吉。（P.3685）

35. 己丑，裁衣吉。（P.4680）

36. 春三月，申衣不裁。夏三月，酉裁衣凶。秋三月，未不裁衣。冬三月，酉凶。丁巳日裁衣，煞人，大凶。秋裁衣大忌。申月大吉。血忌日不裁衣。申日不裁衣，不，死亡，凶。凡八月，六日、十六日、廿二日不裁衣，凶。冬至日，裁衣令人无病，大吉利。以岁三十日裁衣，宜官宦迁。（P.2661V）

37. 夫着妇内衣生贵子，吉。（P.2661V）

38. 夏至，妇着夫衣，不得。正月不洗衣。妇人产不满百日，不得为夫裁衣、浣衣，大凶。妇人月水不裁衣，煞夫，裁衣煞夫。以上月十日裁衣，市死。晦朔日裁衣被虎食，大凶。（P.2661V）

39. 申不裁衣。（P.2661V）

40. 以岁申日着新衣，富，宜子孙，大吉。（P.2661V）

## 鞋

1. 癸不买履，见怪殃。（P.3281）

2. 癸不买履。（P.2661V）

3. 以破履埋庭中，令人宜仕，大吉。（P.2661V）

## 冠带

1. 郁没斯，宜冠带。（P.3081）

2. 那颉，宜冠带。（P.3081）

3. 莫日不得冠带。（P.3081）

4. 嫡，冠带，凶。（P.3081）

5. 一云丑不冠带，兄弟使人不迁。（Дx01295、02976、03515）

6. 丑不冠带，不还乡，不利兄弟，令人贫。（北大D195V）

7. 那溢，得大欢喜，加冠带、着服吉。（S.8362）

8. 壬寅，冠带吉。女忌辞故衣冠带。（P.3281）

9. 乙巳，冠带吉。（P.3281）

10. 丙午，冠带有居。（P.3281）

11. 丁未，冠带。（P.3281）

12. 戊申，冠带吉。（P.3281）

13. 己酉，冠带荣。（P.3281）

14. 庚戌，冠带吉。（P.3281）

15. 辛亥，冠带凶，一云宜为，使建、除、满、平、定、成日先。（P.3281）

16. 壬子，冠带吉。（P.3281）

17. 癸丑，冠带凶，一云丑不冠带。（P.3281）

18. 甲寅，冠带自如。（P.3281）

19. 乙卯，冠带口舌。（P.3281）

20. 丙辰，冠带吉。（P.3281）

21. 戊午，冠带吉。（P.3281）

22. 己未，冠带凶。（P.3281）

23. 庚子，冠带吉。（P.3685）

24. 己丑，冠带吉。（P.4680）

25. 丑不冠带。（P.2661V）

## 带剑印绶

1. 丁未，带剑绶凶。（S.6182）

2. 壬寅，纫佩印绶凶。（P.3281）

3. 甲辰，带剑、佩印绶吉，用定日吉。（P.3281）

4. 乙巳，带剑、印绶吉，此日用定吉。（P.3281）

5. 丁未，带剑绶凶。（P.3281）

6. 辛亥，带剑、印绶凶。（P.3281）

7. 壬子，带剑、印绶吉，用定日吉。（P.3281）

8. 癸丑，带剑绶吉。（P.3281）

9. 甲寅，带剑吉，绶佩凶。（P.3281）

10. 戊午，带剑、绶佩凶。（P.3281）

## 洗头沐浴

1. 蜜，宜沐浴。（P.2693）

2. 莫空，不宜沐浴。（P.2693）

3. 云汉，宜沐浴。（P.2693）

4. 嘀，宜沐发、沐浴。（P.2693）

5. 温没斯，宜沐浴。（P.2693）

6. 那溢，沐浴装梳，吉。（P.2693）

7. 鸡缓，沐浴凶。（P.2693）

8. 郁没斯，宜沐浴。（P.3081）

9. 那颉，宜沐浴。（P.3081）

10. 嘀，沐浴，凶。（P.3081）

11. 壬寅，沐浴吉，洗头凶。（P.3281）

12. 癸卯，沐浴小儿吉，沐发早白，除徙人。（P.3281）

13. 甲辰，洗头吉，沐浴凶。（P.3281）

14. 乙巳，洗头、沐浴吉，一云此月此日吉。（P.3281）

15. 丙午，洗头凶。（P.3281）

16. 丁未，浴小儿凶，浴发黑。（P.3281）

17. 戊申，男浴吉。（P.3281）

18. 己酉，洗头小儿吉。沐浴令人健，四月定，六月满，七月除，八月建，并沐浴良吉。（P.3281）

19. 庚戌，沐浴小儿吉，一云凶。（P.3281）

20. 辛亥，洗头宜六畜。沐浴富，三月、五月沐浴良。（P.3281）

21. 壬子，洗头富。沐浴吉，七月定日沐浴吉良。（P.3281）

22. 癸丑，洗头得财，沐浴得财物，浴小儿吉。（P.3281）

23. 甲寅，洗头凶。沐浴小儿吉。沐浴，虎伤人，四月吉。（P.3281）

24. 乙卯，洗头不吉，浴小儿吉，沐浴白发。（P.3281）

25. 丙辰，沐浴令人不吉。（P.3281）

26. 戊午，洗头凶，盲秃。沐浴早老。（P.3281）

27. 己未，洗头吉。浴小儿凶。沐浴令人宜，亥正月、三月、五月，第七月并沐浴良。（P.3281）

28. 庚子，洗头吉。沐浴凶。（P.3685）

29. 己丑，浴小儿吉，沐浴吉，一云正月巳时危，三月乙酉执，六月乙酉满，七月乙酉（残）。（P.4680）

30. 凡洗头沐浴，子、丑、未、酉、亥吉。（P.2661V）

31. 夫妇勿以月一日、十六日沐浴，凶，不利。灶前浴小儿，令隆残，不利。（P.2661V）

32. 丑，沐浴吉。（Дx01295、02976、03515）

33. 丁，不洗头。（北大D195V）

34. 沐浴：□子，乙丑，己巳，辛未，壬申，乙亥，丙丁，丁丑，辛巳，癸未（残）丙卯，己亥，庚□，辛丑，乙巳，丁未，戊申，辛亥，壬子，癸丑（残）吉。丁酉日，正月二日，二月一日，三月六日，四月八日，五月一日，六月（残）十一月廿四日，十二月廿日，煮苟杞沐浴，大益人。（残）入时：四月四日、六日（残）廿八日，食时，九月（残）十日取枕药作（残）天□作（残）辟□己酉（残）丙辰，戊子（残）贵吉（残）乙（残）。（S.8350）

35. 凡每月三日、八日洗头（残）日（残）十日（残）廿日（残）日得（残）以上日吉，余别日及阴（残）洗头凶（残）。（Дx01064、01699、01700、01701、01702、01703、01704）

36. 子日洗头，令人有好事，及得财，吉；丑日洗头，令人富贵，宜六畜；寅日洗头，令人死，不上堂，凶；卯日洗头，令人发白更黑，大吉；辰日洗头，令人起事，数数被辱；巳日洗头，令人宜远行无忧；午日洗头，令人破伤生疮，凶；未日洗头，令人发美长好，吉；申日洗头，令人见鬼，凶；酉日洗头，令人得酒食；戌日洗头，令人死，凶；亥日洗头（残）贵（残）日（残）日（残）六月七日，七月七日，八月一日（残）九月廿日，十月十一日，十一月十四日、廿日，十二月（残）并大吉利，余日即凶恶。（Дx01064、01699、01700、01701、01702、01703、01704）

37. 正月五日洗头，至老不入狱，不被官嗔；二月八日洗头，至老不入狱；三月廿六日、廿一日洗头，令人高迁；四月十二日洗头，令人并（残）（五）月廿日洗头，令人眼明；六月八日洗头，令人富贵长命；七月七日、廿一日洗头，令人不死□；八月廿一日洗头，令人大吉贵；九月九日、十九日洗头，令人颜色好；十月四日、十一日洗头，令人（残）贵十二月（残）日洗头，令人（残）十二月（残）洗

头，（残）富贵（残）。（Дх01064、01699、01700、01701、01702、01703、01704）

38. 小儿初生时，煮虎头骨，取汤洗，至老无病，吉。小儿初生时者，以虎头骨满洗之，老无病，吉利。（P.2661V）

39. 常以八月一日取东流水沐浴，去眚中垢，令人不□不老，冬不寒，夏不热，大验。正月八日、二月□日、四月四日、五月一日、六月六日、七月一日、八月廿五日、九月十二日、十月廿八日、十一月四日、十二月廿日，常以上件日用枣柴灰洗头面，若能一周，除万病；若能终身，聪明延年；南阳太守两目盲，依此行万病除，吉。（P.2661V）

## 剪甲剃头

1. 蜜，宜剖甲。（P.2693）

2. 莫空，不宜剪甲。（P.2693）

3. 云汉，宜剪甲。（P.2693）

4. 嘀，宜剪甲。（P.2693）

5. 温没斯，宜剪甲。（P.2693）

6. 郁没斯，宜剃头。（P.3081）

7. 莫日，不得剃头、剪甲。（P.3081）

8. 丁未，剃头盲。（S.6182）

9. 丑，剃头凶。（Дх01295、02976、03515）

10. 丁不剃头，头多生疮。（北大D195V）

11. 辛丑，剪甲吉。（P.3281）

12. 壬寅，剃头凶，剪脚甲吉。（P.3281）

13. 甲辰，剃头凶。（P.3281）

14. 乙巳，剃头吉。（P.3281）

15. 丙午，剃头盲秃。（P.3281）

16. 丁未，剃头盲。（P.3281）

17. 己酉，剃头令人健。（P.3281）

18. 庚戌，剃头吉。（P.3281）

19. 辛亥，剃头宜六畜。（P.3281）

20. 癸丑，剃头吉。（P.3281）

21. 甲寅，剪脚甲吉。（P.3281）

22. 乙卯，剃头不吉。（P.3281）

23. 丙辰，剃头吉。（P.3281）

24. 戊午，剃头凶。（P.3281）

25. 己未，剃头令人盲秃，凶。（P.3281）

26. 庚子，剃头吉。（P.3685）

27. 丁不剃头。·（P.2661V）

## 婚嫁

1. 蜜，宜迎妻纳妇。（P.2693）

2. 莫空，宜嫁娶并吉。（P.2693）

3. 云汉，宜迎娶。（P.2693）

4. 嘀，宜和婚定礼，不宜结婚。（P.2693）

5. 温没斯，宜成亲。（P.2693）

6. 那溢，婚姻嫁娶，吉。（P.2693）

7. 那颉，婚嫁吉。（P.3081）

8. 云汉，迎妻纳妇，凶。（P.3081）

9. 丁未，嫁娶无子，内妇吉。（S.6182）

10. 庚寅，嫁娶吉；寅日釜鸣，有嫁娶庆会事。（Дx04960）

11. 巳日不纳妇，不宜姑嫜。（S.0612V）

12. （残）婚大吉，此日金石合日，可以结婚，大吉。卯不召女，来必（残）。（Дx01295、02976、03515）

13. 巳不迎女，不宜姑嫜。亥不嫁娶，必煞姑嫜，又不迎妇。（北大D195V）

14. 壬寅，嫁娶宜夫，内妇无子，结婚吉昌，江合不结婚。壬□女客母，凶。寅不召女，家主丧，亦妇子孙亡。（P.3281）

15. 癸卯，嫁娶相宜，内妇吉，一云卯不合妇，早儿死。癸不召女，父亡，一云女身亡。（P.3281）

16. 甲辰，嫁娶夫死。求婚，一云语十诺，一云求女诺与不与，女死。内妇凶。辰不妇归，恐儿亡。（P.3281）

17. 乙巳，嫁娶煞姑。内妇凶。召女、遣女凶，一云女身亡。（P.3281）

18. 丙午，嫁娶不利，内妇凶。（P.3281）

19. 丁未，嫁娶无子，内妇吉。（P.3281）

20. 己酉，嫁娶，三年夫死。求婚，一语十诺。（P.3281）

21. 庚戌，嫁娶无子，一云子孙狂。内妇凶。（P.3281）

22. 辛亥，嫁娶相害，煞夫九人。内妇煞夫。（P.3281）

23. 壬子，嫁娶凶，煞七人，凶。内妇吉。壬不召女，害母。（P.3281）

24. 甲寅，嫁娶无子。求婚吉，此日天地合日，可求婚，吉。纳妇凶，寅日不嫁娶，家人亡，亦云姑、子孙亡。（P.3281）

25. 乙卯，嫁娶无子。求婚吉，此日天地合日。纳妇凶。女不合

归，恐儿亡。不召女，来必亡。（P.3281）

26. 丙辰，嫁娶相鲁，一云六、十二月丙辰是开日，嫁娶吉。纳妇煞姑及子孙死，妇儿亡。结婚，往不过三，返。若得女，必死。是雄雌日。（P.3281）

27. 丁巳，结婚吉，纳妇母死，召女、遣女凶。（P.3281）

28. 戊午，嫁娶相背，凶。结婚，一云四月戊午砲碓日善，可求妇往，凶，得儿凶。纳妇公死。（P.3281）

29. 己未，嫁娶凶，天地相玄，不可嫁娶，必有相背。结婚吉，一云天地合日，求必得，若三姓不得，女死。纳妇，三年夫死。召女、嫁，凶。（P.3281）

30. 庚申，嫁娶不利，合有人民离日。纳妇溺死。（P.3281）

31. 庚子，娶妻妨子。（P.3685）

32. 辛卯，嫁娶和顺吉。内妇吉，一云凶，恐妇亡。结（残）有凶。（P.4680）

33. 巳不取妇，亥不呼妇。（P.2661V）

## 妇姑、小儿

1. 五月五日，以未嫁女子发二七物作绳，系脚，必有时人爱敬。（P.2661V）

2. 妇姑不同食，令不孝，又生不孝子。（P.2661V）

3. 治小儿夜啼，取井中草着母背下，即止。（P.2661V）

4. 小儿衄惊，以鸡粪血临着口中即差，吉。（P.2661V）

5. 小儿头上疮，烧牛角骨作灰，和腊曛□之，差利。（P.2661V）

6. 小儿夜惊，取牛口沫着母乳头与饮，良，利。（P.2661V）

## 妊娠

1. 己酉，不利妊娠，妇儿堕。（P.3281）

2. 己未，巳不往伐，身必伤。不利妊娠妇，儿堕亡。（P.3281）

3. 妇人不宜子，初娠身后，系钱一文裙带头，每月带盖一钱，三日以钱着小儿衣理，吉。（P.2661V）

## 生子占

1. 蜜，此日生男女足智慧，顾貌端正，长大情介柔善，心胜平正，孝顺父母，终合足病，又恐短寿。卅日厄，不宜出外，宜带金银此宝，攘之吉。□□宜开诤嗔骂，宜切助之免虽过厄没，宜弟妹有分相。（P.2693）

2. 莫空，与人结为事房室，生子短命。此日生男女九十日厄，宜功德助之过厄，大吉。所生男女多短命，为性孝顺，稳密沉重，昼则柔软，夜则猛健，两膊下及脚合有黑点记，所出者凶，人大吉。（P.2693）

3. 云汉，此日生男女聪明孝顺，短命多因力伤死，妨亲眷。（P.2693）

4. 嘀，此日生男女令人爱乐，性多虚诳，能言巧语，好明经典，得人畏敬，多患诊，妨父母，损家资，长成足财物，智虑短命。（P.2693）

5. 温没斯，此日生男女分相，众皆怜爱，长命有智，足善好心，亦生之后起举家资钱财积聚，于父母好，左畔有黑吉；生女大分相，迎妇日出门行十五步，父母必须唤回，看父母家大吉。（P.2693）

6. 那溢，此日生男难少积，神倩好装束，得人敬爱；生女此多清正，被人嫌谤。（P.2693）

7. 鸡缓，不宜房室生子，后大吉，凶父母。生男女长母无怪，生

后二七日父母有厄，宜功修□善，供养□之，遇二七日大吉，男女身宜着黑衣大吉。（P.2693）

8. 蜜日，生人多声气美，容白，心性平直，孝顺通于父母；禄二千石，通于文武；有道心，爱近高贵，命中寿完及生命勿食之；合娶二妻，少男女，缀有一子，乞姓养之利益。（P.3081）

9. 莫日，生人冷心趾，少言语，孝顺父母，禄至五品；频破散不坚久久，宜畜于身有心道，宜近福禄人；命下寿，须断酒肉；合用妻财或家业，少男女，儿必须遣诸人养吉。（P.3081）

10. 云汉日，生人多嗔怒，爱啾唧不顺，恶性爱煞戮，好食肉；禄至二千石，常得之众惧；无道心，命中寿；合娶数妻，少男女。（P.3081）

11. 嘀日，生人法合明净，爱花香，装束解洁，不孝顺；善书□足伎艺术；禄至三品，多被不坚，及得贵人钦仰爱重；足道心，多亦出家；命中寿，若断回味，不杀生，即得上寿；妨数妻，若二妻，同居则不好；亦妨男女，纵有只□一子，宜教他人养之，大吉。（P.3081）

12. 郁没斯日，生人法合宽心慈善，形白端正，孝顺父母，常得贵人怜念；禄至二千石，位至三品；性常爱念下人，命上寿，无男女；索得贵人妻，宜奴婢，有庄园，田宅兴及吉。（P.3081）

13. 那颉日，生人多谄曲，不定度，无意慈善，不孝父母；性好媱荡，有巧性解觋；禄至五品；合得贵妻，当惧妻，不敢相违；命上寿，多病，足男女。（P.3081）

14. 鸡缓日，生人法合恶性，小家穷寒，薄福，得家身；奸诈，心口相违，不孝父母；无禄米，纵欲典生；无财产，合损上祖家业；不宜奴婢，少伎艺；若得妻，多男女；常被损辱，宜游外州；上寿，出家吉。（P.3081）

15. 鸡缓，此日生人聪明智慧，少病，有善名誉，性敦重辟，男解弓马于一切无畏惮，受修特净法，精进决烈，得父母怜爱，于己身大利益，亦合多人依附，有心路，四海得力。此日生男女二七日厄父母，凡宜修功德作善助之，过二七日吉。（S.1396）

16. 鸡缓，此日生儿宜放少苏，父母亦须吃；宜以黑布盖儿头，讫取此布少烧，熏儿鼻，大吉，长命亦养。若岁首得此日，宜须祭鸡复天，年内安吉。经宿祭法如余处吉。（S.1396）

17. 鸡缓，本曜生之人重厄怕死，大受灾厄，及所见变本分黜，固主人成病疾死丧，须禳，其法：当日一食，唯得食苏，不得食牛肉，月出乃食，烧香礼拜，所禳之，人人及见，宜抑谓人曜主及百姓官人□著，作大胡饼十五枚，油麻制，灯五盏，黑炉，酒五杯，新瓦瓶五个，满盛净水和大麦面，取芥子、苏及时花，作火唵法，即一切灾厄脱免。（S.1396）

18. 那溢，此日生人，食苏酪得聪明智慧无病。姓□□修功德于父母，孝顺善和，常得富贵，人爱念，四海仰从，人所求。（S.8362）

19. 辛丑，生子大富。（P.3281）

20. 壬寅，生子好留易。（P.3281）

21. 癸卯，生子吉。（P.3281）

22. 乙巳，生子病疾，一云妇人此日生子者，终身便不覆生子。（P.3281）

23. 丙午，生子大贫。（P.3281）

24. 丁未，生子为兵将。（P.3281）

25. 戊申，生子事鬼神。（P.3281）

26. 己酉，天恩，生子多病。（P.3281）

27. 庚戌，天恩，生子贫。（P.3281）

28. 辛亥，生子大富。（P.3281）

29. 癸丑，生子吉。（P.3281）

30. 甲寅，生子不善。（P.3281）

31. 乙卯，生子多病。（P.3281）

32. 丙辰，生子富，一云妇人此日生子，终身者不服生。（P.3281）

33. 戊午，生子大富。（P.3281）

34. 庚子，生子孤独。（P.3685）

## 吊死殡葬

1. 蜜，殡葬有重□□缘恶事心生，违负持不宜，并大凶。（P.2693）

2. 云汉，宜识殡葬凶礼。（P.2693）

3. 嘀，殡埋、着服吉，不宜堀墓。（P.2693）

4. 温没斯，不宜吊孝、举哀、殡埋。（P.2693）

5. 那溢，宜埋墓，咒誓者殡葬自如。（P.2693）

6. 鸡缓，此日殡葬得牢锢。（P.2693）

7. 嘀，吊死、往亡殡葬，吉。（P.3081）

8. 郁没斯，吊死凶。（P.3081）

9. 鸡缓，宜造冢墓，定冢吉。（P.3081）

10. 蜜日，不得吊死、往亡、殡葬，凶。（P.3081）

11. 那颉日，往亡、殡葬，凶。（P.3081）

12. 壬寅，除服大凶，葬埋吉。（P.3281）

13. 甲辰，除服吉。葬埋吉。辰不吊问，反受凶，神不哭。（P.3281）

14. 乙巳，除服吉，一云三人死，出逆生子。巳日吊人重丧。（P.3281）

15. 丙午，除服烧死三人。午不吊人，及忧师。（P.3281）

16. 丁未，除服致县官，煞四人。（P.3281）

17. 戊申，除服立徙，大凶。葬埋吉，戊申平、危、建。（P.3281）

18. 己酉，除服吉，葬埋吉。（P.3281）

19. 庚戌，除服出贵子，大吉。（P.3281）

20. 辛亥，除服，八月外死徙。葬埋吉。（P.3281）

21. 壬子，除服吉，葬埋吉。（P.3281）

22. 癸丑，除服，徙三成人。葬埋吉。（P.3281）

23. 甲寅，除服凶，一云都子死亡。（P.3281）

24. 乙卯，离灰、除服凶，使者三。（P.3281）

25. 戊午，除服字失火。午不吊问，及忧丧，云多忧。（P.3281）

26. 辛丑，除服吉。（P.3281）

27. 丙辰，辰不吊问，及受凶。（P.3281）

28. 己未，葬埋大吉。（P.3281）

29. 乙不吊，必有亡失。（北大D195V）

30. 凡葬，岁寅、午、戌，劫吞在丑；岁在亥、卯日、未，劫吞在庚；岁在酉、丑、巳，劫吞在申。（P.2661V）

31. 七月七日，取田中瓜下土着觅坟中，令儿多智，聪明无病，吉。八月一日，却坟栝，令人无病，益子孙，吉。（P.2661V）

## 病、药

1. 蜜，不宜问疾乞与他人男女。合练汤药，得病重不死。（P.2693）

2. 莫空，不宜服药，病亦难差。（P.2693）

3. 云汉，合练汤药服饵差□初开，病者静禁，若加病后得凶。

（P.2693）

4. 嘀，医药、看病、服药，俱吉，病者难除。（P.2693）

5. 温没斯，不宜看病，宜服药，病者愈。（P.2693）

6. 那溢，医人不宜看病、和合汤药。患者难差。（P.2693）

7. 鸡缓，服药吉，所作务驰使下人。病者稍重，差迟不死。（P.2693）

8. 嘀，合药、问病，吉。（P.3081）

9. 郁没斯，宜合和汤药，疗病服药，问病凶。（P.3081）

10. 那颉，作药吉。（P.3081）

11. 蜜日，不得问病。（P.3081）

12. 那颉日，不得合和汤药。（P.3081）

13. 蜜日得病轻，八日内危，宜服白药，于东方上取尘及药吉，宜设祭先亡吉。（P.3081）

14. 莫日得病稍重，十四日内死，不死宜服黑药吉，祀向月神吉。看病。（P.3081）

15. 云汉日得病极重，宜速救之，须服赤药，宜向西南取□及药吉，出血宜祭火神吉。（P.3081）

16. 嘀日得病严重，十四日内差，宜服黑药，正北求□及药吉，宜祭河伯将军水神吉。（P.3081）

17. 郁没斯日得病，不轻足忧，须服青药，宜于正东求□药吉，宜求家亲先亡吉，亦宜求九子母吉。（P.3081）

18. 那颉日得病，恶，为邪鬼所着，难差，宜白药吉。（P.3081）

19. 鸡缓日得病，唯重不死，宜取僧□及黄药吉，宜求本命□君及北斗吉。（P.3081）

20. 丁未，病者自差（残）云未日病，丑日小差，寅日大差，生死在卯。治病吉，服药有毒，一云□月□。（S.6182）

21. 未日不服药，药毒反伤。（S.0612V）

22. 鸡缓，病者重，差迟。（S.1396）

23. 那溢，药吉。（S.8362）

24. 辛丑，公女子鬼病之，宜使西南师将黄药解治之，天（残）百日大差，生死在亥，之自取，十一月辛丑除治。（P.3281）

25. 壬寅，病者捎困，子日小差，申日大差，生死在寅日，凶。治病凶。（P.3281）

26. 癸卯，病者自愈，治病宜使巽地师吉，未日小差，酉日大差，生死在子日，五月忌治厌病、合药。（P.3281）

27. 甲辰，病者自差，寅此七日差，祀宅神、灶君、土公，大人鬼病之，宜使艮上师将药并服解之大吉，一云辰日病者，甲戌日小差，丑日不死，在无畏之；治病吉，一云可服药，良；五月辰开治病。（P.3281）

28. 乙巳，病者自差，一云庚子，三丑日，十日，六月差，丈人往男子鬼之，宜使西北师治病之，吉；一云酉日小差，亥日大差，死生在丑。治病吉；一云可以服药，良；一云三月巳除，治病吉。治膝凶。（P.3281）

29. 丙午，病者凶，壬子日差，祟客死，治病之，宜使亥上师将白药解之，吉；午日病，戌日小差，子日大差，合服药春夏良，一云四月丙午除服药良，十二月执，治病良。治脚凶。（P.3281）

30. 丁未，病者自差，一云丁未病者，至申午此六日差，祟在丈人，男为病，宜使上师解吉；一云未日病者，丑日小差，寅日大差，

生死在卯。治病吉。服药有毒，一云不服药，受毒死；一云八月丁未开，治病大良。（P.3281）

31. 戊申，病者自差，一云甲午此七日差，女祥，鬼疾之，宜使西北师将白药解除之吉；一云子日小差，生死在未日。治病、呼师买，一云初服药，夏忌、秋忌；戊申收治病吉。治脚凶。（P.3281）

32. 己酉，病者自差，一云甲午此六日差，祟在客死鬼，宜使东南师解治之吉；一云丑日小差，卯日大差，生死在巳日。省病凶，及受殃。治病，女子忌，服合药忧，五月及秋忌，七月己酉除治吉良之。（P.3281）

33. 庚戌，病者自差，一云辰日差，祟不丈人思病，病祈神不塞，伏鬼为病，宜使南方师治吉；一云六畜八日小差，未日大差，生死在午日。治病八月忌，一云治病除，服药八月良。（P.3281）

34. 辛亥，病者小差，丙辰日差，一云六日差，祟在殃鬼为肛，思在天门，宜使辰地师解除之，吉；一云亥日病者，卯日小差，巳日大差，生死在未日。治病凶，忌服药，辛亥破病忌服药，秋良；九月辛亥除服药以先。治除凶。（P.3281）

35. 壬子，病者自差，一云未日差，祟死鬼厌之，宜使东南上师将白药治之，大吉；合药秋冬良；一云申日小差，午日大差，死生在酉日，治病十日吉，服药治病差。看病吉。（P.3281）

36. 癸丑，使南师治之，宜服药吉；又云丑日病者，巳未日小差、大差，生死在戌日也，治病、合药秋冬良，治病良，癸丑除亦吉。（P.3281）

37. 甲寅，病者自差，一云戌午日差，祟在客死鬼病之，忌，解之；一云寅日病者，午日差，申日下差，死亥也。（P.3281）

38. 乙卯，病者自差，一云乙酉日差；一云庚辰日大神解，十日差，宜使巽地师解治之，吉，鬼在门户井灶；一云未日大差，生死在酉日。治病、合药春冬良，五月治病忌，正月破治病，大吉。（P.3281）

39. 丙辰，病者自差，庚申日差，祟在灶君、土公、丈病之，急使即上师治之吉，宜服药，鬼在庭中，三日差；又云申日小差，戌日大差，生死在丑。治病凶，一云可以服药，良，七月忌，二月良，五月、九月治病，余凶。（P.3281）

40. 丁巳，病者自差，丁亥卅四日差，一云辛酉五日差，祟在灶君、土公病之，宜使西北乾地师解之吉；丁巳日病者，酉日小差，亥日大差，生死在寅。治病可服药。合春春不良。治病，女子春忌，九月忌；一云三月除治病、服药良，吉。（P.3281）

41. 戊午，病者自差，甲子七日差，为不赛北君，祟在社公病之，宜使亥上师解之治吉，宜服白药，鬼在离北；二云戊日小差，子日大差，生死不（在）寅。治病、合药春忌，服药十一月吉。（P.3281）

42. 己未，病者自差，亥日差，祟树神病之，宜使收命鬼病之，宜使乾上师伯解之；先有云，未日病者，亥日小差，丑日大差，生死在卯。治病吉，合药春冬忌祖，服药亦忌，八月己未开治病吉良。省病凶，及受殃。服药凶，服药人人死，大凶。（P.3281）

43. 庚子，病者自差，丙午日差，祟在土公（残）将白药解治之吉，一云辰日小差（残）在申日。治病者忌。省病即死。（P.3685）

44. 己丑，庚午此六日差，祟在井灶后鬼病之，宜使未上师解治之吉；一云丑日小差，卯日大差，生死在巳，若年立酉二，正月乙酉功则可，七月治，大吉，良也。日游在外，治外凶，治内吉。（P.4680）

45. 天医之方宜服药，求师疗病总□恶。针灸一切往其方，先圣

□经定不错。黄帝曰，凡人灾病之方名曰（残）往来其地，必见死亡。（Дx01258）

46. 建不治头，除不治喉，满不治腹，平不治背，定不治脚，执不治手，破不治口，危不治鼻，成不治胃，开不治耳，闭不治目。子酉日不治目，丙辰日不治耳。（P.2661V）

47. 未不服药，神农辛未日死，不得此日服药。（P.2661V）

48. 推病日法。建日病者，犯东方土公，丈人索食，祀祭不了，有龙蛇为在，家亲所为，解之吉，七日差。除日病者，客死鬼为祟，来去有时，耗人财物，令人斗讼，急需安宅，解之吉，五日差。满日病者，断后不葬鬼，与人为祟，病者（残）寒热，解送之吉，七日小降，十日大差。平日病者，西南有造作，犯触神树，不葬鬼为之，急谢之，五日小降，七日大（差）。定日病者，大神并司命鬼为祟，病者心肠胀满，须谢饲之吉，七日小降，十日大差。执日病者，有大神及宿愿不赛，丈人将新死鬼为祟，解送之吉，七日小降，十日大差。破日病者，犯触家废灶，土公丈人欲得食，并星死鬼为之，解送之吉，五日小差，七日大差。危日病者，犯触东南树神，丈人嗔责，遣客死鬼为祟，解谢送吉，七日小降，十日大差。（Дx01258、01259、01289、02977、03162、03165、03829）

49. 子日病者不死。何以知之？神后，南斗之孙，注人命，故以不死；病者（残）手足□外从（残）人来（残）生（残）人（残）头痛□□心腹（残）（丑日病者）解谢之吉，巳日小差，未日大差，生死在西日知之，男轻女重。寅日病者不死。何以知之？寅者功曹，天上五官，注人寿命，故知不死；病者哕逆，乍寒乍热，祟在丈人，皆午日小差，申日大差，生死在戌，男重女轻，解之大吉。卯日（残）辰日病者（残）天罡，天上旺吏，主人命，故知大困；病者头痛，心腹胀满，祟在丈人，解谢之吉，申日小差，戌日大差，生死在子日，男女俱从外得。巳日病者不死。何以知之？巳者乙，天上南斗之子，注主人命，故知不死；病者头痛，饮食不下，祟在年命上土，解谢之吉，酉日小差，□日大差，生死在丑（残）午日病者（残）先，天上都（残）病者头痛（残）下，祟在大人（残）大差，生死在寅日，女轻（残）未日病者小厄。何以知之？未者小吉，天上娇女，主侍人命，故知小厄；病者头痛，乍寒乍热，祟在丈人注鬼，解谢之吉，亥日小差，丑日（残）。（Дx01258、01259、01289、02977、03162、03165、03829）

50. 翁来北黄衣男子看病者，凶。（P.3064）

51. 凡男忌祸害，不得吊死问病。女忌绝命，不得吊死问病。（P.3602V）

52. 天牢鬼镜图并推得病日法，张师天撰。（残）系无罪，病者自差。第一牢内者，囚系速出，家（残）病者速差。第二牢内者，囚系难出，诉讼无（残）病者迟差。第三牢内者，囚系有罪，争讼（残）病者忧重。（Дx01258、01259、01289、02977、03162、03165、03829）

53. 未不服药，毒伤肺肠。（北大D195V）

54. 人面黑，□与杏子仁、鸡子□合和之封上一宿，即差利。（P.2661V）

55. 正月平旦，面向东吞麻子二七枚，令人无患，半亦良，大吉。（P.2661V）

## 哭泣

1. 那颉日，哭泣，凶。（P.3081）

2. 辰日不哭泣，有伤伤重丧。（S.0612V）

3. 辰不哭泣，必有重丧。（北大D195V）

4. 戊不当哭泣，重丧。（P.3281）

5. 丙辰，哭泣重丧。（P.3281）

6. 甲辰，哭泣重丧。（P.3281）

7. 辰不哭泣。（P.2661V）

## 针灸经络

1. 辛丑，不可针灸其穴，凶，经络凶，一云吉。（P.3281）

2. 癸卯，五月忌针灸，一云正月祭除针灸吉。（P.3281）

3. 壬寅，人神在中脂大节，壬神在肚，卯神在胸，不可针灸其穴。经络凶。（P.3281）

4. 甲辰，针灸，夏及七月甲辰针灸良，十一月甲辰执针灸良，大吉利。人神在右踝上，甲辰在头，辰神在腰，此日不可针灸其穴。经络吉，一云凶。（P.3281）

5. 乙巳，人神在左膊下三寸，乙神在头，巳神在腰，不可针灸其穴。经络凶，一云伤亡。（P.3281）

6. 丙午，四月丙午除针灸良，十二月执针灸良。人神在脚中，丙眉，午神在心，此日不可针灸其穴。经络凶。（P.3281）

7. 丁未，人神在腹阴中，丁神在两手臂，未神两足，不可针灸其穴，治必凶。经络凶，一云不经络，织妇亡。（P.3281）

8. 戊申，针灸，又云正月戊申破针灸良，戊申收针灸吉。人神在头，一云在阴中，戊辰在唇，申神在眉，此日不针灸其穴。经络吉。（P.3281）

9. 己酉，针灸，女子忌，一云六月己酉满针灸良，七月己酉除治吉良之。人神在胃宫，一云在右肋阴中，巳神在门无，酉神在膝，此日不可针灸其穴。经络吉。（P.3281）

10. 庚戌，针灸八月忌。人神在脚股中，庚神在尻，戌神在头，此日不可针灸其穴。经络吉，一云凶。（P.3281）

11. 辛亥，治病针灸凶，秋忌针灸，十月忌，一云富，辛亥破针灸。人神在右足踝肠，辛神在股膝，亥神在头，此日不可针灸其穴。治除凶，经络凶。（P.3281）

12. 壬子，人神在膊下三寸，壬神在两足胫，子神在胃，此日不针灸其穴。经络吉。（P.3281）

13. 癸丑，针灸小良。癸神在足心，丑神在两耳，不可针灸其穴。经络吉。（P.3281）

14. 甲寅，人神在右膝，甲神在头，寅神在胸，此日不可针灸其穴。经络凶。（P.3281）

15. 乙卯，五月针灸忌，正月破针灸大吉。人神在两乳间，乙神在头，卯神在鼻，不可针灸其穴。经络吉，一云难取。（P.3281）

16. 丙辰，五月、九月针灸吉，余凶。人神在尾下，丙神在肩，辰神在腰背中，不可针灸其穴。经络吉，一云失火。（P.3281）

17. 丁巳，针灸，女子春忌，九月忌。人神在胃管，丁神在两臂，巳神在，不可针灸其穴。（P.3281）

18. 己未，针灸二月复忌。人神在胃管，巳神在两足心，未神在腹，不可针灸其穴。经络吉。（P.3281）

19. 庚子，一云十月庚子，针灸良。人神在膝下五寸，庚辰（残）在目，此日不可针灸其穴，凶。经络凶，一云吉。（P.3685）

20. 己丑，此日不可针灸其穴。经络吉。（P.4680）

21. 庚不经络，其身受殃。（北大D195V）

## 目润、呧者、心动、梦者、釜鸣、手足痒

1. 辛丑，目润，左有喜事，右有人思之，心动父母思之，呧者吉，足痒酒食事，梦者有酒肉，釜鸣有上客。（P.3281）

2. 壬寅，目润，左有口舌，右念仆人。呧者父母忧之。心动有忧。足痒有行事。梦者请符从命长。釜鸣有嫁娶庆事。（P.3281）

3. 癸卯，目润，左人说之，右人思之。心动，有忧。呧者，贵人说之，一云父母忧之。足痒，贵人思之。梦者吉。釜鸣长，子孙佳。（P.3281）

4. 乙巳，目润，左父母思之，右有人思之。呧者，女子思之。心动，得财。口痒，有口舌。梦者为南，家人吉。釜鸣，忧狱讼事。（P.3281）

5. 丙午，目润，左有女子思之，右生欲之。呧者，酒肉事。心动，吉。足痒，吉。梦者为家，欲远行、酒肉事。午时釜鸣，忧奴婢。（P.3281）

6. 丁未，目润，左有思之，右有子孙。呧者，有呼召。心动，大吉。足痒，口舌起。梦，东家有酒肉事，及有史欲梦入，吉。未日釜鸣，家有得，吉。（P.3281）

7. 戊申，目润，左有恶事，右有思之。呧者，吉。心动，有利。足痒，得财。梦者，为东家酒肉事。釜鸣，有丧众事。（P.3281）

8. 己酉，梦者，家口舌事，及有酒肉事。釜鸣，有祠祀乐。（P.3281）

9. 庚戌，目润，左有恶事，右忧县官。呧者，吉。心动，有恨事。

足痒，得财。梦者，为家人来酒肉。釜鸣，凶，拜钱财。（P.3281）

10. 辛亥，目润，左有酒肉来，右有恶事。咥者，父母思之。心动，得财。梦者，为西家酒肉。釜鸣，官禄成，家安乐，无殃咎。（P.3281）

11. 癸丑，目润，左君子思之，右有人思之。足痒，酒肉事。梦者，为北家失物，口舌事。釜鸣，有上客会君子事。（P.3281）

12. 甲寅，釜鸣，有嫁娶、吉庆。目润，左有口舌，右有人念之。咥者，父母忧之。心动，忧。足痒，有行事。梦者，不吉。（P.3281）

13. 乙卯，目润，左人说之，右人道之。咥者，贵人说之，一云父母忧。心动，有忧。足痒，贵人思之。梦者，为北家失财。釜鸣，长子孙不嫁。（P.3281）

14. 丙辰，目润，左说之，右说之。咥者、梦者吉，不出五日有吉。釜鸣，家有非父即母。（P.3281）

15. 戊午，目润，左妻子思之，右客欲来。咥者，有酒肉。心动、足痒吉。梦者，为男子、口舌事。釜鸣忧奴婢。（P.3281）

16. 己未，目润，左有恶事，右君子思之。咥者，人呼之。心动，吉。足痒，有口舌。梦者，为南家失财。釜鸣，家有得，吉。（P.3281）

17. 庚子，目润，左君子思之，右女子思之。咥者，有酒肉，心动，有（残）忧后吉。釜鸣，妻内乱。（P.3685）

18. 己丑，心动，得财吉。梦者。必家有（残）。（P.4680）

19. 庚寅，心动，为忧。足痒，行事。梦者，西家（残）宜子。（P.4680）

20. 眼润，左远行，右女妇口舌之事，右得横财事。手痒，有远行事。面热，有外人口舌事。心动，女子心念及有酒肉事。足痒，有酒

食事。（P.2661V）

21. 子时耳鸣，左有口舌，右有财来。手掌痒，得饮食。耳热，左有忧，右父母思念之。心惊动，右喜事。面热，有妇人说之。足痒，有远客来，恶事至。（P.2661V）

22. 丑时耳鸣，左右并喜。耳热，左有喜事，右有酒肉事。手痒，女人鬼思之。掌中养，有贵人来。面热，有人语言。心动，忧官。足痒，有市买事。（P.2661V）

23. 寅时耳鸣，左喜事，右妇人来。耳热，左夫妇相通事，右喜乐事。手痒，有忧思之事。心动，有丧亡、忧之事。眼润，左目有奴婢事，右目有喜事。足痒，有人骂之。（P.2661V）

24. 卯时耳鸣，有妇人来。手痒，君子来问之。面热，女妇骂之。心动，有女子恶之。耳热，左得非财，右好悦者。足痒，有贵之。眼润，左有惊警，右人骂。（P.2661V）

25. 辰时耳鸣，左有客来并才，右有财勿言语。耳热，左有官喜，右凶事。手痒，有客来。面热，有众会之事。心动，有恶事至。足痒，有恨意不乐忧事。眼润，左有喜事，右有言语。（P.2661V）

26. 巳时耳鸣，左有离别，右有财物。耳热，左女子思，右大喜。手痒，有思念儿子消息事。面热，有恨怒之事。心动，有所悲思之事。足痒，有喜事。眼润，左右贵客来，右有言语事。（P.2661V）

27. 午时耳鸣，左有客来，右有喜事。耳热，左有喜乐，右有思念之事。手痒，有妻之事。面热，有人呼游之事。心动，恶事不吉。足痒，有人呼请之事。眼润，左有酒肉，右有恶事。（P.2661V）

28. 未时耳鸣，左有客来，右有贵人来。耳热，左有不喜事，右有谒之事。手痒，有爱念想之事。面热，有相念之事。心动，有财小忧。

足痒，有酒肉。眼润，左有口舌，右大吉。（P.2661V）

29. 申时耳鸣，左有客来，右远行或有死事。耳热，左有乐，右不吉。手掌痒，有财来。面热，有人问在不在。心动，有喜好之子思之事。足痒，有远行之事。眼润，左有远行，右有女来之事。（P.2661V）

30. 酉时耳鸣，左有口舌，右远行。耳热，左有喜，右有喜。手掌痒，有进退捕之。面热、心动，有绫之。足痒，有好事。眼润，左有饮食事，右大吉。（P.2661V）

31. 戌时耳鸣，左有酒肉，右远行相事。耳热，左有喜，右不吉，有人诅之。手痒，有县官、口舌之事。面热、心动、足痒，有酒肉食事。眼润，左有口舌，右有喜庆。（P.2661V）

32. 亥时耳鸣，左来，右非财来。耳热，左有忧愁事、行人请之，右得横财。眼润、足痒，有酒食喜。（P.2661V）

## 上官

1. 蜜日，上官重上官，吉。（P.3081）

2. 莫日，上官不毕正，非时被替。（P.3081）

3. 云汉日，上官遭口舌、诉讼之事。（P.3081）

4. 嘀日，上官失利，无成益。（P.3081）

5. 郁没斯日，上官不毕一，政加职掌，吉。（P.3081）

6. 那颉日，上官被女人乱惑，亦被谤毁。（P.3081）

7. 鸡缓日，上官毕一政后，更不得官。（P.3081）

## 见官拜谒

1. 蜜，宜谒君及受名位、图百官等，宜见官谒人求事。（P.2693）

2. 莫空，阴直，宜辅官位，见官申诉论理讼吉。（P.2693）

3. 云汉，宜见官。（P.2693）

4. 嘀日，直辰北方壬丑水差，宜官参谒官府。（P.2693）

5. 温没斯，直岁东方甲乙未女，宜谒君王、升官位。（P.2693）

6. 鸡缓，镇中方土。参谒贵人，善。（P.2693）

7. 丁未，见大官□谒小迁不吉。（S.6182）

8. 壬寅，见大官吉，见长史吉，受职、拜谒吉。（P.3281）

9. 癸卯，见大官欢喜，见长史凶，受职拜谒吉。（P.3281）

10. 甲辰，见大官吉，见长史吉，受职、拜谒吉。（P.3281）

11. 乙巳，见长史自如，见大官吉，受职、拜谒失位。（P.3281）

12. 丙午，见大官吉，见长史吉，受职、拜谒来福。（P.3281）

13. 丁未，见大官凶，见长史自如，受职、拜谒，小迁。（P.3281）

14. 戊申，见大官吉，见长史（残）。（P.3281）

15. 己酉，见大官吉，见长史、受职、拜谒昌。（P.3281）

16. 庚戌，见大官口舌，见长史凶，受职、拜谒口舌。（P.3281）

17. 辛亥，见大官凶，见长史凶，受职、拜谒有刑。（P.3281）

18. 壬子，见大官吉，见长史吉，受职、拜谒失位。（P.3281）

19. 甲寅，见大官欢喜，见长史吉，受职、拜谒自如。（P.3281）

20. 乙卯，见大官欢悦，见长史凶，受职、拜谒小吉。（P.3281）

21. 丙辰，见大官口舌，见长史凶，奏表、上书吉，受职、拜谒昌。（P.3281）

22. 丁巳，见大官返殃，见长史凶，受职、拜谒被刑。（P.3281）

23. 戊午，见大官吉，见长史凶，受职、拜谒吉。（P.3281）

24. 己未，见大官、长史吉，受职、拜谒吉。（P.3281）

25. 庚申，见大官有殃，见长史凶，受职、拜谒吉。 （P.3281）

26. 木角是青龙（残）见官吉，见长史凶，受职、拜谒、伏位（残）。 （Дx.01295、02976、03515）

# 入学

1. 蜜，宜入学仕贵人台方。 （P.2693）

2. 嫡日，宜入学受业、抄写、奸私，有争竞入无所畏。 （P.2693）

3. 那溢，贵人登位吉，宜就师学之，不宜见官，申埋难得，执器杖不吉，先□恶。 （P.2693）

4. 壬寅，入学吉，一云收、开、建入学师门。 （P.3281）

5. 甲辰，入学身安。 （P.3281）

6. 乙巳，入学吉，一云巳日收、开、建吉。 （P.3281）

7. 丙午，入学吉。 （P.3281）

8. 戊申，入学吉。 （P.3281）

9. 庚戌，戌入学师门，收、建用吉。 （P.3281）

10. 辛亥，入学师门开吉，用成、开、建日吉。 （P.3281）

11. 甲寅，入学吉。 （P.3281）

12. 乙卯，入学吉。 （P.3281）

13. 庚寅，入学吉。 （P.4680）

14. 以小儿出生日入学，必尊贵。己丑、己巳日，欲有求聪明，所愿从心。 （P.2661V）

15. 仓颉以丙寅日死，勿此日入学。 （P.2661V）

## 争讼、作誓

1. 蜜，不宜断竞、角讼、咒誓煞伐。（P.2693）

2. 莫空，为讼、□虚□之事，必败。（P.2693）

3. 云汉，宜论理、争斗、作保，不宜愚心盗窃、咒誓，后损神庙，福不及身。（P.2693）

4. 嫡日，此日不宜先发人事，他后应之，虚矫、作诳、咒誓，一出不宜官，不宜陈谋计充。（P.2693）

5. 温没斯，此日不宜咒誓、斗争、窃盗、奸非、串佩戎器、妄言。（P.2693）

6. 鸡缓，不宜合虚作誓及矫诈，为之远见取耶弃。（P.2693）

7. 郁没斯，宜大人申诉文状，登位。（P.3081）

8. 蜜，斗竞、咒誓，速见耻辱，凶。（P.3081）

9. 郁没斯日，不得恶言啾唧，奸非盗贼，斗讼，凶。（P.3081）

10. 癸不狱讼，两相害妨。（北大D195V）

## 奏表、书

1. 壬寅，奏表、上书吉。（P.3281）

2. 癸卯，奏表、上书大吉。（P.3281）

3. 甲辰，奏表、上书吉。（P.3281）

4. 乙巳，奏表、上书凶。（P.3281）

5. 丙午，奏表、上书口舌，一云丙不出流。（P.3281）

6. 丁未，奏表、上书，不吉。（P.3281）

7. 己酉，奏表、上书吉。（P.3281）

8. 庚戌，奏表、上书凶。 （P.3281）

9. 辛亥，奏表、上书大殃。 （P.3281）

10. 壬子，奏表、上书吉。 （P.3281）

11. 甲寅，奏表、上书凶。 （P.3281）

12. 乙卯，奏表、上书吉。 （P.3281）

13. 丁巳，奏表、上书吉，一云吉。 （P.3281）

14. 戊午，奏表、上书从心。 （P.3281）

15. 己未，奏表、上 ［书］ 合允。 （P.3281）

16. 庚申，奏表、上书自如。 （P.3281）

17. 丁未，奏表、上书不吉。 （S.6182）

18. 庚子，奏表、上书，合□。 （P.3685）

19. 辛卯，见大 （官） （残），（奏）表、上书自如。 （P.4680）

20. 壬不书后必讼，又书主吉，辞讼相言及殃。 （P.3281）

21. 壬不书小豕 （篆?），后必讼，一云事主凶，词讼修言及殃。 （P.3281）

22. 一云丙不书疏，头不开。 （P.3281）

23. 壬不书家。 （P.2661V）

24. 巳不破券书，二人俱亡。不书契，口舌竞起。 （北大D195V）

## 作乐聚会

1. 蜜，宜登赴席动□乐。 （P.2693）

2. 鸡缓，宜聚会。 （P.2693）

3. 莫日，欢乐凶。 （P.3081）

4. 云汉日，不得聚会作乐。 （P.3081）

5. 鸡缓，作欢乐，聚会，赏歌舞音声，凶。（P.3081）

6. 鸡缓，喜乐作歌舞凶。（S.1396）

7. 乙卯，作音乐凶，师旷此日死，不可此日作乐。（P.3281）

8. 师旷以辛卯日死，勿以此日作乐。（P.2661V）

## 交友会客

1. 莫空，不宜结友私语。（P.2693）

2. 嫡，不宜结用侣。（P.2693）

3. 温没斯，宜结交、作喜乐，营为拜命礼乐古仪，受寄分相，在家聚会，欢乐不嗔，息诸恶事。（P.2693）

4. 那溢，此日不宜相见，亦不宜合朋侣为密事，窃盗奸非不吉。（P.2693）

5. 郁没斯，交用友吉。（P.3081）

6. 那颉，结交友吉。（P.3081）

7. 云汉日，不得结交朋友。（P.3081）

8. 酉日不会客，客必斗伤。（S.0612V）

9. 酉不会客，差伤。戌又不庆，必有凶亡。（北大D195V）

10. 那溢，不宜合朋侣。（S.8362）

11. 癸卯，此日客吉。（P.3281）

12. 乙巳，会客、赏赐吉。（P.3281）

13. 辛亥，会客凶。（P.3281）

14. 癸丑，会客吉。（P.3281）

15. 己未，会客。（P.3281）

16. 杜康以丁酉日死，不得此日会客。（P.2661V）

17. 寅不召客，酉不会客。（P.2661V）

## 军事兵器

1. 蜜，逢阵敌，宜着白衣，乘白马，着白缨拂，吉，不宜先起首。（P.2693）

2. 莫空，若逢阵敌，宜着绿衣，乘骑骢马，着青缨拂。（P.2693）

3. 云汉，临宜动兵马，修理甲仗，教旗入阵冲贼得胜；若逢阵敌，宜着□衣，赤缨拂，乘赤马。（P.2693）

4. 嘀，若逢阵敌，宜着碧衣，碧缨拂吉。（P.2693）

5. 温没斯，宜入阵，大吉。如逢阵敌，宜着白衣，白马，白缨白拂，吉。（P.2693）

6. 那溢，入阵恐身亡马堕。若逢阵敌，宜着黄衣，乘黄马，黄缨拂，不宜先起首。（P.2693）

7. 鸡缓，入阵先起首，吉。若逢阵敌，宜着皂紫衣，乘白马，黑缨拂。（P.2693）

8. 蜜日，太阳日，发军卫徙日出处，行动用卯时发，吉；将宜着白衣，乘白马，缨绯白旗，引前，吉；向祀天大将军，吉。（P.3081）

9. 莫日，此日太阴日，发军宜从西北面向东方动兵，用子时发，吉；将宜着黑衣，乘紫骢马，黑缨绯黑旗引前，吉；向祀月神，吉。（P.3081）

10. 云汉，火直，发兵宜从南方面向北动兵，宜用辰时发，吉；将宜着绯衣，乘赤马，赤缨绯赤旗引前，吉；向祀五道大将军，吉。（P.3081）

11. 嘀日，水直，发军宜从北方面向南动兵马，宜用子时发，吉；

将宜着黑衣，乘骢马，黑缨黑旗引前，吉；祀河伯将军，吉。（P.3081）

12. 郁没斯日，木直日，发军宜从东动兵，用卯时，吉；将着青衣乘青骢马，青缨绯青旗引前，吉；祀行道天王，吉。（P.3081）

13. 那颉，日直，发军宜从西方面向东动兵，用戌时，吉；时宜着白衣吉，乘白马，白缨绯白旗引前，吉；祀巧女神，吉。（P.3081）

14. 鸡缓日，土直日，发军宜从西北方面向东南方动兵，用午时，吉；将宜黄衣，乘黄马，黄缨绯黄旗引前，吉；祀北斗神，吉。（P.3081）

15. 鸡缓，入军阵先首吉，逢阵着黄衣、骑骢马、悬黄拂吉。（S.1396）

16. 那溢，入军征战必死或落马。（S.8362）

17. 壬寅，治刀铠吉。（P.3281）

18. 癸卯，执、破、平日，治刀铠吉。从甲午至癸卯，孤辰巳。虚在戌亥，战斗东向胜，避难向北十行吉。（P.3281）

19. 甲辰，出军行将吉。受客凶。煞生，兵死。（P.3281）

20. 戊申，战斗凶。（P.3281）

21. 己酉，治刀铠吉。酉不置兵，反相伤。（P.3281）

22. 辛亥，辛不锻铸，兵伤。（P.3281）

23. 癸丑，战斗、博戏向东南胜。治刀、碓硙吉，用执、破、平大吉。（P.3281）

24. 甲寅，煞生，战死。（P.3281）

25. 乙卯，出军行将吉。（P.3281）

26. 戊午，治刀剑吉，用执、破、平大吉。（P.3281）

27. 己丑，西不行兵，相伤会（残）。（P.4680）

28. 庚寅，出军行将吉。（P.4680）

## 失脱逃禁

1. 蜜，逃走失物不觅自得。偷盗速败，犯赶被捉。（P.2693）

2. 莫空，禁者不出，逃亡不还，失物不得。（P.2693）

3. 云汉，所有奸盗不被擒捉，刺血强良卒急攻击，捕逐四方，逃亡难追，失物难获。（P.2693）

4. 嫡，禁者易出，逃者难获，失者觅得。（P.2693）

5. 温没斯，逃者不获，禁者难出，失物难得。（P.2693）

6. 那溢，禁者恐死，逃者不获。（P.2693）

7. 鸡缓，禁者虽滞，后出无难；逃者还迟。（P.2693）

8. 蜜日，失脱自得，由恕再失；逃者自来，及恕更逃；禁者得人庇荫，出更河护耳。由恕再犯，求日神吉。（P.3081）

9. 莫日，失脱恕难得取，人甚密；逃者难得，寻出远去；禁者难出，亦有人着力虽出难，终亦无事。宜求神吉。（P.3081）

10. 云汉日，失脱不可得；逃者可寻得，有人作脚引将去；禁者杖诬谤，宜求嘱人方可得出。宜求天□吉。（P.3081）

11. 嫡日，失脱却合得；逃者被人捉回，向前不吉；禁者枉横，求嘱师僧善道人吉。宜求河伯水神。（P.3081）

12. 郁没斯，失脱自得，逃者却未，禁者有相携助必得无事。求家亲先亡吉。（P.3081）

13. 那颉日，失脱不可得，家贼相知取；逃者不可捉，有人接引；禁者难出，有恕亦所为。宜急求九子母、巧女神吉。（P.3081）

14. 鸡缓日，失脱虽迟，到头必得，逃走去远终被捉回，禁者虽递，后出无难。宜求宅君吉。（P.3081）

15. 辛丑，系者无罪，辛不锻铸兵所伤。走失不得。失物者，若卯巳申时失，丝麻衣百得，男女取向南廿里许，若是牛马煞石下藏者。（P.3281）

16. 壬寅，失物者，若申酉亥时失，牛马者可得，男子取向此将五里亲家藏。（P.3281）

17. 癸卯，系者无罪。走失不得。失物者，若午辰戌时失，金玉共布不得，男女共取向南将他家藏着，其人不和即得。（P.3281）

18. 甲辰，系者无罪。走失不得。失物者，若亥时巳未时失，牛马、丝麻布服、棉绢等，猪犬可得，男子女人共取，向西北四、五里，亲家藏着之。（P.3281）

19. 乙巳，系者无罪。走失不得。失物者，若午未辰时失，牛马猪可得，男女共取，向北将去，忽取不得。（P.3281）

20. 丙午，系者无罪。走失不得。一云午日失物者，若辰巳戌亥时失，猪犬不可得，男子共取，其人居山边。（P.3281）

21. 戊申，系者无罪。走失不得。失物者，若卯戌时失，猪犬不得，钱可得，男女共取，西北之家藏。（P.3281）

22. 己酉，系者无罪。走失不得。失物者，若午未申时失，金银不得，男女共取，十二月，黑色，向东北将去。（P.3281）

23. 庚戌，系者无罪。（P.3281）

24. 辛亥，系者无罪。走失不得。失物者，若子时失，金银珠玉者可得，男女共取，家中有人说情，向东近墙壁藏着得之，不之。（P.3281）

25. 癸丑，系者无罪。走失不得。失物者，若辰子卯申时失，麻布丝可得，除不可得，男子共取，一人白色，向南□；若是牛马，煞在，不可藏。（P.3281）

26. 甲寅，系者无罪。走失不得。失物者，申酉亥时失，马可得，余物不得，男子取，其人赤色，口小，纳长，年十九，向北五里亲家藏。（P.3281）

27. 乙卯，系者无罪。走失不得。失物者，若□午辰戌申酉时失，麻丝布绢、猪犬、金银可得，男女共取，向西家南地藏，其家不相可，即得。（P.3281）

28. 丙辰，系者□无罪。走失不得。失物者，亥寅巳时失，牛马猪犬、麻丝布服绢可得，余物不得，男女共取，向西北五里亲家藏。（P.3281）

29. 戊午，系者无罪。走失不得。失物者，辰巳戌亥时失，猪犬可得，余物可得，男子二人共取，其人居水边，急逐之。（P.3281）

30. 己未，系者无罪，立即放。走失不得。失物者，若酉戌时失，布绢、猪犬可得，余物不得，君子女人共取，向北二家或四家亲家藏着。（P.3281）

31. 庚子，系者无罪，走失不得（残）藏着之知也也。（P.3685）

32. 己丑，未申时金银可（得），男女共取，向东北将去。（P.4680）

33. 庚寅，（系者）无罪。走失物不（残）。（P.4680）

34. 天日（残）得之，出即不得，人日失，人（残）来自求，得之。时日失，灯时得，迟即不得。音日失，保来得消息，求之得，星日失也。吴吏□之，将来自求之（残）日失，水草风求之。明日失，出三日得之（残）即不得。（P.3602V）

35. 大月从头向下数之，至失日止；小月从下向上数之，至失日止。数值长画者，走失不可捉得；数值罗城者，走失急捉得；数值短画者，走失不捉自来。万无一失。（P.3602V）

36. 神龟推走失法。生气地，求觅财物吉。 （P.3602V）

37. 皋陶以壬辰日死，不得此日效罪人。 （P.2661V）

38. （残）系无罪，病者自差。第一牢内者，囚系速出，家（残）病者速差。第二牢内者，囚系难出，诉讼无（残）病者迟差。第三牢内者，囚系有罪，争讼（残）病者忧重。 （Дx01258、01259、01289、02977、03162、03165、03829）

39. 常以八月□日取清酒和饭七口，令人不被贼，宜子孙。 （P.2661V）

## 伍胥法

1. 辛丑，伍胥法：兵不来，贼不行。 （P.3281）

2. 壬寅，伍胥法：闻忧不忧，闻喜有喜，闻兵不行，闻贼不来。 （P.3281）

3. 癸卯，伍胥法：闻忧不忧，闻喜不喜，闻兵不行，闻贼不来。 （P.3281）

4. 甲辰，伍胥法：闻忧不忧，闻喜有喜，闻兵不行，闻贼不来。 （P.3281）

5. 乙巳，伍胥法：闻忧无忧，闻喜不喜，闻兵无兵，闻贼不来。 （P.3281）

6. 丙午，伍胥法曰，闻喜后忧，闻忧后喜，闻兵有兵，闻贼不来。 （P.3281）

7. 丁未，伍胥法：闻忧后忧，闻喜后喜，闻兵有兵，闻贼不来。 （P.3281）

8. 戊申，伍胥法：闻兵有兵，闻贼不来，闻喜有喜，有（闻）忧后忧。 （P.3281）

9. 辛亥，伍胥法：闻忧后忧，闻喜后喜，闻兵有兵，闻贼有来。（P.3281）

10. 癸丑，伍胥法曰，闻忧无，闻喜无，闻兵有，闻贼有。（P.3281）

11. 甲寅，伍胥法曰，闻忧无，闻喜有，闻兵无，闻贼来。（P.3281）

12. 乙卯，伍胥法：闻忧无，闻喜有，闻兵无，闻贼来。（P.3281）

13. 丙辰，伍胥法曰，闻忧无，闻喜无，闻兵无，闻贼无不。（P.3281）

14. 戊午，伍胥法曰，闻忧后忧，闻喜无，闻兵不倒，闻贼不来。（P.3281）

15. 己未，伍胥法曰，闻忧后忧，闻喜无，闻兵不行，闻贼不来。（P.3281）

16. 庚子，伍胥法：闻忧不忧，闻喜不喜，闻兵不行，闻贼方来。（P.3685）

17. 庚寅，伍胥法：闻忧不忧，闻喜不喜，闻兵不行，闻贼不来。（P.4680）

## 除灰

1. 丙辰，除灰吉，一云丙不除灰，祸外来。（P.3281）

2. 乙巳，弃灰凶。（P.3281）

3. 丙午，丙不弃灰，祸福外来。（P.3281）

4. 除灰溷中，令人淋淋，又令人家贫。丙日不淋，淋灰灰鬼入来。（P.2661V）

5. 丙不指灰。（P.2661V）

6. 如离宅分灰，凡作余涂，凡灶中灰，随多少，去之，勿出着前，令家人不利。（P.2661V）

## 修造、造举、起土

1. 莫空，一切造举动事并不宜，先起手凶。（P.2693）

2. 嘀，不宜修宅、修造。（P.2693）

3. 温没斯，宜修宅造舍。（P.2693）

4. 那溢，宜造作、家内营构。（P.2693）

5. 辛丑，天门在卯，地户在子，外吉内凶。起土凶，土公在地（残）。（P.3281）

6. 壬寅，天门在午，地户在尾，治内凶，治外吉。日游在太徼宫内，犯者三年煞三人。起土凶，土公在地，凶。（P.3281）

7. 癸卯，天门在卯，地户在酉，内凶外吉。起土凶，土公在地。（P.3281）

8. 甲辰，日游在御女宫内，不可动土如弹丸，煞九人，吉。天门在甲，地户在卯，外吉内凶。起土吉，土公上天。（P.3281）

9. 乙巳，日游在御女宫，不可动土，凶，如弹丸，六年一人死。天门在酉，地户在卯，外凶内吉。起土凶，土公在地。（P.3281）

10. 丙午，日游在御女宫内，不可起土如弹，太岁煞一人。天门在卯，地户在子，治外口舌，治内凶。起土凶，此日土公死日，不犯，土公上天起土。（P.3281）

11. 丁未，日游在御女宫内，不可起土，煞人。天门在子，地户在卯，治内凶，治外吉。此日土公上天，起土吉。（P.3281）

12. 戊申，日游在御女宫内，不起土，自如弹丸，煞人。天门在子，地户在午，内凶外吉。起土凶，土公在九月，地囊日，掘一尺煞一人，掘一丈煞十人，凶。（P.3281）

13. 己酉，日游在外，外凶内吉。天门在午，地户在子。起土凶，土公在地。（P.3281）

14. 庚戌，日游在外，外凶内吉。天门在申，地户在酉。起土凶，上公在地。（P.3281）

15. 辛亥，日游在外，治内史，治外凶。天门在卯，地户在酉。起土凶，土公在地。（P.3281）

16. 壬子，日游在外。天门在酉，地户在午。起土凶。（P.3281）

17. 癸丑，日游在外，治外凶，治内吉。天门在午，地户在子。起土凶，土公在地。（P.3281）

18. 甲寅，日游在外，治外凶，治内吉。天门在午，［地］户在未。起土吉，土公在天。一云三月是地囊日，掘一尺煞一人，掘一丈［煞］十人。（P.3281）

19. 乙卯，日游在外，治外凶，治内吉。天门在子，［地］户在酉。起土凶，一云土公上天，起土吉；又云四月乙卯、十二月乙卯是地囊日，掘一尺煞一人，掘一丈煞十人。（P.3281）

20. 丙辰，日游在外，治外凶，治内吉。天门在申，户在卯。起土吉，一云土公上天，吉；一云地囊日，死，凶。（P.3281）

21. 戊午，日游在外，治外凶，治内凶。天门，户在子。起土吉，一云土公上天，吉；一云是地囊日，掘一尺一人死，一丈十人死。（P.3281）

22. 己未，日游在外，治外凶，治内吉。天门在酉，户在午。起

土凶，土公在地，又云是地囊日，掘一尺煞一人，掘一丈煞十人。（P.3281）

23. 庚子，土公在地。（P.3685）

24. 己丑，起土吉，此日土公上天，吉。（P.4680）

25. 庚寅，起土凶。（P.4680）

26. 推修造月法。宫家：四月、五月、七月大吉，八月、十一月小吉；商家：三月、七月、十一月大吉，四月、十月小吉；角家：四月、五月、十月大吉，三月、十一月小吉；徵家：正月、五月、六月大吉，四月、七月小吉；羽家：正月、七月、八月大吉，五月、十一月小吉。（S.0612V）

27. 推修造日法。宫家：用金火日，水木日凶；商家：用水土日，火木日凶；角家：用水火日，金土日凶；徵家：用木土日，金水日凶；羽家：用金木日，火土日凶。（S.0612V）

28. 太岁太阴常同游，游后本位地修造吉，告还日且停。如作未了，更代后游日重作。妨其太岁游在之处，不须修造动土，审看慎之，大吉。不忌之，须家长大凶。（P.3594）

29. 推五姓祭祀、修造月日法。宫家：二月、五月、十一月大吉，八月、十月小吉也；商家：七月、八月、十月大吉，九月、十一月小吉；角家：四月、九月、十月大吉，十一月、三月小吉；徵家：正月、二月、七月大吉，五月、十一月小吉；羽家：正月、二月、八月大吉，七月、十一月小吉。（P.3594）

30. 右土公，犯之损家母，凶。（P.3602V）

## 宅、庭、门、户

1. 蜜，宜养□□修造宅，合治宫阙、新入宅。 (P.2693)

2. 莫空，不宜新入宅、修宅舍。 (P.2693)

3. 郁没斯，宜入新宅。 (P.3081)

4. 辛丑，治屋盖发屋吉，治庭三年煞之。 (P.3281)

5. 壬寅，造舍宅宁，架椽失物入舍凶，坏城樿吉，立疗库吉，作门户吉，治屋吉，盖屋□屋凶，治庭三年煞三人。 (P.3281)

6. 癸卯，造立宅舍、架椽凶，上梁吉，入舍得田蚕，盖屋治屋门户吉，作北门东门吉，忌六月作东门，忌七月九月作北门，凶。 (P.3281)

7. 甲辰，造立宅舍，三年吉。忌六月、十月，凶。治门户富贵。作南门吉。治屋吉，一云申不治屋，心空发舍吉。冬作西门吉。作户吉。 (P.3281)

8. 乙巳，造立舍宅，不安。造屋吉，一云煞人。竖柱吉。架椽妇死。盖屋吉。发屋吉。入新舍吉，一云凡人入舍吉。作东门，南门吉，忌六月十日作东门，忌十一月三日作南门。上梁吉。作门户吉，忌除日，不可作。涂屋凶，不出六十日一人死，凶。 (P.3281)

9. 丙午，造立舍宅失财物，架椽妇死。入舍夫妇斗，一云新舍吉。盖屋失火。作东门吉，忌六月、十月。治南门吉，作西门吉，忌四月、十二月。夏治屋凶。治屋舍。 (P.3281)

10. 丁未，造立舍宅，安定，吉。架椽，妇死并失火。发坏故屋，吉。入舍，大畜死。治南门、作东门、南门吉，作东门南门忌六月、十月，作南门忌三月、十一月。 (P.3281)

11. 戊申，造立宅舍保金。造屋吉。架椽妇死，入舍安。治屋舍

吉。（P.3281）

12. 己酉，造立舍妨奴婢。架椽高迁。入新舍宜田蚕，一云此日年贼死日，不可新入，祟。（P.3281）

13. 庚戌，立舍宅病。上梁吉。架椽凶。入舍多病。治作西门吉，忌四月、十一月。治屋吉。破屋吉。（P.3281）

14. 辛亥，造立舍宅大吉。架椽凶。入舍得财。入官舍祸主人。盖屋吉。治门户吉。秋作东门、西门，忌四月、十一月。（P.3281）

15. 壬子，造立宅舍失火凶。架椽富。治户吉。入户、入舍相伤。作北门、西门吉。涂屋吉。治屋多病。盖屋、发屋并吉。（P.3281）

16. 癸丑，造立宅舍无福。架椽妇死。上梁吉。入舍鬼来。作户吉。除忌作北门吉，忌五月、九月作，日穷之。治门吉。盖屋吉。治屋吉。（P.3281）

17. 甲寅，造立宅舍富。架椽失火。入宅、治舍、治堂、发屋吉，一云甲不治屋舍，必倒。作东、南门并吉，忌三月、十月。（P.3281）

18. 乙卯，造立宅舍富，利。上梁、架椽富，吉。入宅夫妻相宜，治屋，吉。春涂屋凶，一云此日涂屋，百鬼不入，大吉。作东、南门吉。（P.3281）

19. 丙辰，造立宅不居。架椽贫穷、失火。作柱者，入舍，少子孙。治屋、发屋、破屋吉，一云六月、十二月丙辰是天开，诸起土，治壁鬼并吉利。涂屋、作户吉，忌除。作南门吉，忌三月、十一月，一云春作百位。治门户吉。（P.3281）

20. 戊午，造立宅舍不居。上梁吉。架椽失火。入舍多病。涂屋凶，不出六十日，人必死。治门户盗贼自死。盖屋失火。（P.3281）

21. 己未，造立宅舍来福，架椽宜子孙，吉。入舍安居。治门户

富，吉。（P.3281）

22. 庚子，（残）宅舍小富。入舍多病，此日入金宫，福口人。盖屋治屋吉。涂屋、置釜必有亡（残）内。（P.3685）

23. 己丑，入舍损胎，入新舍吉。（P.4680）

24. 庚寅，造立宅舍富，上梁、架椽凶。入舍益口。盖屋、祭、治门户（残）此日治户。（P.4680）

25. 丁未，县官煞四人，造立舍宅安定吉，余妇并失。口月吉，作东门，忌六月十日，口口口忌三月十一日。（S.6182）

26. 午日不改屋，失火多殃。（S.0612V）

27. 作屋一二年凶，上梁涿富贵，入舍宜主。（Дx01295、02976、03515）

28. 甲不治宅，必空囊。午不枊屋，必见火光。（北大D195V）

29. 屋上瓦迅黄，令人大吉昌。午不盖屋。（P.2661V）

30. 起楼在亥上，盗贼不过门；在辰上，出贵人；在卯上，宜利子孙；在酉，富利。（P.2661V）

31. 烛竖不得露天，不过三年出三，见簸箕成业成饮，令人家贫。门在青龙上，令人不吉利。门在玄武上，令人数被贼盗口口。门在未地，令人患足不利。屋梁当户，令人出兵死，入门见口，令人生颠狂人，不利。庭中多树木，出孤寡妇，不利。屋柱到竖，出逆子，不利。丑日作窗，令人不利兄弟，凶。（P.2661V）

32. 凡人宅有六虚、五耗。傍宅有坑窖名四虚，除灰置坑坟中五虚，宅大人少为一虚，舍少门大名二虚也，六畜不具为名三虚，舍后有坑井名六虚。建上作屋，主失亡、失火。家有妇人娠身，不作屋门。月，不可作屋，凶。三门相当，灭小口，慎之。犁辕不可作屋。屋不用盖井，凶。牛羊在白虎上，大凶。屋梁头不可当户，出凶死，宅近逆流水，逆不孝子，西流北是。危日取水置屋，厌大吉。仓舍不得当门。（P.2661V）

33. 正月一日，取阳桃枝着户上，百鬼不入门。正月卯日，取桃枝着户上，鬼不敢入舍，吉。三月三日，作九索十，寻连门户上气，去温吉。常五月上卯，取东南桃支悬户上，鬼不敢入舍，利。（P.2661V）

34. 沸汤灭火，令人多温病，不利。水流从大门出，令人贫，不利。（P.2661V）

35. 八月社日，取舍西四十步，取土一升作涂屋四角门户上，令人不失火，无贼。（P.2661V）

36. 人家□□悬，官不利者，取三家水涂门户上吉。（P.2661V）

## 井

1. 莫空，此日宜穿渠井空水。（P.2693）

2. 辛丑，作井吉。（P.3281）

3. 壬寅，治井凶。（P.3281）

4. 癸卯，穿井吉，一云卯日不穿井，百泉不得。（P.3281）

5. 甲辰，治井吉。（P.3281）

6. 乙巳，治井灶吉。（P.3281）

7. 丙午，治井凶。（P.3281）

8. 丁未，治井凶。（P.3281）

9. 戊申，穿井吉。（P.3281）

10. 己酉，治井吉。（P.3281）

11. 庚戌，治井吉。（P.3281）

12. 辛亥，治井吉。（P.3281）

13. 壬子，治井吉。（P.3281）

14. 甲寅，治井吉。（P.3281）

15. 乙卯，治井吉，穿井泉不通。（P.3281）

16. 丙辰，治井吉。（P.3281）

17. 戊午，治井吉。（P.3281）

18. 己未，治井不利，用收、成、开大吉。（P.3281）

19. 庚子，不可治井，三年煞三人，凶。（P.3685）

20. 卯日不穿井，百泉不通。（S.0612V）

21. 卯不穿井。井与刑合，出溺死人，凶，不利，不吉。（P.2661V）

22. 卯不攀井，百泉不通。（北大D195V）

23. 四月八日日中时，取大豆三枚，杏人一枚，井水服，解鸟语。（P.2661V）

## 灶

1. 癸卯，治灶凶。（P.3281）

2. 壬寅，治灶凶。（P.3281）

3. 甲辰，治灶吉。（P.3281）

4. 乙巳，作灶凶。（P.3281）

5. 丙午，治灶凶。（P.3281）

6. 丁未，治灶凶。（P.3281）

7. 己酉，治灶吉，一云灶用收、成、开、日吉。（P.3281）

8. 庚戌，治灶吉。（P.3281）

9. 壬子，治灶吉，一云灶君此日死，勿令治灶。（P.3281）

10. 甲寅，治灶吉。作灶吉。（P.3281）

11. 乙卯，治灶吉。（P.3281）

12. 丙辰，治灶吉，一云丙不治灶，有肉。（P.3281）

13. 戊午，治灶吉。（P.3281）

14. 己未，治灶不利，用收、成、开大吉。（P.3281）

15. 庚子，不可治灶，三年煞三人，凶。（P.3685）

16. 推作灶法。长七尺，阔四尺，高三尺。各不如法，神不居也，致虚耗。（P.2661V）

17. 灶在勺命上，令人大宜子孙；灶在明堂上，令人出贵，门户同；故灶安仓库，大吉，富贵也；灶在金柜上，令人横得财物，门户同。（P.2661V）

18. 妇人灶前不哭。灶当户舍，令人失火，凶。井灶相当，令人数有口舌，不利。灶与天牢并，令人烧死，不利。凡作灶砖土，如着人傍，令人家衰耗，宜着宅外丙丁地好。（P.2661V）

19. 立春日，取富家地中土涂灶，令人富贵。（P.2661V）

20. 丙不修灶，□岁揭，百鬼在傍。（北大D195V）

## 碓硙

1. 辛丑，治碓硙凶，一云大吉。（P.3281）

2. 壬寅，治碓硙吉。（P.3281）

3. 癸卯，治碓硙凶，一云作吉。（P.3281）

4. 甲辰，治碓硙吉。（P.3281）

5. 乙巳，治碓硙凶。（P.3281）

6. 丙午，治碓硙妨奴婢。（P.3281）

7. 丁未，作碓硙吉，治碓硙凶。（P.3281）

8. 戊申，治碓硙凶。治碓硙吉，用执、破、平吉。（P.3281）

9. 己酉，治碓硙凶。（P.3281）

10. 庚戌，作碓硙吉。（P.3281）

11. 壬子，治碓硙凶。（P.3281）

12. 甲寅，治碓硙凶。（P.3281）

13. 乙卯，治碓硙吉。（P.3281）

14. 丙辰，治碓硙凶。（P.3281）

15. 戊午，治碓硙吉。（P.3281）

16. 庚寅，治碓硙凶。（P.4680）

17. 碓在酉上，令人出兵死，凶。碓硙在辰、巳、午、未，无子孙，不利。（P.2661V）

## 厕

1. 乙巳，作厕吉。（P.3281）

2. 癸卯，厕吉。（P.3281）

3. 甲辰，作厕吉。（P.3281）

4. 乙巳，作厕吉。（P.3281）

5. 丙午，治作厕吉。（P.3281）

6. 丁未，治厕溷门吉。（P.3281）

7. 戊申，治门户厕吉。（P.3281）

8. 壬子，作厕吉。（P.3281）

9. 丙辰，治厕吉。（P.3281）

10. 己未，治厕吉。（P.3281）

11. 壬寅，正月中有此日，取厕中草长之三寸，于庭中烧之，无病。（P.3281）

12. 甲寅，治厕吉。正月中有此日，取厕中草于庭烧之，终身无病。（P.3281）

13. 庚寅，作厕吉。此日取厕中草三寸烧，无病。（P.4680）

14. 埋鹿角门中厕中，得□，吉。（P.2661V）

15. 人患口臭者，取正月一日，取井□水噙弥着厕中。正月上寅日，取厕中草三寸，庭中烧，云大吉。常以正月上寅，取厕前草，庭中烧之，令人家无病，时气。（P.2661V）

## 牛栏、马枥、猪圈、鸡栖

1. 辛丑，治牛马栏吉。（P.3281）

2. 癸卯，溷吉。（P.3281）

3. 甲辰，作溷吉，作鸡栖吉。（P.3281）

4. 乙巳，治溷吉。（P.3281）

5. 丙午，安猪槽吉，用收、成、满、开、闭。立鸡栖吉。（P.3281）

6. 丁未，安猪槽吉。（P.3281）

7. 戊申，安马槽吉。（P.3281）

8. 壬子，治鸡栖吉。（P.3281）

9. 甲寅，安马槽吉。（P.3281）

10. 丙辰，作马栏吉，用满、成吉。（P.3281）

11. 庚子，满、平日作牛栏吉。（P.3685）

12. 库舍马枥，枥在青龙、朱雀，出贵人。马枥在勾陈上，宜牛马，大吉。鸡栖在刑上，令人数逢祸，凶。（P.2661V）

## 仓库

1. 蜜，合安置仓库。（P.2693）

2. 甲辰，造立仓库吉。不开仓库，钱财亡。（P.3281）

3. 甲寅，作治仓库吉。（P.3281）

4. 乙卯，治仓库吉。（P.3281）

5. 戊午，造仓库吉。（P.3281）

6. 仓库在金柜、勾陈、明堂上，大吉昌。（P.2661V）

## 床

1. 壬寅，移床见贵人。（P.3281）

2. 辛丑，治床吉。（P.3281）

3. 甲辰，治床吉。（P.3281）

4. 乙巳，作床吉，一云忌。移床令人煞鬼。（P.3281）

5. 丙午，起床吉，安床吉。（P.3281）

6. 丁未，移床吉，未不安床，一云作床立。（P.3281）

7. 戊申，申不置床。（P.3281）

8. 庚戌，治床吉。（P.3281）

9. 癸丑，治床得财，安床吉。（P.3281）

10. 甲寅，治床大吉。（P.3281）

11. 丙辰，治床吉，忌除。移床吉。（P.3281）

12. 戊午，安床、移床吉。（P.3281）

13. 己未，作床吉，卧不作恶梦。未日不安床，一人亡。（P.3281）

14. 夫妇共举床，一人亡。故车辕不得作床。姑章同床卧，生跛

甓，凶。故灶处安床，令人子孙不利。辛巳、甲寅日取钱三枚着卧床，皆下将眠，勿令人知，钱财万□，利财。（P.2661V）

15. 庚子，治床吉。（P.3685）

16. 庚寅，（残）床凶。（P.4680）

17. 申不安床，鬼居其傍。（北大D195V）

## 镇宅

1. 乙巳，镇宅吉，得天仓焉，大吉利。（P.3281）

2. 丙午，镇宅凶，煞妇人及女子。（P.3281）

3. 丁未，镇宅凶，煞妇人及女子。（P.3281）

4. 戊申，镇宅吉，封侯王，得钱财。（P.3281）

5. 丙辰，镇宅大富。（P.3281）

6. 辛丑，镇宅有口舌。（P.3281）

7. 甲辰，镇宅吉。（P.3281）

8. 乙巳，镇宅吉，得天仓马，大吉利。（P.3281）

9. 庚戌，镇宅吉，封侯王，吉。（P.3281）

10. 辛亥，镇宅吉。（P.3281）

11. 癸丑，镇宅舍吉，宜子孙。（P.3281）

12. 甲寅，镇宅大凶。（P.3281）

13. 乙卯，镇宅大凶。（P.3281）

14. 己未，镇宅七高迁。（P.3281）

15. 癸卯，镇宅吉，村王使得百家财。（P.3281）

16. 庚子，镇宅凶，有口舌起。（P.3685）

17. 用石镇宅法。凡人居宅处不利，有疾病、逃亡、耗财，以石九十斤镇鬼门上，大吉利，艮是也。人家居宅已来，数亡遗失，钱不聚，市买不利，以石八十斤镇辰地，大吉。居宅以来，数遭县官、口舌，年年不绝，以石六十斤镇大门下，大吉利。宫家，金火日吉，水木；商羽，土日吉；角，水火日吉；徵，木土日吉；羽，金木日吉，火土日大凶。（P.3594）

18. 人家宅中阴寒，不利百事，田蚕不得，钱耗损，以（残）石八十斤埋辰地，吉。又法，以正月十日，且称石一斤，东面埋鸡栖，大吉（残）疾病，以石二斤埋寅地，大吉。人家数有口舌，取三牲头埋门户中，吉。东家有取造，西家举金向之；西家有取造，东家举炭向上；南家有取造，北家举水向之；北家取造，南家举土向之。（P.2661V）

## 伏龙法

1. 推伏龙法。正月一日中伏六十日，三月一日堂中伏一百日，六月十一日东北伏六十日，八月十一日西南伏一百日，十一月廿一日灶下伏卅日。右犯之灭门，慎之。（P.3594）

2. 宅内伏龙法。正月一日灶前六十日，六月十一日在东北六十日。（P.3602V）

## 移徙

1. 癸卯，移徙凶。日游在皇天历内，移徙犯三岁煞三人。（P.3281）

2. 甲辰，移徙吉。（P.3281）

3. 丙午，移徙吉。（P.3281）

4. 戊申，移徙凶。（P.3281）

5. 己酉，移徙凶。（P.3281）

6. 庚戌，西徙煞三人。（P.3281）

7. 癸丑，移徙从甲辰至癸丑，孤在寅卯，虚在申酉，前七日宜主人，后三日宜客。（P.3281）

8. 甲寅，移徙吉。（P.3281）

9. 乙卯，移徙煞三人，凶。（P.3281）

10. 丙辰，移徙吉。（P.3281）

11. 己丑，移徙凶。（P.4680）

12. 庚寅，移徙吉。（Дx04960）

13. 推移徙，黄黑徙，与前厌禳法同。正月、七月，亥子□□酉戌等地黑，丑辰巳未地黄。二月、八月，辰巳戌亥子丑寅等地黑，午未申酉卯等地黄。三月、九月，甲寅卯辰午未戌地黑，巳申酉子亥地黄。四月、十月，寅卯辰巳午申酉子等黑，未戌亥丑等黄。五月、十一月，寅辰巳午未申戌亥等黑，子丑卯酉等黄。六月、十二月，丑辰未申酉戌等地并黑，寅卯巳午亥子等黄。□□月，避病与贩买田宅及奴婢、起生（土）修造、立舍、簇蚕等皆昌。从黄向黄，大富，吉昌。一切诸神不能为殃，大吉利。从黑向黄，中吉。从黄向黑，中凶。从黑向黑，百事皆凶。（P.3594）

14.（残）祭之。凡人疾病、移徙、嫁娶（残）天下一州省黄一，一县有黄一，一乡有黄一，一里。犯天刑，治大德。犯勾陈，治金柜。解勾陈，治雄黄五两，麻子三升，悬著勾陈下。解玄武，慈石十二两，大豆二升，悬着玄武下。犯青龙，治玉堂。犯白虎，治明堂。解白虎，慈石九两，大豆二升，悬白虎下。太岁在中宫，不移徙，可西向，不□□害，吉（残）（P.3594）

15. 凡欲移徙，拔釜之时，以上五谷着其（残）富，大昌，延年长乐无各殃。凡卜每月，正（残）十八宿，皇天后土尚言，令我长受富贵（残）（P.2661V）

## 园圃

1. 蜜，宜随意修园圃等。（P.2693）

2. 云汉，宜修理园圃、种花、药窖井、伏藏宝物、修城栅。（P.2693）

## 买养六畜

1. 癸卯，内牛马凶。（P.3281）

2. 甲辰，市买牛马吉。（P.3281）

3. 乙巳，内牛马羊死，一云内马吉。巳日内鸡吉。（P.3281）

4. 丙午，内牛马凶，一云可，市马亦凶，一云治马亦凶之。内鸡吉。（P.3281）

5. 丁未，内牛马凶，一云寄居吉。治牛马吉。内犬鸡吉。（P.3281）

6. 戊申，内牛马番息。（P.3281）

7. 己酉，内牛马大吉。（P.3281）

8. 庚戌，内牛马大凶。不买犬，唤上床。（P.3281）

9. 辛亥，市买牛马吉，买猪凶，内鸡凶。（P.3281）

10. 壬子，内牛马，凶。（P.3281）

11. 甲寅，纳牛马凶，一云平旦吉，取马凶，治马凶。纳羊凶。纳猪吉。（P.3281）

12. 乙卯，市买牛马吉。纳牛马吉，一云纳马、治马凶。（P.3281）

13. 丙辰，纳牛马妨主，一云大吉。治马凶。买牛番息。纳鸡犬吉。（P.3281）

14. 丁巳，纳牛马猪犬吉。（P.3281）

15. 戊午，市买牛马吉。纳马，马凶，出凶，治凶。午不市马，伤折。纳牛驴番息。纳羊吉。将马入亲厩凶。（P.3281）

16. 己未，纳牛马猪犬吉，四月吉。纳羊吉。（P.3281）

17. 庚申，纳牛马羊主凶，一云吉。（P.3281）

18. 壬寅，内猪吉。（P.3281）

19. 庚子，内牛马吉。子不可市易，损牛羊。内牛马入厩吉，内猪吉。（P.3685）

20. 丁未，内牛马凶，一云寄居吉，治牛马吉，内戊鸡吉。（S.6182）

21. 辛卯，内马□□猪豚吉，买蚕子吉（残）。（P.4680）

22. 丑不买牛。正月一日买以牸牛，万倍。（P.2661V）

23. 丑日不买牛，子孙不昌。戌日不养狗，狗必上床。（S.0612V）

24. 午不买马，必绝绊缰。酉不买鸡，还自必伤。戌不买狗，狗必上床。（北大D195V）

## 农林渔猎

1. 蜜，宜净场五谷、种田、（养？）（买？）六畜，不宜田猎、鱼捕。（P.2693）

2. 云汉，宜田猎、调马畜生、受领田宅、贮积财谷、行水溉田。（P.2693）

3. 嘀，合群牧。（P.2693）

4. 温没斯，宜种田、调畜生。（P.2693）

5. 那溢，不宜游猎。（P.2693）

6. 鸡缓，纳口马吉。此日并依促，调六畜吉。此日调生，马上槽枥后肥悦吉。（P.2693）

7. 郁没斯，种吉。（P.3081）

8. 鸡缓，宜调六畜，种吉。（P.3081）

9. 莫日，六畜凶。（P.3081）

10. 辛丑，种大豆、苴吉，种麻大凶，一云吉。（P.3281）

11. 壬寅，种大豆、韭、蒜吉，种树木高迁，寿老宜子孙，吉。（P.3281）

12. 癸卯，种麦、瓜瓠、蒜、树吉。一云卯日种树高迁、寿老、宜子孙，吉。种豆凶。（P.3281）

13. 甲辰，种稷、小豆、葵、蒜吉，种瓜瓠、大豆吉，种麻凶。（P.3281）

14. 乙巳，种禾稷、大豆、葵，吉，种麦凶，此日田主死，一云丁亥日内辰日葬，不可种谷。乙不种树，至老不秃。（P.3281）

15. 丙午，种黍稷、瓜瓠吉，种豆、麦凶。（P.3281）

16. 丁未，种五谷不生。丁未不煞羊。（P.3281）

17. 戊申，戊申执、闭、收日捕鱼吉，种葱、蒜、瓜瓠、麻、苴、葵吉，种大豆、小豆吉，一云戊到日禾稼伤，一云不宜，不茂。（P.3281）

18. 己酉，捕鱼客灭门。藏蚕子吉。种瓜瓠、韭、大小豆、稻穄吉。（P.3281）

19. 庚戌，种瓜瓠吉，种豆凶，射猎吉。（P.3281）

20. 辛亥，耕动锄煞人，田母此日死，不可此日伐田。种麦荼吉。种树高迁、寿，吉，宜子孙吉。（P.3281）

21. 壬子，种麻、豆、瓜、葱、蒜吉，种麦凶。（P.3281）

22. 癸丑，种豆、禾、葱吉，种麻凶。（P.3281）

23. 甲寅，种瓜瓠、小豆、葵、葱、蒜、樱樧吉。种树木高迁，寿老宜子孙，吉。射猎吉。（P.3281）

24. 乙卯，种麦凶，一云吉。种瓜瓠、樱樧、葱、蒜吉。倚蓝吉。乙不种树，老不秃。（P.3281）

25. 丙辰，种麦、麻、豆凶。辰日种树木高千受寿老，宜子孙。（P.3281）

26. 戊午，买田宅凶。藏蚕子吉。种树、五谷、葱、蒜、稻、瓜瓠、葵吉。戊不行田，禾稼伤，不宜田蚕，不茂。捕鱼吉，用执、开、满、收吉。（P.3281）

27. 己未，种五谷、麻、茬、葱、稻、□、瓜吉。（P.3281）

28. 庚子，种麦凶，种大豆、麻吉，种葱、葵、茬吉。种树高迁、宜子孙（残）危、闭日猎吉。（P.3685）

29. 己丑，种禾稻、瓜瓠吉。（P.4680）

30. 庚寅，禾种茬樧吉，寅种树木吉，种蒜吉。（P.4680）

31. 戊不受田。凡种树，东方种桃九根，西方种槐九根，南方种枣九根，北方种榆九根。依此法，宜子孙，大吉利，富贵。（P.2661V）

32. 田公丁亥日死，勿此日种五谷，凶。（P.2661V）

33. 丑不种葱。丁亥不治田，下种。戊不种树。己不伐树。（P.2661V）

34. 乙不栽种。戊不受田，必重相伤。辰不屠，煞嫁娶。（北大D195V）

## 酿酒作酱

1. 嫡，不宜造酒。（P.2693）

2. 丁不酿酒，来凶。（P.3281）

3. 癸丑，作酒凶。（P.3281）

4. 以满日，取三家井水作酒，令人富贵，得财，吉。六月一日，取三家井水作酒，饮之，令人耐老百事吉。满日，取三家水作酒，令人家富、吉。（P.2661V）

5. 辛亥，作酱酒凶。（P.3281）

6. 辛不作酱。（P.2661V）

7. 辛不作酱，一人不喜。（北大D195V）

## 车、船

1. 嫡，宜修船筏。（P.2693）

2. 辛丑，作船吉。（P.3281）

3. 甲辰，作车吉。造船屋用危、平、闭、成、建吉。（P.3281）

4. 己酉，乘新车吉。（P.3281）

5. 癸丑，乘新车吉。（P.3281）

6. 戊申，乘船吉。（P.3281）

7. 乙卯，上船凶，此日船去家不归，其日必有死。（P.3281）

8. 己未，乘船车。（P.3281）

9. 庚寅，作车凶，此日奚仲死日，不可作车。（P.4680）

10. 甲寅日奚仲死，不得造车。河伯庚申日死，勿此日乘船远行。（P.2661V）

## 出行、兴易

1. 蜜，宜出东西远近，出行早回。（P.2693）

2. 莫空，不宜出行。宜为兴易，东方北方出行得利。（P.2693）

3. 云汉，宜远行。（P.2693）

4. 嘀，宜出行。宜兴易，不宜保识纳财。（P.2693）

5. 温没斯，宜出行，登路远来。（P.2693）

6. 鸡缓，出财门求利，平安还舍。（P.2693）

7. 蜜日，出行兴易，平善回。不宜出行。（P.3081）

8. 莫日，出行兴易，平安，迟回。（P.3081）

9. 云汉日，出行兴易，遇逢贼，水火损。（P.3081）

10. 嘀日，出行兴易，失财物。不得出行，未曾行处不合去。（P.3081）

11. 郁没斯日，宜出行兴易。出行兴易，多利，平安回。（P.3081）

12. 那颉日，兴易，凶。出行兴易，因女人损财。（P.3081）

13. 鸡缓日，出行兴易，迟滞回军。（P.3081）

14. 鸡缓，出行不吉，当被留滞，抑塞口舌官府，虽难平安，毕竟无利益。（S.1396）

15. 那溢，不宜移，若此行，必逢恶贼。（S.8362）

16. 辛丑，远行凶，一云丑日宜春行。东行北行死，南行忧，西行得财。宜出西门，吉，取午时行，吉。（P.3281）

17. 壬寅，远行逢贼凶，寅日冬宜行，远行家凶，此徒煞三人。东行得酒肉，南行吉，西行此行羁留。宜出西门行，吉，取辰时行，吉。（P.3281）

18. 癸卯，远行吉，冬宜行，吉。出凶。东行、西行吉，南行得财，北行见死。宜出西门行，吉，取辰时行，吉。（P.3281）

19. 甲辰，远行逢水，大凶，一云冬远行吉。东行失财，西行吉，北行得财。宜出西门，吉，取巳时行，吉。（P.3281）

20. 乙巳，远行不还，行百里不返，一云宜秋行。巳日不入，出逢虎狼。妇家凶。东行、西行稽留，南、北行吉。宜入西门行，吉，取子时行，吉。一云远行吉。（P.3281）

21. 丙午，远行不还。归家凶。东行凶，南行、西行、北行、得财。宜出西门，吉，午时行，吉。（P.3281）

22. 丁未，远行凶。归家凶。东行有所得，南行吉，西行稽留，北行得财。出东门行，吉，此日取申时，吉。（P.3281）

23. 戊申，远行吉，一云夏宜行此日；一云离日，不可行。还家凶。东行凶，南行、西行得，北行得财。宜出东门、北门行，吉，取巳时，吉。（P.3281）

24. 己酉，远行吉，一云神日在离日，不可远行，又云出行百里不返，又云酉日夏宜行。还家凶。东行、西行稽留，南行、北行吉。宜出南门行，吉，取戌时，吉。（P.3281）

25. 庚戌，远行吉，一云千往不归。皈（归？）家凶吉，天帝不下。东行、西行得财，南行、北行吉。宜出南门行，吉，此日取戌时，吉。（P.3281）

26. 辛亥，远行凶，忌秋宜春，此日行一里，不还。归家凶。东行、西行、北行凶。宜出南门行，吉，取申时，吉。（P.3281）

27. 壬子，远行吉，一云百里不还，一云秋吉，一云此日天四，不行。归家死，一云行李吉。东行得财，南行稽留，西行忧，北行得财

（残）。（P.3281）

28. 癸丑，远行逢贼，一云春行吉。行来吉。东行死，南行忧，西行得财，北行见殃。宜出北门行，吉，取辰时，吉。避难西行吉。（P.3281）

29. 远行凶，一云冬宜行，还家煞三人。东行得酒肉，南行吉，西行、北行稽留。（P.3281）

30. 乙卯，远行凶，一云行百不返，一云冬行吉。还家凶。东、南、西行吉，北行死人。宜出南门，取寅时行。（P.3281）

31. 丙辰，远行凶。还家凶。东行失财，南行、西行吉，北行得财。宜出西门行，吉，取子午时行，吉。（P.3281）

32. 戊午，远行凶，一云行百里不返；一云天回，不行，大凶。东行、南行凶，西行吉，北行得财。宜出东门行，吉，去寅时行。（P.3281）

33. 己未，远行来，吉。东行、南行吉，西行稽留，北行得财。宜出东门行，吉，此日取寅，则行大吉利。（P.3281）

34. 庚子，东行得财，南行得稽留，西行有忧，北行得财。宜出（残）庚不求索，无望。（P.3685）

35. 己丑，远行失物，一云宜行吉。还家吉。（残）门，北行吉，取寅申时行，吉。（P.4680）

36. 庚寅，东行有酒肉，南行吉，西行、北行稽留（残）（P.4680）

37. 辰不远行，申不远行。（P.2661V）

38. 凡欲远行，初发家，东行避日出，南行避日午，西行避日入，北行避夜半，慎之大吉。凡欲远行，避四绝，立春、立夏、立秋、立冬，此是四绝。凡欲远行，千里外，勿三长、三短日，正月岁长，每月一日甲子日长，每月卅日月短，癸亥日日短，十二月卅日岁短，此是短。凡欲远行，东行持槐枝东枝一寸，南行持李南一寸，西行持柳

枝西一寸，北行持□枝一寸，依此（残）。（P.2661V）

39. 夫妇乙癸、己亥、辛卯日出行。（P.2661V）

40. 每月一日、九日、十七日、廿五日（残）行日大吉，得财；十一日、三日、十九日、廿七日，是天财日，出（残）吉；十三日、五日、廿一日、廿九日，是天仓日，小吉，出行恐安；七日、十五日、廿三日是天富日，出行觅财，觅求官，四路通（残）四日、十二日、二十日、廿八日是天阳日，出行平安大吉，得官禄；十八日、二日、十日、廿六日是天贼日，出行（残）伤折或逢贼劫剥；十四日、六日、廿二日，是天集日，出行（残）官事起；十六日、八日、廿四日，是天盗日，出行（残）（S.5614）

41. 凡行，有四火出日：己卯（残）辛未，右件日，行车破马（残）正月六日、二月□日、三月五日（残）七月十二日、八月十一日、九月（残）右件日是天陷（残）太岁日，春三月□庚辛有五穷日，行（残）南集□行（残）正月三日、二月（残）（Дх12829、12830V）

## 入仓、出纳财物

1. 蜜，宜卖买纳财，出入库必输。（P.2693）

2. 莫空，五谷宜入仓，不背虫暴。（P.2693）

3. 云汉，觅财物先者吉，宜买卖、出纳财物。（P.2693）

4. 温没斯，宜收麦谷入仓，种莳贮积，收纳财物。（P.2693）

5. 鸡缓，纳财吉，出财凶。（P.2693）

6. 鸡缓，不得出财，一出不回。宜五谷入仓。（P.3081）

7. 壬寅，内财市买凶，一云土买凶，出财吉，一云是及交日出财。（P.3281）

8. 癸卯，出财吉，一云及交日出财吉。（P.3281）

9. 乙巳，内财吉，一云乙内钱不茂，亦不分钱，客主出财。（P.3281）

10. 丁未，内财吉。（P.3281）

11. 戊申，内财物凶。（P.3281）

12. 庚戌，内钱、买物吉，一云家内金银家，此是天帝内宝日，可以此日内钱财，吉。出财吉，及亥日出大吉。（P.3281）

13. 辛亥，出财吉，此日及交出财吉。（P.3281）

14. 壬子，出财吉。（P.3281）

15. 甲寅，不开仓，钱财凶。（P.3281）

16. 乙卯，纳财吉。（P.3281）

17. 丙辰，出财物大忌，凶；又，及日，出财凶。（P.3281）

18. 丁巳，出财吉，是人民日，出财吉。（P.3281）

19. 戊午，出财物大忌，凶。（P.3281）

20. 庚申，纳物亡，金石人民离日，不可出财。庚不出钱，□□□不祥。（P.3281）

21. 庚子，庚不内金钱，家不详，内财吉，此日天帝内金钱财宝吉日，一云是道日，内财大吉，一云买物得百倍利，大吉，好。（P.3685）

22. 己丑，（残）买吉，乙不纳财，钱不成。（P.4680）

23. 辛卯，出财吉，此日及交日，出财吉。（P.4680）

24. 以五月庚辰、庚申日纳财，千倍利。（P.2661V）

25. 午卯日内财，大吉利。丙子日不得与人钱及出粟与人，令人家贫，不利。（P.2661V）

26. 未不与人钱。（P.2661V）

27. 甲不开仓，钱财耗亡；子不与人物。（北大D195V）

28. 天遂日内财不出，三年大富，庚子日是大吉。（P.2661V）

29. 甲不开藏，乙不纳财。（P.2661V）

30. 凡巳日，慎相受人财物，凶。己午日不出财，此绝本□□利。（P.2661V）

## 买卖、市买

1. 嘀，宜起首交、开买卖，不宜卖买。（P.2693）

2. 那溢，作交易、买卖，多不宜移动。（P.2693）

3. 云汉，合火伴及同财，凶。（P.3081）

4. 乙巳，买田宅、杂物吉，此日用一文买物得万倍利。（P.3281）

5. 丙午，市买吉，卖物者凶。买田宅吉。（P.3281）

6. 丁未，买物吉，正月此日买物千倍，百卖吉。（P.3281）

7. 戊申，买田地凶。（P.3281）

8. 己酉，市买凶，至狱此日死，不可市买。（P.3281）

9. 壬子，买田宅，吉。子不市易，损牛羊。（P.3281）

10. 甲寅，买物吉，正月有此日，买物千倍，不卖出物，火亡。买田宅吉。（P.3281）

11. 庚申，市买吉，此日出钱，钱得百万倍利。申不市买，鬼上床。（P.3281）

## 金银

1. 壬子，子日不买金，有亡。（P.3281）

2. 甲辰，甲不纳金器，主凶。（P.3281）

3. 甲寅，甲不纳金器，主人凶。（P.3281）

4. 乙卯，乙不藏收，不纳金器，害主人，一云有死。（P.3281）

5. 己丑，（残）买吉，乙不纳财，钱不成，不纳金器字（残）。
（P.4680）

## 还债、放债

1. 蜜，还债凶，放债及禁（后缺）。（P.2693）

2. 莫空，不宜出财放债，后必不获。（P.2693）

3. 嘀，放债难获。（P.2693）

4. 癸卯，还债吉，终身不负人债。（P.3281）

5. 己酉，还债大吉。酉日不借假，令折伤。（P.3281）

6. 辛亥，偿债吉，终身不负。（P.3281）

7. 壬子，偿债大吉。（P.3281）

8. 己未，偿债、赏赐物大吉。（P.3281）

9. 以癸辛日偿债，令人终身负他人债。癸丑日偿债，使人终身不
负人债，吉。常以壬戌日还债，终身大吉，不负他人债利。癸亥日还
债，令人终身负他人债，凶，一凶云。常己巳日、癸酉，此云债偿，
终身不□人财，利。（P.2661V）

## 奴婢、雇人

1. 蜜，宜卖奴婢。（P.2693）

2. 云汉，宜雇人、收养他人。（P.2693）

3. 温没斯，宜市买奴婢。（P.2693）

4. 鸡缓，买奴婢吉。（P.2693）

5. 鸡缓，宜买奴婢。（P.3081）

6. 莫日，买奴婢凶。（P.3081）

7. 壬寅，内奴婢吉，一云平旦吉。（P.3281）

8. 癸卯，纳奴婢走。（P.3281）

9. 甲辰，内奴婢凶，市买奴婢吉。（P.3281）

10. 乙巳，内奴婢吉。（P.3281）

11. 丙午，内奴婢凶，一云吉。（P.3281）

12. 丁未，内奴婢，秋冬内吉。（P.3281）

13. 戊申，内奴婢吉。（P.3281）

14. 己酉，内奴婢吉。（P.3281）

15. 庚戌，内奴婢三世富贵。（P.3281）

16. 辛亥，内奴婢得利主人，市买奴婢吉。（P.3281）

17. 壬子，内奴婢，走失。（P.3281）

18. 甲寅，纳奴婢凶，云秋冬凶。（P.3281）

19. 乙卯，市买奴婢吉。（P.3281）

20. 丙辰，纳奴婢妨主，一云大吉。（P.3281）

21. 丁巳，纳奴婢吉。（P.3281）

22. 戊午，市买奴婢吉，纳奴婢吉。（P.3281）

23. 己未，纳奴婢吉，一云秋冬内凶，春夏大吉。（P.3281）

24. 庚申，纳奴婢吉。（P.3281）

25. 庚子，内奴婢必死，一云庚日大吉。（P.3281）

26. 丁未，奴婢吉，秋冬内吉。（S.6182）

## 受寄

1. 壬寅，受寄凶，壬寅执破平日。（P.3281）

2. 戊申，受寄吉，一云灭，伤主人，忌。（P.3281）

3. 乙卯，受寄吉。（P.3281）

4. 己未，受寄吉。（P.3281）

5. 己酉，受寄客灭门。（P.3281）

6. 乙巳，受寄客入，死。（P.3281）

7. 庚子，寄吉。（P.3685）

8. 望不受寄。（P.2661V）

## 日月、地动

1. 蜜，若日月蚀地动者，大熟又不熟。（P.2693）

2. 莫空，此直日遇日月被蚀及地动，其年多疾死复多苦，又触事渐贫，损财物。（P.2693）

3. 云汉，若此日月被蚀、地动，其年多动兵马，死伤，富有流血其甚。（P.2693）

4. 温没斯，若日月被蚀及地动，三官贵人多灾厄，贫贱者诸事皆好。（P.2693）

5. 那溢，此直遇日月交动蚀及地动，其年足风尘雷电，散损多少田苗，余并吉。（P.2693）

6. 鸡缓，若此日曜直日有日月变蚀、地动、见星，星见谓蜜、莫、嘀及客星长急之属也。（S.1396）

7. 那溢，蚀地，其年足风尘。（S.8362）

8. 辛丑，此日天狗出食，送葬、祠祀、嫁娶、移徙皆吉，吉。（P.3281）

9. 壬寅，此日天狗出食，送葬、祠祀、嫁娶、移徙，凶。（P.3281）

10. 癸卯，此日天狗出食，送葬、祠祀、移徙、嫁娶，皆大吉。（P.3281）

11. 乙巳，此日天狗出食，送葬、祠祀、嫁娶、移徙大吉。（P.3281）

12. 丙午，此日天狗出食，送葬、祠祀、嫁娶、移徙凶。（P.3281）

13. 丁未，此日天狗不食，送葬、祠祀、嫁娶、移徙吉。（P.3281）

14. 戊申，此日天狗不食，送葬、祠祀、嫁娶、移徙，吉。（P.3281）

15. 己酉，此日天狗不食，送葬、祠祀、嫁娶、移徙吉。（P.3281）

16. 辛亥，此日天狗出食，送葬、祠祀、嫁娶、移徙凶。（P.3281）

17. 癸丑，此日天狗不食，送葬、嫁娶、祠祀、移徙吉。（P.3281）

18. 甲寅，此日天狗不食，送葬、祠祀、嫁娶、移徙，皆吉。（P.3281）

19. 乙卯，此日天狗不食，送葬、祠祀、嫁娶、移徙。（P.3281）

20. 戊午，此日天狗不食，送葬、祠祀、嫁娶、移徙皆吉。（P.3281）

21. 己未，此日天狗不食，祠祀、嫁娶皆吉。（P.3281）

22. 己丑，此日天狗出食，送葬、嫁娶（残）。（P.4680）

23. 庚寅，此日天狗不食（残）日斩，举则尾于屋，举则显去之。（P.4680）

24. 每月一日，见月，大吉；二日，见月，所求称心；三日，见月，斗诤；四日，见月，大利；四（五）日，见月，悲哀；六日，见月，所求称意；七日，见月，损才（财）；八日，见月，所见欢喜；九日，见月，凶；十日，见月，平安之事。（S.0813）

## 晴雨占

1. 壬寅，雨立止，一云平旦甚，至食时不甚，即晴，见自此月合闭阴阳，大雨。（P.3281）

2. 癸卯，雨立止，一云五月上卯日平旦甚，至食时不甚，见日，至午时当壬时晴。（P.3281）

3. 甲辰，雨立止，一云平旦甚，□时霁，无风之气即之，一晴。（P.3281）

4. 乙巳，雨丙丁未日止，平旦甚，晡时见日，还巳晴。（P.3281）

5. 丙午，雨立止，一云午日雨，平旦不甚，至明时见日，不晴，继阴。（P.3281）

6. 丁未，雨立止，一云未日雨，平旦不甚，无风，至暮甚，亥日小止，子丑日晴。（P.3281）

7. 戊申，雨立止，一云至食时甚，至晡时日入，霁，一云申时至，一云日止。（P.3281）

8. 庚戌，雨此止，一云四日止，一云戌时日雨，平旦甚，晴；无风，小雨后晴；多风，见日辰乃晴。（P.3281）

9. 辛亥，雨癸丑日止，一云一日止，一云六日止，不甚，至午日时即无风后，雨后见日，止辰日时。（P.3281）

10. 癸丑，雨立止，一云平旦甚，暮不胜，卯日止，寅胜，□不胜，合阴，一云三日止。（P.3281）

11. 甲寅，雨立止，一云廿七日止，一云平旦甚，至食时不晴见，日月闭，阴闲阳，必大雨，雨霁明之。（P.3281）

12. 乙卯，雨丁巳日止，一云立止，一云平旦甚，至食时不当见

日，至午当霁，寅日晴。（P.3281）

13. 丙辰，丙丁巳日止，一云平旦大甚，申时霁，无风，巳晴。（P.3281）

14. 戊午，雨立止，一云三日止，一云平旦不甚，至时晴时见日出，若不晴，当久阴。（P.3281）

15. 己未，雨立止，子日平明不宜并风，至暮甚，亥日小止，子日始乃晴。（P.3281）

16. 庚子，一云鸡鸣甚，止至食时不甚，寅卯日晴，补□多阴也。（P.3685）

17. 己丑，雨立止，戌日止，又云酉日满平旦止，亥日雨，□晴（残）。（P.4680）

## 祭祀解除

1. 壬寅，祀先人凶，灭门；祀土公凶，一云吉；祀宅神凶；祀天神吉；祀灶神富，一云凶；祀外神不宜后子孙。祭并解除，殃出大吉，寅不解祭，神不享。（P.3281）

2. 癸卯，祀天神大富贵；祀先人生贵子，一云秋夏吉；秋夏祭门户神吉，秋冬祭水神吉；祀土公凶，一云三年死，一云秋凶；祀宅神、外神大富贵，祭百倍；祀水神凶。解除殃祟，祟不出，主人厉。祀宅神吉，外神大吉。（P.3281）

3. 甲辰，祀天神富；祀大神吉；祀先人凶，一云三人死；祀宅神、外神吉；祀土公，长死；祀灶，口舌起。祭，奴婢续世。解，神在，大吉。祠祀，神不出，凶，此日司命死日，不祠祀，凶。辰时神在家。解殃遣祟，祟不出，害六畜。（P.3281）

4. 乙巳，祀天神有盗贼；祀大神富；祀先人妇死，一云三人死。祀灶大吉；祀宅神夫病，一云出宜子；祀外神伤，煞入；祀水神凶。解除，神在，吉。祠祀，神不在，凶。巳酉时神在家。解除遣祟，祟西出，人吉。（P.3281）

5. 丙午，祀天神凶，地神入狱，一云吉；祀先人吉，一云宜子孙；祀土公富，一云百倍；祀宅神、杂神、外神吉；祀社失火，一云吉。祭水神、大神吉。解除，去殃，大吉。祀，神在，得福。寅卯巳时神在家。解殃遣祟，祟去，主人吉。（P.3281）

6. 丁未，祀天神、祀大神、祀先人吉，一云祀先人入征也；祀土公，一云遭官有死；祀灶保人；祀宅神凶；祀外神、杂神凶；祀水神凶。解除，去殃，大吉。祠祀，鬼不在内。辰时神在家。解殃遣祟，祟出，主人大富贵，吉。（P.3281）

7. 戊申，祀天神吉；祀先人凶，一云病，一云秋祭吉；祀土公凶，一云吉，一云秋冬夏祭者吉；祀宅神吉，冬夏祭门神吉；祀灶凶；祀杂神吉。秋夏祭灶吉。祠祀，神不在，凶。祭吊吉。祀水神大吉。寅申时神在家。解殃遣祟，祟出，主人。（P.3281）

8. 己酉，祀天神烧死；祀大神贵；祀先人吉；祀灶、土公、门神等贵；祀宅神宜蚕，一云死，一云夏祭吉；祀外神贵。解除吉。祭天神，六畜死。祠祀，神在，得福。寅卯时神在家。解殃遣祟，祟出，主人得财。（P.3281）

9. 庚戌，祀天神益财，一云失火烧死；祀先人吉，一云开乞；祀灶失火；祀大神富贵；祀外神吉；祀水神凶。解除吉。祭宜子孙。戌不解祀鬼，不吉日。祠祀，不在，凶。辰时在家。解殃祟，祟不出，伤小女。（P.3281）

10. 辛亥，祀大神生子；祀先人富；祀宅神吉；祀土公宜田蚕；祀天神凶，用定，此日死，酉日葬，不可此日祀；祀灶有福，吉；祀外神吉。祭往，复又祀，神在，不凶。申亥时神在家。解遣祟，祟不出，害主人。（P.3281）

11. 壬子，祀神、先人并吉；祀神富；祀土公、灶神凶，灶神此日死；祠祀外神、杂神吉；祀水神失犬。祭大神吉。解除，去殃，大富贵。祠祀，神在，大吉。午亥时神在家。解殃遣祟，祟西出，主人家败。（P.3281）

12. 癸丑，秋夏祭水吉，一云失火。祭（残）福七。丑戌时神在家。解殃遣祟，祟（残）。（P.3281）

13. 甲寅，祀天神煞人；祀仙人百鬼不顺，一云有病死；祀土公凶，一云狱死；祀外神凶；祀杂神凶；祀水神凶。祭致辱。祀神不在，凶。寅不解祭，不厚。辰卯时神在家。解殃遣祟，祟不出，主人凶。（P.3281）

14. 乙卯，祀天神吉；祀大神忧；祀仙人吉，一云死凶；祀土公凶，一云斗讼亡，忧，祭祀吉；忧；祭水神吉；祀门户吉；祀灶益口舌，一云富，一云四十二人吉；祀宅神安；祀外神、杂神吉。祭煞父。祠祀，神不在，凶。辰卯时神在家。解殃遣祟，不出，主人病。（P.3281）

15. 丙辰，祀神得百倍利，吉；祀大神家乱，一云弱死；祀仙人吉；祀土公生贵子，一云百倍；祀宅神凶，一云生贵子；灶祀口舌，此日食时祀灶，卅二人千佳，大吉利；祀水神凶；祀外、杂神吉。解、去殃，大富。祠祀在，不凶，此日祠命死，不可以祠之。辰卯时神在家。祭大神吉。解除吉。（P.3281）

16. 丁巳，祀天神、大神吉，一云失火；祀土公煞牛马；祀灶口舌；祀宅神、外神凶；祀杂神、祭大神吉；祀水神凶。祠祀，神不在，凶；此日天开日，祠祀吉。寅辰时神在家。解除吉。（P.3281）

17. 戊午，祀天神、大神、仙人并吉，一云祀大神百倍；祀外神吉；祀土公凶，一云夏祭吉；祀宅神吉，一云宜蚕，一云多祭小吉；祀灶神，一云吉，一云夏祭吉；祀水神吉。解神，去殃咎，大吉。祭宜蚕。祠祀，神不在，凶。辰巳时神在家。解殃遣祟，祟出，主人大吉。（P.3281）

18. 己未，祀天神百倍利；祀大神富；祀仙人、土公吉，一云百倍；祀宅神吉，百倍；祀外神吉；祀神灶凶，一云吉；祀杂神。祠祀，神不在，凶。解除，去殃，吉。祭宜蚕，祀水神宜蚕。祠祀，神在，吉。巳午时辰〔神〕在家。解殃遣祟，出，主人大富。（P.3281）

19. 庚申，祀天神吉；祀大神凶，一云宜蚕，吉；祀仙人凶，一云富贵，一云祭吉；祀土公吉，一云白候，一云秋祭吉；祀灶、宅神吉，一云宜子孙（残）吉；祀杂神凶。秋夏祭水神、门户神，祭大神小神吉。祠祀，神（残）出，主人得财。（P.3281）

20. 己丑，祀土公富，祀外神生子吉，忧秋冬。祀，神在，得福三倍，吉。辰卯时神在家，殃遣（残）。（P.4680）

21. 辛卯，一云（祀）大神吉。（P.4680）

22. 庚子，祀先人六畜死，祀大神富贵，祀天神凶，祀宅神富贵，祀灶凶，一云大吉，祀外神凶，此日道死，不可以此日祠祀（残）祟祟西出，得财。（P.3685）

23. 祀先人得财，一云宜祀蚕公吉，祀大神天神，逢口（残）祀门神吉，冬夏祭神吉，祀灶神吉。（Дx01295、02976、03515）

24. 亥日不迎日，必忧死亡。（S.0612V）

25. 寅日不祭祀，鬼来反殃。（S.0612V）

26. 云汉，遭丧者十五日内不可殡遭祭祀诸事。（P.2693）

27. 满日，取三家井水祀灶，令人大富。戌不祠祀。（P.2661V）

28. 寅不布祭，鬼神不宁。戌不祠祀，家室破亡。（北大D195V）

## 神游日、丛辰所在

1. 丙子日南游至子日，到辛巳日还；庚子日西游，乙巳日还；壬子日北游，丁巳日还。右太岁以下将军、太阴、诸煞等神，逢子即游，逢巳日还（残）忌，如所游方之，虽无官府，犯之大凶，为众神皆怒。（S.8350）

2. 震在辰，夫（残）天德在甲，月德在（残）在巳，月德在戌，月（残）九道九坎在午（残）在子，往（残）在卯（残）在酉（残）在子（残）在辰，天煞在酉，地煞在丑（残）生土在寅，死土在申（残）五墓在子，丧车在子（残）小煞在戌，大煞在巳（残）在子，大时在子，豹尾在丑（残）在丑，天开在角，天梁在参（残）方，九天朱雀，九天玄武（残）在子，阴虚在亥（残）日在巳。（Дx01274、03029）

3. 神在家，一云神月□□□（残）月□神在（残）。（Дx01295、02976、03515）

4. 辛丑，祠祀神在，得□三人，寅丑时神在家。神所在，正、七、十、四月在门，二、五、八、十一月在外，三、六、九、十二月在内。（P.3281）

5. 壬寅，神所在，正、四、七、十月在门，二、五、八、十一月在外，三、六、九、十二月在内。（P.3281）

6. 癸卯，神所在，正、四、七、十月在内，二、五、八、十一月

在门，三、六、九、十二月在外。（P.3281）

7. 甲辰，神所在，正、四、七、十月在内，二、五、八、十一月在门，三、六、九、十二月在外。（P.3281）

8. 乙巳，神所在，正、四、七、十月在外，二、五、八、十一月在内，三、六、九、十二月在门。（P.3281）

9. 丙午，神所在，正、四、七、十月在内，二、五、八、十一月在门，三、六、九、十二月在外。（P.3281）

10. 丁未，神所在，正、四、七、十一月在门，二、五、八、十月在内，三、六、九、十二月在外。（P.3281）

11. 戊申，神所在，正、四、七、十月在外，二、五、八、十一月在内，三、六、九、十二月在门。（P.3281）

12. 己酉，三神所在，正、四、七、十月在内，二、五、八、十一月在门，三、六、九、十二月在外。（P.3281）

13. 庚戌，神所在，正、四、七、十月在门，二、五、八、十一月在外，三、六、九、十二月在内。（P.3281）

14. 辛亥，神所在，正、四、七、十月在外，二、五、八、十一月在门，三、六、九、十二月在内。（P.3281）

15. 癸丑，正、四、七月、十月在外，二、五、八、十一月在内，三、六、九、十二月在门。（P.3281）

16. 甲寅，神所在，正月，四、七、十月在外，二、五、八、十一月在内，三、六、九、十二月在门。（P.3281）

17. 乙卯，神所在，正、四、七、十月在内，二、五、八、十一月在门，三、六、九、十二月在外。（P.3281）

18. 丙辰，神所在，正、四、七、十月在门，二、五、八、十一月

在外，三、六、九、十二月在内。（P.3281）

19. 戊午，神所在，正、四、七、十月在门，二、五、八、十一月在内，三、六、九、十二月在外。（P.3281）

20. 己未，神所在，正、四、七、十月在门，二、五、八、十一月在外，三、六、九、十二月在内。（P.3281）

21. 己丑，八、十一月在门，（三、六、九、十二月）在外。（P.4680）

22. 庚寅，神所在，正、四、七、十月在外，二、五（残）。（P.4680）

## 逢精魅

1. 辛丑，君子会逢精魅，称书生者，牛也。（P.3281）

2. 癸卯，逢精魅，称丈人者，兔也；东王父者，麇也；称王母者，马鹿也。（P.3281）

3. 乙巳，逢精魅，称宜生者，神地也；称时君者，兔也。（P.3281）

4. 丙午，午时逢忧精魅，称三公者、称人者，老树也。（P.3281）

5. 丁未，逢精魅，称主人者，羊；称吏者，廉章。（P.3281）

6. 戊申，逢精魅，称人君者，猴也；称九卿者，猿也。（P.3281）

7. 己酉，逢精魅，称将军者，有老鸡；称贼者，雉也。（P.3281）

8. 庚戌，逢精魅，称人姓者，犬也；称阳公仲者，狐也。（P.3281）

9. 辛亥，逢精魅，称君臣者，猪也；称妇人子者，金玉也。（P.3281）

10. 壬寅，称虞使者，虎也；称当路君者，狼也；称令长者，老程也。（P.3281）

11. 癸丑，称书生者，牛也。（P.3281）

12. 乙卯，逢精魅者，称父丈者，兔也；称王父，鹿马也。（P.3281）

13. 丙辰，逢精魅，称雨师者，龙也；称河伯者，鱼也。（P.3281）

14. 己未，逢精魅，称主人者，羊也；称相吏者，不利。（P.3281）

15. 庚子，逢精魅，称□君者，鼠；称神者，伏翼。（P.3685）

16. 庚寅，寅日称虞史者，老狸也。（P.4680）

## 请符

1. 乙巳，请符宜子孙。（P.3281）

2. 戊申，请符保命长。（P.3281）

3. 己酉，请符保命，吉。（P.3281）

4. 癸丑，请符保命长。（P.3281）

5. 己未，请符大富。（P.3281）

## 斋修、功德

1. 蜜，宜清斋修供，布施求恩诸并得。（P.2693）

2. 莫空，宜三宝求福启□乞聪明，造功德。（P.2693）

3. 嘀，宜修伽蓝、纳弟子。（P.2693）

4. 温没斯，宜修功德、持斋戒。（P.2693）

5. 那溢，宜修功德。（P.2693）

6. 嘀者，外有消息，学修理伽蓝，纳弟子，吉。此日平，师僧用吉，师僧吉。（P.3081）

7. 郁没斯，宜设斋供养，求恩福。（P.3081）

## 卜筮

1. 嘀，阴卜筮、符咒俱吉。（P.2693）

2. 嘀者，阴阳卜问，吉。（P.3081）

3. 辛丑，徵宫内，不可祀卜煞人。（P.3281）

4. 壬子，卜问不吉，必受殃。（P.3281）

5. 子不卜问。（P.3685）

6. 子日不卜问，怪语非良。（S.0612V）

7. 子不卜问。（P.2661V）

8. 子不卜问，及受具殃。（北大D195V）

## 厌鬼

1. 癸卯，厌百鬼，鬼出大吉。（P.3281）

2. 甲辰，厌百鬼，鬼出万里。（P.3281）

3. 乙巳，厌百鬼，鬼出万里。（P.3281）

4. 丙午，厌百鬼，鬼南去八百里。（P.3281）

5. 丁未，厌百鬼，鬼南出八百里。（P.3281）

6. 戊申，厌百鬼，鬼出八百里。（P.3281）

7. 己酉，厌百鬼，鬼出八百里。（P.3281）

8. 庚戌，厌百鬼，鬼出大吉。（P.3281）

9. 辛亥，厌百鬼，鬼出大吉。（P.3281）

10. 壬子，厌百鬼，鬼出万里。（P.3281）

11. 甲寅，厌百鬼，鬼不出。（P.3281）

12. 乙卯，厌百鬼，鬼不出，凶。（P.3281）

13. 丙辰，厌百鬼，鬼南出万里。（P.3281）

14. 丁巳，厌百鬼，鬼不出，大凶。（P.3281）

15. 戊午，厌百鬼，鬼出万里。（P.3281）

16. 己未，厌百鬼，鬼出万里。（P.3281）

17. 庚子，厌百鬼，鬼北出万里。（P.3685）

18. 丁未，厌百鬼，二南出八百里。（S.6182）

19. 以三月上卯日，取桑皮向东煮，取汁渍户上，厌百鬼。（P.2661V）

## 五姓

1. 壬寅，金，商，是白虎，宫、羽二姓造举百事大富贵，宜子孙，商、角、徵三姓用之凶。（P.3281）

2. 癸卯，金，商，是白虎，宫、羽二姓造举百事吉，大富贵，宜子孙，商、角、徵三姓用之凶。（P.3281）

3. 甲辰，火，徵，是朱雀，宫、角二姓造举百事大富贵，宜子孙，商、羽、徵三姓用之凶。（P.3281）

4. 乙巳，火，徵，是朱雀，宫、角二姓造举百事大富贵，宜子孙，商、徵、羽三姓用之凶。（P.3281）

5. 丙午，水，羽，是玄武，商、角二姓造举百事大富贵，宜子孙，宫、徵、羽三姓用之凶。（P.3281）

6. 丁未，水，羽，是玄武，商、角二姓造举百事大富贵，宜子孙，宫、羽、徵三姓用之凶。（P.3281）

7. 戊申，土，宫，是勾陈，商、徵二姓造举百事大吉，富贵，宜子孙，宫、角、羽三姓用之凶。（P.3281）

8. 己酉，土，宫，是勾陈，商、徵二姓造举百事大富贵，宜子孙，宫、角、羽三姓用之凶。（P.3281）

9. 庚戌，金，商，是白虎，宫、羽二姓造举百事吉，大富贵，宜子孙，商、角、徵三姓用之凶。（P.3281）

10. 辛亥，金，商，是白虎，宫、羽二姓造举百事大富贵，宜子

孙，商、徵、角三姓用之凶。（P.3281）

11. 壬子，木，角，是青龙，徵、羽二姓造举百事吉，宜子孙，商、角、宫三姓用之凶。（P.3281）

12. 甲寅，水，羽，是玄武，商、角二姓举百事大吉，富贵，宜子孙，宫、商（徵）、羽三姓用之凶。（P.3281）

13. 乙卯，水，羽，是玄武，商、角二姓造举百事大吉，富贵，宜子孙，宫、徵、羽三姓用之凶。（P.3281）

14. 丙辰，土，宫，是勾陈，商、徵二姓造举百事大富贵，宜子孙，角、宫、羽三姓盇（凶）。（P.3281）

15. 丁巳，土，宫，是勾陈，商、羽二姓造举百事大吉，富贵，宜子孙，宫、角、徵三姓用之凶。（P.3281）

16. 戊午，火，徵，是朱雀，宫、角二姓造举百事大吉，富贵，宜子孙，商、徵、羽三姓用之凶。（P.3281）

17. 己未，火，徵，是朱雀，宫、角二姓造百事大吉，富贵，宜子孙，商、徵、羽三姓用之凶。（P.3281）

18. 庚申，木，角，是青龙，徵、羽二姓造举百事大吉，富贵，宜子孙，商、宫、角三姓用之凶。（P.3281）

19. 辛丑，土，宫，是勾陈，商、徵二姓造举百事大富贵，宜子孙（残）（P.3685）

20. 辛卯，（残）吉，大富贵，宜子孙，宫、商、角三姓用之凶。（P.4680）

21. 丁未，水，羽，是玄武，商、角二姓造举百事大富贵，宜子孙，宫、羽、徵三姓用凶。（S.6182）

22. 推五姓墓月法。宫、徵、羽三姓，上利西南，下利东北，三

月、九月墓月，辰戌为墓时。商、角二姓，上利东南，下利西北，六月、十二月墓月，丑未时为墓时。（P.3594）

## 六十甲子纳音

1. 甲子乙丑金，丙寅丁卯火，日月合；戊辰己巳木，庚午辛未土，壬申癸酉金，江河离；甲戌乙亥火，丙子丁丑水，戊寅己卯土，人民合；庚辰辛巳金，壬午癸未木，甲申乙酉水，天地离；丙戌丁亥土，戊子己丑火，庚寅辛卯木，金石合；壬辰癸巳火（水），甲午乙未金，丙申丁酉火，日月离；戊戌己亥木，庚子辛丑土，壬寅癸卯金，江河合；甲辰乙巳火，丙午丁未水，戊申己酉土，人民离；庚戌辛亥金，壬子癸丑木，甲寅乙卯水，丙辰丁巳土，戊午己未火，庚申辛酉木，金石离；壬戌癸亥水。（P.3984V）

2. 甲辰乙巳火，丙午丁未水，戊申己酉土，庚戌辛亥金，壬子癸丑木，甲寅乙卯水，天地合；戊午己未火，庚申辛酉木，壬戌癸亥水。（北大D195V）

## 建除十二直

1. 丁未，姓石字叔通，正月□，二月□，三月□，四月满，五月□，六月□，七月闭，八月开，九月收，十月成，十一月□，十二月□。（S.6182）

2. 辛卯，姓即字子良，正月除，二月建，三月闭，四月开，五月收，六月成，七月危，八月破，九月执，十月定，十一月平，十二月满。（Дx04960）

3. 壬寅，姓丘字孟卿，正月建，二月闭，三月开，四月收，五月

成，六月危，七月破，八月执，九月定，十月平，十一月满，十二月除。（P.3281）

4. 癸卯，姓苏字他家，正月除，二月建，三月闭，四月开，五月收，六月成，七月危，八月破，九月执，十月定，十一月平，十二月满。（P.3281）

5. 甲辰，姓孟字非卿，正月满，二月除，三月建，四月闭，五月开，六月收，七月成，八月危，九月破，十月执，十一月定，十二月平。（P.3281）

6. 乙巳，姓唐字文章，正月平，二月满，三月除，四月建，五月闭，六月开，七月收，八月成，九月危，十月破，十一月执，十二月定。（P.3281）

7. 丙午，姓魏字文公，正月定，二月平，三月满，四月除，五月建，六月闭，七月开，八月收，九月成，十月危，十一月破，十二月执。（P.3281）

8. 丁未，姓石字叔通，正月执，二月定，三月平，四月满，五月除，六月建，七月闭，八月开，九月收，十月成，十一月危，十二月破。（P.3281）

9. 戊申，姓范字百阳，正月破，二月执，三月定，四月平，五月满，六月除，七月建，八月闭，九月开，十月收，十一月成，十二月危。（P.3281）

10. 己酉，姓成字文张，正月危，二月破，三月执，四月定，五月平，六月满，七月除，八月建，九月闭，十月开，十一月收，十二月成。（P.3281）

11. 庚戌，姓史字子仁，正月成，二月危，三月破，四月执，五月

定，六月平，七月满，八月除，九月建，十月闭，十一月开，十二月收。（P.3281）

12. 辛亥，姓左字子行，正月收，二月成，三月危，四月破，五月执，六月定，七月平，八月满，九月除，十月建，十一月闭，十二月开。（P.3281）

13. 壬子，姓厝字上卿，正月开，二月收，三月成，四月危，五月破，六月执，七月定，八月平，九月满，十月除，十一月建，十二月闭。（P.3281）

14. 甲寅，姓明字文章，正月建，二月闭，三月开，四月收，五月成，六月危，七月破，八月执，九月定，十月平，十一月满，十二月除。（P.3281）

15. 乙卯，姓戴字公阳，正月除，二月建，三月闭，四月开，五月收，六月成，七月危，八月破，九月执，十月定，十一月平，十二月满。（P.3281）

16. 丙辰，姓霍字叔慕，正月满，二月除，三月建，四月闭，五月开，六月收，七月成，八月危，九月破，十月执，十一月定，十二月平。（P.3281）

17. 丁巳，姓崔字臣卿，正月［平］，二月满，三月除，四月建，五月闭，六月开，七月收，八月成，九月危，十月破，十一月执，十二月定。（P.3281）

18. 戊午，姓徒字元先，正月定，二月平，三月满，四月除，五月建，六月闭，七月开，八月收，九月成，十月危，十一月破，十二月执。（P.3281）

19. 己未，姓壬字元通，正月执，二月定，三月平，四月满，五月

除，六月建，七月闭，八月开，九月收，十月成，十一月危，十二月破。（P.3281）

20. 庚申日，姓世字文阳，正月破，二月执，三月定，四月平，五月满，六月除，七月建，八月闭，九月开，十月收，十一月成，十二月危。（P.3281）

21. 辛丑，姓卫字公卿，正月闭，二月开，三月收，四月成，五月危，六月破，七月执，八月定，九月平，十月满，十一月除，十二月建。（P.3685）

22. 辛卯，姓即字子良，正月除，二月建，三月闭，四月开，五月收，六月成，七月危，八月破，九月执，十月定，十一月平，十二月满。（P.4680）

## 保日义日

1. 辛丑，保日，入官、亲事、移徙、嫁娶、祠祀、冠带、市买、内六畜、起土、立屋、盖屋，吉。（P.3281）

2. 壬寅，保日，入官、亲事、移徙、嫁娶、祠祀、冠带、市买、内六畜、起屋，并吉。（P.3281）

3. 癸卯，保日，入官、亲事、移徙、嫁娶、祠祀、冠带、市买、六畜、起土、立屋，吉利。（P.3281）

4. 丙午，专日，入官、移徙、嫁娶、立屋吉。（P.3281）

5. 丁未，保日，入官、亲事、移徙、嫁娶、祠祀、所冠带宝、内六畜、起土，玄武盖乃至皆大吉。（P.3281）

6. 戊申，保日，入官、亲事吉。（P.3281）

7. 庚戌，义日，入官、亲事、祠祀、内六畜、移徙、嫁娶，百事

大吉利。（P.3281）

8. 辛亥，保日，入官、亲事、移徙、嫁娶、祠祀、冠带、市买、内六畜、起土、立屋、盖屋，富吉。（P.3281）

9. 癸丑，此日诸神上天日，百事不避，将军，太岁，本命。保日，入官、亲事、嫁娶、祠祀、立屋、出行，百事吉。葬埋不利，为忌。（P.3281）

10. 甲寅，专日，入官、亲事、移徙，皆吉。（P.3281）

11. 丙辰，保日，入官、亲事、移徙、立屋、嫁娶、祠祀、冠带、市买、纳六畜、起土、盖屋吉利。（P.3281）

12. 戊午，义日，入官、亲事、祠祀、纳六畜、移徙、嫁娶，百事吉。（P.3281）

13. 己未，专日，入官、亲事、移徙吉。（P.3281）

14. 庚子，义日，入官（残）百事大吉。（P.3685）

15. 庚寅，制日，入官、亲事不吉，嫁娶、内六畜奴婢、出行吉，受寿为凶。（P.4680）

## 五月五日直

1. 蜜，若五月五日遇此直，一年万事丰熟。（P.2693）

2. 莫空，若五月五日遇此直者，其多疾病，秋多霜冷加寒苦。（P.2693）

3. 云汉，若五月五日遇此，其年多有斗战，急须多兵马，亦有病疫，畜死损。（P.2693）

4. 嫡，若五月五日遇此日，其多江河泛滥，百物薄熟，冬加寒冷。（P.2693）

5. 温没斯，若五月五日遇此直，其年田苗万物丰熟，四时依节。（P.2693）

6. 那溢，若五月五日遇此直者，世间人畜多有惊失复失，四方贼动，亡贼，临时，夏取好日从东击之，其贼必败亡。（P.2693）

7. 蜜，五月五日得此直，一年之内万事丰熟，四时衣节。（P.3081）

8. 莫，五月五日得此直，一年之内五谷不熟，秋多霜冷。（P.3081）

9. 云汉日，五月五日得此直日，一年之内足疾病，多行兵起，四方不宁。（P.3081）

10. 嘀，五月五日得此直日，一年之内流水遍野，江河泛滥，秋多霜。（P.3081）

11. 郁没斯日，五月五日得此直日，一年之内五谷丰熟，四方安，百姓乐。（P.3081）

12. 那颉日，五月五日得此直，一年之内国乱兵起，四方不宁。（P.3081）

13. 鸡缓日，五月五日得此直日，一年之内五谷薄熟，日涝不调，四时失节。（P.3081）

14. 那溢，得此日，其年六畜损伤，虫鸟（惊？），若兵贼起，欲有讨。（S.8362）

## 七曜日入十二宫

1. 蜜，子，负离：入此名宫，其人足忧愁，求者难成，钱财散失，足病患。其宫所有事意□不得。（P.2693）

2. 莫空，子，美食：入此名宫，其人出入去□皆，饮食、衣裳、家具□□诸财物等，求者称心。（P.2693）

3. 云汉，子，负离：入此名宫，其人被诸君王嗔责，亦足论斗争，远行被恶贼相伴，逐钱财六畜，合九日吉安，此人厄家。（P.2693）

4. 嘀，子，过讹：入此名宫，其人有恶知识破怪，所有财物并合失，有口舌斗争，有牢狱死，多闻消息，逢人说善事，劫作被人诳惑，所行处不称意。（P.2693）

5. 温没斯，子，祉智：入此名宫，其人先有财物，合破散失所有，获错所有，眷属都嗔责不和顺，莫共恶人相争竞，吉。（P.2693）

6. 那溢，子，快乐：入此名宫，其人所向皆称心，求财物遂心，亦合有官，所向欢乐，万事通达。（P.2693）

7. 鸡缓，子，重厄：入此名宫，其人不得向他人外处及离家吃食，食须慎，大吉，亦有消散，亦合分离妻子游行他方，足忧愁，大凶。（P.2693）

8. 那溢，（子）求财物亦合加官。（S.8362）

9. 蜜，丑，平离：入此名宫，其人足病，所作事□买卖奴婢兴易（残）不得作之，亦不得利。（P.2693）

10. 莫空，丑，忧疾：入此名宫，其人足病痛多有厄，不得称心，所行行皆不得通达。（P.2693）

11. 云汉，丑，损耗：入此名宫，其人所有作万事皆通达，亦饶钱，诸恶口舌等事亦须慎之。（P.2693）

12. 嘀，丑，利闰：入此名宫，其人常被他人欺陵，亦得他人财物，兴易买卖奴婢吉。（P.2693）

13. 温没斯，丑，增财：入此名宫，其人求者皆称意，无有得官财，所有恶贼家却降伏，所向皆和顺通达。（P.2693）

14. 那溢，丑，益禄：入此名宫，其人求财物及谷麦官禄并称心，

亦合君王边受赏赐，所向通达。（P.2693）

15. 鸡缓，丑，损耗：入此名宫，其人合失财物、奴婢，亦足斗争，行处□多称意，慎口二年吉。（P.2693）

16. 蜜，寅，称心：入此名宫，其人若求官者，更长所作事意，所买奴婢等皆称心，及六畜吉，所有□□及。（P.2693）

17. 莫空，寅，胜酬：入此名宫，其人求财诸衣裳妻子皆得，外人及女妇爱敬。（P.2693）

18. 云汉，寅，称心：入此名宫，其人所向人边求财物诸事等得随心，所向君王诸百官吉。（P.2693）

19. 嘀，寅，憎忧：入此名宫，其人有恐怕亦被恶人伴逐，勿共恶人交涉，慎之吉。（P.2693）

20. 温没斯，寅，愁苦：入此名宫，其人不得买卖、造宅、奴婢、六畜，诸事皆不得，恶人破怪，不得通达。（P.2693）

21. 那溢，寅，胜酬：入此名宫，其人大利益向君子边得敬宠，亦得职，所作经死，亦得通达。（P.2693）

22. 鸡缓，寅，称心：入此名宫，其人所有奴婢、六畜走失皆得，亦得横财入手，所有斗争恶贼并皆破散，得二年半口米，常快乐。（P.2693）

23. 蜜，卯，愁苦：入此名宫，其人足病多忧，欲远行，作别事吉，有□寻祭神、建造功德者吉。（P.2693）

24. 莫空，卯，分离：入此名宫，其人所有亲戚朝逆皆惚分离，却生仇恨，求不得遂心。（P.2693）

25. 云汉，卯，愁苦：入此名宫，其人足忧愁，畏患痢，共恶人相伴，准依法合祭祀神灵造功德。（P.2693）

26. 嘀，卯，散病：入此名宫，其人合得妻子亲戚欢乐，亦得财

物，所向利益十倍，有病慎之吉。（P.2693）

27. 温没斯，卯，枉妄：入此名宫，其人向家内亲戚兄弟并作恶，不得向家坐仰，如狂人砍，得行人，入山游历凶，行吉。（P.2693）

28. 那溢，卯，爱才：入此名宫，其人诸眷属寸相对欢乐，得诸人怕恐爱敬，大吉。（P.2693）

29. 鸡缓，卯，损财：入此名宫，其人离别妻子、财物、奴婢吉，所凶皆不得称意，远行他方吉，二年半。（P.2693）

30. 蜜，辰，愁苦：入此名宫，其人多口舌，常闻恶事，不宜共他人争竞，若争凶，伤损。（P.2693）

31. 莫空，辰，困之：入此名宫，其人被损，所作万事不得通达，出行求皆不遂心，唯须念善事。（P.2693）

32. 云汉，辰，忧愁：入此名宫，其人多愁惊惧不宜远行，逢恶贼慎之吉。（P.2693）

33. 嘀，辰，快乐：入此名宫，其人妻子眷属并得欢乐，少有斗争，外家妻子命有分离，常亦恶人伴侣。（P.2693）

34. 温没斯，辰，衣裳：入此名宫，其人得他人奴婢、六畜、衣裳等，及诸宝物，求者皆得，复大欢乐，大吉。（P.2693）

35. 那溢，辰，快乐：入此名宫，其人人母妻子并得欢乐，亲戚朝廷，其人得丰饶，亦得朝廷财物，所向行处皆通达。（P.2693）

36. 鸡缓，辰，病恶：入此名宫，其人亦合离别家宅，财物非分损失，亦合足斗争，饶口舌，被人点除恶至起处□异辛苦足三年，宜作□吉，二年半。（P.2693）

37. 鸡缓，辰时所有奴婢、六畜走失皆捉获，亦得横财入手，有斗争，恶贼并破散。（S.1396）

38. 蜜，巳，称心：入此名宫，其人得病即损，所有口舌皆自息，□者称意。（P.2693）

39. 莫空，巳，称心：入此名宫，其人得钱财、奴婢、六畜，万事通达，所有恶毒冤家自消散，皆降伏来，有恶疾皆得损愈。（P.2693）

40. 云汉，巳，称心：入此名宫，其人所起恶心未相向万能为害，金银珍宝、财物、奴婢、六畜，所觅皆得，随心所向处皆通。（P.2693）

41. 嘀，巳，称心：入此名宫，其人所求诸事皆遂意，亦向君王边宠人承事来口舌，妻财并得遂意。（P.2693）

42. 温没斯，巳，辛苦：入此名宫，其人合离别家中妻子，合游行他方，多不在，亦□辛苦。（P.2693）

43. 那溢，巳，损耗：入此名宫，其人所求事不遂意，所有经纪亦无利，家内损失。（P.2693）

44. 鸡缓，巳，称心：入此名宫，其人所向皆得称意，宜向贵人家得财，女向贵胜家得财，六畜、奴婢得称意，大吉。（P.2693）

45. 蜜，午，丰钱：入此名宫，其人家中妻子和顺，□赍出外行鄣，亦患心痛，亦无大厄。（P.2693）

46. 莫空，午，美食：入此名宫，其人所求官、财钱、口味，万事皆遂心，若有官职更加官，亦宜见大君王贵人。（P.2693）

47. 云汉，午，动厄：入此名宫，其人所有事意并不得称意，遂有远行亦被贼害，慎吉。（P.2693）

48. 嘀，午，损财：入此名宫，其人恐畏损伤身体，共人恶相斗争，亦不得乘马漧走，诏损伤脚手，慎之吉。（P.2693）

49. 温没斯，午，快乐：入此名宫，其人常欢乐，所向皆得通达，亦合得官，兴易亦得倍利，资物皆得充满，吉。（P.2693）

50. 那溢，午，病贼：入此名宫，其人所作不能称意，恶人欺谤，钱物散失，亦有病患，作善吉。（P.2693）

51. 鸡缓，午，病财：入此名宫，其人合有散失，亦多病趁，宜作福攘之吉。（P.2693）

52. 鸡缓，子时兴易得通达，求财得财，求官得官。（S.1396）

53. 蜜，未，重厄：入此名宫，其人家内大小皆不得和顺，常行□口舌事。（P.2693）

54. 莫空，未，肠胀：入此名宫，其人恶，主母恐怕不得向外处契食，畏患眼。（P.2693）

55. 云汉，未，大笑：入此名宫，其人所有家内男女并不相顺，斗争害眼亦相伤身，所有财怕畏散失。（P.2693）

56. 嘀，未，快乐：入此名宫，其人得他人衣裳财物，亦得官禄，所向称心，行处通达。（P.2693）

57. 温没斯，未，损职：入此名宫，其人合入狱，有口舌，合远行，度债西辛苦，合损财，亦合有重病至死吉。（P.2693）

58. 那溢，未，衣□：入此名宫，其人得财家具得称心，所向皆得通达。（P.2693）

59. 鸡缓，未，损财：入此名宫，其人极不利经纪，先有财物、六畜、奴婢、家居等，亦牢固，慎之大吉，宜他方。（P.2693）

60. 鸡缓，未时向贵胜，家得财、六畜、奴婢，称心吉利。（S.1396）

61. 蜜，申，损耗：入此名宫，其人多忧愁，亦有亲戚兄弟孝终□亦有不少，慎之，祭神及夭仙吉。（P.2693）

62. 莫空，申，重耗：入此名宫，其人行处被人冲，怕牢狱，口舌起，万事皆通。（P.2693）

63. 云汉，申，远辰：入此名宫，其人被诸人欺陵，病患瘦、损盛，一切散失。（P.2693）

64. 嘀，申，重厄：入此名宫，其人所向皆不遂意，有远行去处不通达，慎之吉。（P.2693）

65. 温没斯，申，益禄：入此名宫，其人所向皆通，求官及诸财物并得，向家父母妻子皆得合乐欢喜。（P.2693）

66. 那溢，申，衣裳：入此名宫，其人求官职、财物、妻子皆得称意，无不通达。（P.2693）

67. 鸡缓，申，损财：入此名宫，其人向者皆不通达，六畜、奴婢、财物、家宅分离，亦合哀葬，若游行他方。（P.2693）

68. 蜜，酉，称心：入此名宫，其人所求皆得，死若入牢狱即脱，兴易诸事皆成得利，所有趁逐官事不多事苦。（P.2693）

69. 莫空，酉，丰钱：入此名宫，其人此所有官事皆顷消散，求者万事皆通。（P.2693）

70. 云汉，酉，快乐：入此名宫，其人求官及诸事君王边吉，皆得随意宠忧，所求财物、六畜等称意无不通达。（P.2693）

71. 嘀，酉，宁静：入此名宫，其人所求皆得遂，所向皆得，求官者高迁，亦得赏财，亦得妻子吉。（P.2693）

72. 温没斯，酉，损财：入此名宫，其人不宜逐官职，亦不宜所求财物，所向皆不通达，有官亦破，不得共人相竞。（P.2693）

73. 那溢，酉，吉祥：入此名宫，其人在身无病厄，所求皆得，慎口舌，恐畏有斗争起，慎之吉。（P.2693）

74. 鸡缓，酉，衣裳：入此名宫，其人向者皆称意，无官得省加官，家眷财物并丰饶，兴倍利，多通达，二年半。（P.2693）

75. 蜜，戌，吉祥：入此名宫，其人万事通达，所向皆得遂心，而□财物等□□□□。（P.2693）

76. 莫空，戌，吉祥：入此名宫，其人所求钱财，经营钱物处，皆得倍利，益亲戚诸故等，欢乐。（P.2693）

77. 云汉，戌，吉祥：入此名宫，其人诸事所求及口味等皆得随心，所出处皆通达吉。（P.2693）

78. 嘀，戌，吉祥：入此名宫，其人亦他财物，亦得朝廷气力，所求六畜奴婢得称心，意向行处并得通达。（P.2693）

79. 温没斯，戌，吉祥：入此名宫，其人求财物、奴婢、六畜称意，所向皆得大欢喜，其人大吉利。（P.2693）

80. 那溢，戌，吉祥：入此名宫，其人准在，慎斗争，余并不吉，所向皆得通达。（P.2693）

81. 鸡缓，戌，吉祥：入此名宫，其人兴易皆通达，得二年半，求财及官必得，求者皆吉。（P.2693）

82. 蜜，亥，讼论：入此名宫，其人所有财钱合破散，不宜经营，奴婢六畜等少有吉□。（P.2693）

83. 莫空，亥，问觉：入此名宫，其人不得滂行恶事，恐有点□，处事意竟，行处不得安，忧女妇。（P.2693）

84. 云汉，亥口舌入此名宫，其人所有财物都散失，妻子不如顺，足黄病，亦多言苦，恐众亲戚着孝，行处不通达。（P.2693）

85. 嘀，亥，利闰：入此名宫，其人兴易买卖奴婢得称意，勿共恶人伴侣，恐有斗争相打，不得家内相争，慎吉。（P.2693）

86. 温没斯，亥，损耗：入此名宫，其人和离别家宅，亦合游行他方，足忧愁，大凶。（P.2693）

87. 那溢，亥，利闰：入此名宫，其人若有病患，薄除；若有劳狱口舌，皆得附散，所失奴婢六畜并都还。（P.2693）

88. 鸡缓，亥，重厄：入此名宫，其人父母眷属合一人死哀，亦合遭忧着孝衣，钱物奴婢散失，自身亦合患，宜作功德善。（P.2693）

89. 鸡缓，亥时兴易得倍利，到处皆通达，加官秩益财产。（S.1396）

## 恶事与诸吉

1. 蜜，此日所为善务皆通吉，行恶事凶。（P.2693）

2. 莫空，为恶事不顺。（P.2693）

3. 嘀，此日闻不善消息后必涉虚，闻恶事说都恶散，闻好事秘之福来。（P.2693）

4. 温没斯，作诸不善，大凶。（P.2693）

5. 嘀者，水也，辰星也。此日所作虚妄也。（P.3081）

6. 郁没斯者，木也，岁星也。平直，注天下富饶，性宽也，慈善也。世间一切金银宝玉及地利之物，并于此是也。此日所作皆吉。此日上国王大臣贤人君子用吉，好日。（P.3081）

7. 那颉者，金也，太白也，媱女也，惑乱荣业冠带也，性多贪痴也，邪佞也，所作不定也，王岁色也。此日所求无定。此日平平，女人用吉。（P.3081）

8. 鸡缓者，土也，镇星也，婆罗老人也，教化气□也，性多忧悲也，小道悭心作望定也。此日宜为永定之军也。此日平平。（P.3081）

9. 鸡缓，诈，耻辱。宜专做好事。（S.1396）

10. 己酉，己不往戊，身心伤。此日请诸神上天日，百事不避，将军，太岁，本命。入官，事吉。（P.3281）

11. 乙卯，入官、亲事、移徙、立屋、嫁娶、祠祀，所有行皆吉利。（P.3281）

12. 己丑，百事凶。（P.4680）

## 趋吉避忌之法

1. 时逆，日顺时从，十一、五月，龙德；十、四月，空亡；十二、六月，口煞；九、三月，龙安；七、正月，龙母；八、二月，速□。（P.3803）

2. 会门在子，远行吉。兵门在丑，功罚吉。天门在寅，见贵人吉。贵门在卯，见官长吉。贼门在辰，行盗吉。阴门在巳，奸私吉。阳门在午，求利吉。狱门在未，鱼（渔）猎吉。解门在申，祷祀吉。男门在酉，求男吉。女门在戌，求女吉。禁门在亥，求物吉。（P.3594）

3. 衰气五鬼有飞灾，不宜买六畜□来。更忌吊丧并动土，定应□病损钱财。绝命祸害百不宜，迎师问病及□医。若往此□衰厄病，□□困死无意。□□□方婚姻移，□□□财并六畜。孽生万倍定□□。（Дх01258、01259、01289、02977、03162、03165、03829）

4. 凡人有五逆、六不逆者，以此日子亡，须避之。人宅前高后下为一逆，宅东高西下二逆，水流西出为三逆，灶口向北、东为四逆，井在舍后五逆。正月煞狗庭中，未死，或走入房中，污床，一不祥也；阳月煞鸡庭，未死，走上堂，二不祥；烛竖在庭，日月见之，三不祥；蚕树生，四不祥；坏器弃土厕中，五不祥；簸箕盛不净物，六不祥。（P.2661V）

5. 戊寅日不入泽。巳上日并□中。东行越木，南方越火，西方越金，北方越水是也。（P.2661V）

6. 以石九斤埋酉地，大吉利也。（P.2661V）

7. 甲子字明执，欲入火，呼明执，吉。甲戌字弘张，欲入水，大吉。甲申字孟章，欲入山，呼孟章。甲午字陵光，欲入兵，众呼陵光，吉。甲辰字天禽。甲寅字盗兵，欲出行，呼盗兵，吉；欲渡河，手中书土字，吉；欲入山，手中勾龙字，大吉利；欲入众吠，手中作学字；欲恶人家，手中作大字，吉；欲至病人家，手中作鬼字；欲入丧家，手中作罡字；欲入水，手中作上字，大吉；欲入妇家，手中作合字，大吉；欲入阵，手中作乾字，大吉；欲至恶狗家中，手中作捉虎字，犬不齿人。（P.2661V）

8. 正月七日，七月一日，男吞赤小豆七立，女吞十立，令人无病，吉。（P.2661V）

9. 凡人欲急，不择日者，出大门画地五纵六横，一云四纵五横：禹为治地进，蚩尤避兵，五周行天下，为祸殃，呵吾者死，流吾者亡，急急如律令。迄云，可画上过而去，勿回头。（P.2661V）

10. 六日神者，天公字大华，日字长生，月字子光，北斗字长文，太白字文君，东方朔字祖常。右难此六神名字，识之不兵死，女人识之不产亡，有急难，呼此神，老老不避厄，吉。一云，知此六神名，长呼之，即长生不死，上为天官。（P.2661V）

11. 取家长卧席于道头烧，去时气，亦用正月一日平烧，吉。（P.2661V）

12. 壬不决水，家逢外丧。（北大D195V）

## 动物吉忌

1. 辛亥，塞鼠孔吉，自死。（P.3281）

2. 以鼠头三枚着蚕屋，鼠不食蚕，大吉。（P.2661V）

3. 以二月上辛日，取五道中土，涂蚕屋，令人大吉利。（P.2661V）

4. 以庚寅日塞鼠穴，永不入人家，吉。（P.2661V）

5. 以寅日涂仓，令鼠不食五谷。（P.2661V）

6. 鼠远人家法，取狗头目烧作灰，和狗脂涂四壁下，家中鼠莫问大小，悉皆走去，大验。（P.2661V）

7. 以狗肝涂宅，令妇人生富贵子。埋犬肝宅四角，令人大富、吉利。（P.2661V）

8. 欲令达官不堕，取白雄鸡羽带之，吉。（P.2661V）

9. 以正月悬古羊头着户上，辟盗贼。（P.2661V）

10. 以羊蹄马蹄埋宅四角，令人大富贵。（P.2661V）

11. 以鹿角着厕中，令人得财。（P.2661V）

12. 以牛骨悬屋四角，令人家富，吉。（P.2661V）

13. 以太岁日，悬虎头户上，令子孙孝寿，宜官位，一经云虎鼻吉。（P.2661V）

14. 以五月上卯日，取虎骨向东煮，取汁饮之，令人不病，大吉。（P.2661V）

15. 正月十五日，悬腊日猪耳屋梁上，令人大富，极吉。（P.2661V）

16. 欲入山，取烧犀角将行，狼虎出走避之，有验之，吉。（P.2661V）

17. 凡欲除殃去祸，以壬辰扫除宅中，莫当门烧之，取牛马骨在庭烧之，令人家富。（P.2661V）

18. 埋蚕屎一石二升亥地，令人宜蚕、益富贵。（P.2661V）

19. 建日，悬析车草户壁，悬官□，悬虎头骨门户上，令子孙长寿，吉。（P.2661V）

20. 以五月五日，虾蟇左足系着右肩臂上搏戏，决得胜吉。 （P.2661V）

21. 以虾蟇一枚着厕中，勿使人知，令人妇孝顺事姑章。 （P.2661V）

# 参考文献

## 一、敦煌文献

［1］王重民：《敦煌古籍叙录》，北京：中华书局，1979年。

［2］黄永武主编：《敦煌宝藏》，台北：新文丰出版公司，1982—1986年。

［3］商务印书馆编：《敦煌遗书总目索引》，北京：中华书局，1983年。

［4］黄永武：《敦煌古籍叙录新编》，台北：新文丰出版公司，1986年。

［5］黄永武编：《敦煌遗书最新目录》，台北：新文丰出版公司，1986年。

［6］中国社会科学院历史研究所、中国敦煌吐鲁番学会敦煌古文献编辑委员会、英国国家图书馆、伦敦大学亚非学院合编：《英藏敦煌文献》，成都：四川人民出版社，1990—1995年。

［7］上海古籍出版社、俄罗斯科学院东方研究所圣彼得堡分所、俄罗斯科学出版社东方文学部编：《俄藏敦煌文献》，上海：上海古籍出版社，1992—2001年。

［8］上海古籍出版社、上海博物馆合编：《上海博物馆藏敦煌吐鲁

番文献》，上海：上海古籍出版社，1993年。

[9] 上海古籍出版社、法国国家图书馆编：《法藏敦煌西域文献》，上海：上海古籍出版社，1995—2005年。

[10] 北京大学图书馆、上海古籍出版社编：《北京大学图书馆藏敦煌文献》，上海：上海古籍出版社，1995年。

[11] 季羡林主编：《敦煌学大辞典》，上海：上海辞书出版社，1998年。

[12] 甘肃藏敦煌文献编委会、甘肃人民出版社、甘肃省文物局编：《甘肃藏敦煌文献》，兰州：甘肃人民出版社，1999年。

[13] 上海古籍出版社，上海图书馆合编：《上海图书馆藏敦煌吐鲁番文献》，上海：上海古籍出版社，1999年。

[14] 敦煌研究院编：《敦煌遗书总目索引新编》，北京：中华书局，2000年。

[15] 中国国家图书馆编：《国家图书馆藏敦煌遗书》，北京：北京图书馆出版社，2005—2008年。

## 二、历史典籍与文献

[1] ［战国］孟轲著，方勇译注：《孟子》，北京：中华书局，2018年。

[2] ［西汉］司马迁：《史记》，北京：中华书局，1959年。

[3] ［西汉］司马迁撰，吴树平主持校注：《史记》，北京：中国社会科学出版社，2020年。

[4] ［东汉］班固：《汉书》，北京：中华书局，1959年。

[5] ［东汉］许慎撰，［宋］徐铉校定：《说文解字》，北京：中华书局，2013年。

[6] ［晋］陈寿：《三国志》，北京：中华书局，1959年。

［7］ ［晋］郭璞等著，李峰标点注释：《阴阳五要奇书》，海口：海南出版社，2006年。

［8］ ［南朝宋］范晔：《后汉书》，北京：中华书局，1965年。

［9］ ［南朝梁］沈约：《宋书》，北京：中华书局，1974年。

［10］ ［南朝梁］萧子显：《南齐书》，北京：中华书局，1972年。

［11］ ［北魏］杨衒之、范祥雍校注：《洛阳伽蓝记》，上海：上海古籍出版社，1978年。

［12］ ［北齐］魏收：《魏书》，北京：中华书局，1974年。

［13］ ［唐］房玄龄等：《晋书》，北京：中华书局，1974年。

［14］ ［唐］魏征、长孙无忌：《隋书》，北京：中华书局，1973年。

［15］ ［唐］欧阳询、汪绍楹校：《艺文类聚》，上海：上海古籍出版社，1982年。

［16］ ［唐］李延寿：《北史》，北京：中华书局，1974年。

［17］ ［唐］李延寿：《南史》，北京：中华书局，1975年。

［18］ ［唐］李百药：《北齐书》，北京：中华书局，1972年。

［19］ ［唐］令狐德棻：《周书》，北京：中华书局，1971年。

［20］ ［唐］姚思廉：《梁书》，北京：中华书局，1973年。

［21］ ［唐］姚思廉：《陈书》，北京：中华书局，1972年。

［22］ ［唐］李林甫等撰：《唐六典》，北京：中华书局，1992年。

［23］ ［唐］杜佑撰，颜品忠等校：《通典》，长沙：岳麓书社，1995年。

［24］ ［唐］道世著，周叔迦等校：《法苑珠林》，北京：中华书局，2003年。

［25］ ［后晋］刘昫：《旧唐书》，北京：中华书局，1975年。

［26］ ［北宋］王钦若等：《册府元龟》，北京：中华书局，1960年。

［27］ ［北宋］王溥撰：《唐会要》，上海：上海古籍出版社，1991年。

［28］ ［北宋］王溥撰：《五代会要》，上海：上海古籍出版社，1978年。

［29］ ［北宋］司马光：《资治通鉴》，北京：中华书局，1956年。

［30］ ［北宋］欧阳修、宋祁：《新唐书》，北京：中华书局，1975年。

［31］ ［北宋］薛居正：《旧五代史》，北京：中华书局，1976年。

［32］ ［北宋］欧阳修：《新五代史》，北京：中华书局，1974年。

［33］ ［北宋］李昉等撰：《太平御览》，北京：中华书局，1998年。

［34］ ［北宋］乐史：《太平寰宇记》，北京：中华书局，2000年。

［35］ ［元］马端临：《文献通考》，北京：中华书局，1986年。

［36］ ［清］允禄等著，金志文译注：《钦定协纪辨方书》，北京：世界知识出版社，2011年。

［37］ ［清］董诰等编：《全唐文》，北京：中华书局，1983年。

［38］ ［清］陈梦雷辑，蒋廷锡校订：《古今图书集成》，北京：中华书局，成都：巴蜀书社影印本，1985年。

［39］ ［清］黄元吉撰，蒋门马校注：《道德经注释》，北京：中华书局，2012年。

［40］ 台湾佛陀教育基金会影印：《大正新修大藏经》，台北：佛陀教育基金会出版部，1990年。

［41］ 续修四库全书编委会编：《续修四库全书术数类丛书》，上海：上海古籍出版社，2006年。

### 三、专著与论文集

［1］ 王明：《抱朴子内篇校释》，北京：中华书局，1985年。

［2］ 高国藩：《敦煌古俗与民俗流变》，南京：河海大学出版社，

1989年。

[3] 刘文典：《淮南鸿烈集解》，北京：中华书局，1989年。

[4] 黄晖：《论衡校释》，北京：中华书局，1990年。

[5] 陈永正主编：《中国方术大辞典》，广州：中山大学出版社，1991年。

[6] 丁福保编：《佛学大辞典》，上海：上海书店出版社，1991年。

[7] 文史知识编辑部编：《道教与传统文化》，北京：中华书局，1992年。

[8] 李零主编：《中国方术概观·选择卷》，北京：人民中国出版社，1993年。

[9] 李绪鉴：《禁忌与惰性》，北京：国际文化出版公司，1994年。

[10] 刘乐贤：《睡虎地秦简日书研究》，台北：文津出版社，1994年。

[11] 郑炳林、羊萍：《敦煌本梦书》，兰州：甘肃文化出版社，1995年。

[12] 胡孚琛主编：《中华道教大辞典》，北京：中国社会科学出版社，1995年。

[13] 邓文宽：《敦煌天文历法文献辑校》，南京：江苏古籍出版社，1996年。

[14] 高国藩：《敦煌俗文化学》，上海：三联书店，1999年。

[15] 黄正建：《敦煌占卜文书与唐五代占卜研究》，北京：学苑出版社，2001年。

[16] 荣新江：《敦煌学十八讲》，北京：北京大学出版社，2001年。

[17] 尚秉和：《历代社会风俗事物考》，北京：中国书店，2001年。

[18] 孙尚扬：《宗教社会学》，北京：北京大学出版社，2001年。

[19] 任继愈主编：《佛教大辞典》，南京：江苏古籍出版社，2002年。

［20］刘道超：《择吉与中国文化》，北京：人民出版社，2004年。

［21］郑炳林、王晶波：《敦煌写本相书校录研究》，北京：民族出版社，2004年。

［22］周耀明、万建中、陈华文：《汉族风俗史》，上海：学林出版社，2004年。

［23］郑炳林：《敦煌写本解梦书校录研究》，北京：民族出版社，2005年。

［24］余欣：《神道人心：唐宋之际敦煌民生宗教社会史研究》，北京：中华书局，2006年。

［25］李零：《中国方术正考》，北京：中华书局，2006年。

［26］金身佳：《敦煌写本宅经葬书校注》，北京：民族出版社，2007年。

［27］陈于柱：《敦煌写本宅经校录研究》，北京：民族出版社，2007年。

［28］邓文宽：《敦煌天文历法考索》，上海：上海古籍出版社，2010年。

［29］刘乐贤：《简帛数术文献探论》，北京：中国人民大学出版社，2012年。

［30］郑炳林、李军：《敦煌历史地理》，兰州：甘肃教育出版社，2013年。

［31］王晶波：《敦煌占卜文献与社会生活》，兰州：甘肃教育出版社，2013年。

［32］郑炳林、陈于柱：《敦煌占卜文献叙录》，兰州：兰州大学出版社，2014年。

［33］敦煌研究院编：《敦煌文化探微》，南京：江苏凤凰美术出版社，2014年。

［34］黄正建：《敦煌占卜文书与唐五代占卜研究》（增订版），北

京：中国社会科学出版社，2014年。

[35] 邰惠莉主编，马德等编：《俄藏敦煌文献叙录》，兰州：甘肃教育出版社，2019年。

[36] 李零：《中国方术考》（典藏本），北京：中华书局，2019年。

[37] 李零：《中国方术续考》（典藏本），北京：中华书局，2019年。

## 四、论文

[1] 李学勤：《睡虎地秦简〈日书〉和楚、秦社会》，《江汉考古》1985年第4期，第60—64页。

[2] 邓文宽：《敦煌文献S.2620号〈年神方位图〉试释》，《文物》1988年第2期，第63—68页。

[3] 张铭洽：《云梦秦简〈日书〉占卜术初探》，《文博》1988年第3期，第68—74页。

[4] 王子今：《睡虎地秦〈日书〉所见行归宜忌》，《江汉考古》1994年第2期，第45—49页。

[5] 郑炳林：《敦煌写本解梦书概述》，《敦煌学辑刊》1995年第2期，第9—30页。

[6] 肖霞：《现代日本社会的占卜文化》，《民俗研究》1995年第3期，第92—94页。

[7] 司马富：《中国古代的占卜与医学》，《医学与哲学》1997年第8期，第407—410页。

[8] 饶宗颐：《论天水秦简中之"中鸣""后鸣"与古代以音律配合时刻制度》，《简牍学研究》1998年，第1—3页。

[9] 周蓉：《干支符号所代表的时空观》，《兰州大学学报（社会科学

版)》1999年第2期，第116—119页。

[10] 漆侠：《唐宋之际社会经济关系的变革及其对文化思想领域所产生的影响》，《中国经济史研究》2000年第1期，第95—108页。

[11] 严耀中：《魏晋南北朝时期的占卜谶言与佛教》，《史林》2000年第4期，第12—17页。

[12] 葛承雍：《唐代移民与社会变迁特征》，《中国经济史研究》2000年第4期，第49—56页。

[13] 王欣欣：《佛道两教目录之比较》，《晋图学刊》2001年第1期，第70—73页。

[14] 杨晓红：《宋代占卜与宋代社会》，《四川师范大学学报（社会科学版)》2002年第3期，第94—99页。

[15] 刘永明：《敦煌历日探源》，《甘肃社会科学》2002年第3期，第115—117、120页。

[16] 严耀中：《论占卜与隋唐佛教的结合》，《世界宗教研究》2002年第4期，第30—37页。

[17] 宇汝松：《试论中国古代宗教崇拜对象及天人关系之演变》，《兰州大学学报（社会科学版)》2002年第6期，第63—67页。

[18] 陶磊：《〈淮南子·天文〉研究——从数术史的角度》，中国社会科学院研究生院，2002年。

[19] 郑炳林：《晚唐五代敦煌占卜中的行为决定论》，《敦煌学辑刊》2003年第1期，第1—11页。

[20] 余欣：《唐宋敦煌墓葬神煞研究》，《敦煌学辑刊》2003年第1期，第55—68页。

[21] 王晶波：《敦煌相术与佛教占相内容异同论》，《敦煌学辑刊》

2003年第1期，第69—76页。

[22] 刘永明：《唐宋之际历日发展考论》，《甘肃社会科学》2003年第1期，第143—147页。

[23] 陈于柱：《关于敦煌写本宅经分类问题的再讨论》，《敦煌学辑刊》2003年第2期，第66—78页。

[24] 刘道超：《择吉民俗之性质、特征与长期传承之原因探析》，《广西师范大学学报（哲学社会科学版）》2003年第3期，第141—147页。

[25] 贾继海、张经芬：《从〈左传〉中的占卜材料透视齐国的务实精神》，《管子学刊》2003年第4期，第35—39页。

[26] 杨华：《出土日书与楚地的疾病占卜》，《武汉大学学报（人文科学版）》2003年第5期，第564—570页。

[27] 周西波：《〈白泽图〉研究》，《中国俗文化研究》2003年，第166—175页。

[28] 王爱和：《敦煌占卜文书研究》，兰州大学博士学位论文，2003年。

[29] 赵贞：《唐代星变的占卜意义对宰臣政治生涯的影响》，《史学月刊》2004年第2期，第30—36页。

[30] 岳广腾：《试论术数的民间化及其影响》，《聊城大学学报（社会科学版）》2004年第2期，第147—150页。

[31] 王晶波：《论佛教占相内容对敦煌写本相书的影响》，《敦煌研究》2004年第2期，第92—99页。

[32] 金霞：《略论魏晋南北朝时期"占卜"的基本表现与社会影响》，《内蒙古社会科学（汉文版）》2004年第3期，第27—31页。

[33] 李彤：《〈史记〉中的占卜者形象》，《船山学刊》2004年第3期，第49—50页。

［34］王祥伟：《晚唐五代时期敦煌佛教的民间社会关怀》，《社科纵横》2004年第4期，第98页。

［35］王晶波：《相术起源与中国古代命运观》，《甘肃社会科学》2004年第5期，第120—124页。

［36］赵贞：《唐五代星占与帝王政治》，首都师范大学博士学位论文，2004年。

［37］郑炳林：《晚唐五代归义军政权与佛教教团关系研究》，《敦煌学辑刊》2005年第1期，第1—15页。

［38］刘永明：《论敦煌佛教信仰中的佛道融合》，《敦煌学辑刊》2005年第1期，第45—55页。

［39］陈于柱：《从敦煌占卜文书看晚唐五代敦煌占卜与佛教的对话交融——以敦煌写本宅经为中心》，《敦煌学辑刊》2005年第2期，第24—32页。

［40］王晶波：《论敦煌相书中的阴阳五行观念》，《敦煌学辑刊》2005年第2期，第42—46页。

［41］赵浴沛：《从秦简〈日书〉看秦代婚姻和家庭人际关系》，《河南师范大学学报（哲学社会科学版)》2005年第2期，第114—117页。

［42］余欣：《敦煌灶神信仰稽考》，《敦煌学辑刊》2005年第3期，第155—160页。

［43］徐春根：《论中国"天人合一"思想的几重意蕴》，《太原师范学院学报（社会科学版)》2005年第3期，第1—4页。

［44］郑炳林、王晶波：《敦煌写本P.2572（B）〈相法〉（拟）残卷研究》，《敦煌学辑刊》2005年第4期，第24—30页。

［45］王晶波：《隋唐五代的相工群体》，《西北师大学报（社会科学

版)》2005年第5期，第68—73页。

[46] 华澜、李国强：《敦煌历日探研》，《出土文献研究》2005年，第196—253页。

[47] 陈于柱：《非逻辑的变通——从敦煌写本宅经"镇宅法"看古代占卜、巫术的互补结合》，《天水师范学院学报》2006年第1期，第60—64页。

[48] 杨泽波：《儒家天人合一思想的道德底蕴——以孟子为中心》，《天津社会科学》2006年第2期，第48—51页。

[49] 金身佳：《敦煌写本宅经中的阴阳宅修造吉日》，《敦煌研究》2006年第2期，第65—71页。

[50] 郑炳林、屈直敏：《归义军时期敦煌佛教教团的道德观念初探》，《敦煌学辑刊》2006年第2期，第91—101页。

[51] 顾钦：《从〈左传〉灾异、占卜、战争记载看兵家阴阳思想》，《上海大学学报（社会科学版）》2006年第3期，第146—150页。

[52] 余欣：《神祇的"碎化"：唐宋敦煌社祭变迁研究》，《历史研究》2006年第3期，第59—73页。

[53] 赵贞：《唐五代官方星占中的星官占卜》，《洛阳师范学院学报》2006年第3期，第114—117页。

[54] 陈纪然：《两汉时期择吉之风探析》，《北方论丛》2006年第4期，第106—109页。

[55] 韩先艳：《〈战国策〉中的占卜》，《辽宁行政学院学报》2006年第12期，第186—188页。

[56] 胥志强：《择日：时间与生命形式》，山东大学硕士学位论文，2006年。

［57］游自勇：《天道人妖：中古〈五行志〉的怪异世界》，首都师范大学学位论文，2006年。

［58］金身佳：《敦煌写本宅经P.3594九方色图试释》，《廊坊师范学院学报》2007年第2期，第37—42页。

［59］刘自兵：《先秦时期的"日者"与择日制》，《山西师大学报（社会科学版）》2007年第2期，第51—54页。

［60］王光华：《禁忌与战国秦汉社会》，《求索》2007年第3期，第218—220页。

［61］房继荣：《英藏古藏文占卜文献述要》，《甘肃高师学报》2007年第3期，第59—60页。

［62］刘永明：《敦煌本〈六十甲子历〉与道教》，《敦煌学辑刊》2007年第3期，第147—154页。

［63］陈践：《敦煌藏文ch.9.II.68号"金钱神课判词"解读》，《兰州大学学报（社会科学版）》2007年第3期，第1—9页。

［64］陈于柱：《敦煌写本宅经与唐五代敦煌居宅神煞研究——以空间神为中心》，《天水师范学院学报》2007年第3期，第9—20页。

［65］金身佳：《敦煌写本宅经葬书与古人的天人合一理念》，《湘潭大学学报（哲学社会科学版）》2007年第4期，第137—140页。

［66］陈于柱：《敦煌写本〈宅经·五姓同忌法〉研究——兼与高田时雄先生商榷》，《中国典籍与文化》2007年第4期，第13—18页。

［67］蔡静波、隋晓会：《论唐五代笔记小说中的占卜民俗》，《渭南师范学院学报》2007年第6期，第52—55页。

［68］张世英：《中国古代的"天人合一"思想》，《求是杂志》2007年第7期，第34—37页。

［69］王立军：《汉字与占卜文化》，《中国教师》2007年第12期，第59—60页。

［70］耿华玲：《楚人占卜方式及心理》，《科技信息（学术研究）》2007年第24期，第100—101页。

［71］成映珠：《藏族苯教占卜研究》，四川大学硕士学位论文，2007年。

［72］周艳萍：《〈赤松子章历〉择日避忌研究》，北京大学硕士学位论文，2007年。

［73］郭友亮：《宋代文人士大夫占卜活动探析》，《社科纵横》2008年第3期，第118—120页。

［74］郭友亮：《宋代皇帝的占卜活动与占卜术的影响》，《求索》2008年第6期，第221—223页。

［75］陈于柱：《敦煌写本〈禄命书·推人游年八卦图（法）〉研究》，《天水师范学院学报》2008年第6期，第38—41页。

［76］沈玉菲：《藏传佛教占卜术考察》，《大众文艺（理论）》2008年第11期，第123页。

［77］汪晓云：《"阴阳五行"的来历与变迁》，《民族艺术》2009年第1期，第33—37页。

［78］彭元江：《从古彝医占卜图解读金沙"太阳神鸟"》，《文史杂志》2009年第2期，第16—18页。

［79］陈于柱：《敦煌写本禄命书〈推人九天宫法/九天行年灾厄法〉研究》，《敦煌学辑刊》2009年第2期，第20—27页。

［80］魏静：《敦煌占卜文献中地势五音占卜法相关问题考析》，《敦煌学辑刊》2009年第2期，第28—38页。

［81］唐群、王遂社：《唐宋之际的文化变革》，《西安文理学院（社

会科学版）》2009年第3期，第11—14页。

　　[82] 宋志明：《佛教的传入与中国人的需求》，《太原师范学院学报（社会科学版）》2009年第5期，第12—14页。

　　[83] 陈于柱：《从上都到敦煌——敦煌写本禄命书S.5553〈三元九宫行年〉研究》，《兰州大学学报（社会科学版）》2009年第5期，第65—73页。

　　[84] 章秀霞：《从花东甲骨看殷商时期甲骨占卜中的若干问题》，《中州学刊》2010年第6期，第171—174页。

　　[85] 陈伟：《放马滩秦简日书〈占病祟除〉与投掷式选择》，《文物》2011年第5期，第85—88页。

　　[86] 郭正谊：《中国占卜的起源》，《科学与无神论》2001年第5期，第11页。

　　[87] 任蜜林：《〈尚书纬〉形成考》，《哲学动态》2011年第10期，第39—44页。

　　[88] 赵兰香：《从睡虎地秦简〈日书〉探析秦人的价值观和价值体系》，《河北北方学院学报（社会科学版）》2012年第1期，第19—22页。

　　[89] 孙长虹：《我国传统经验思维方式及其影响》，《江西社会科学》2012年第4期，第27—31页。

　　[90] 陈于柱、张福慧：《敦煌藏文本S.6878V〈出行择日吉凶法〉考释》，《首都师范大学学报（社会科学版）》2012年第6期，第16—19页。

　　[91] 张林建：《〈尚书纬〉研究》，东北师范大学硕士学位论文，2012年。

　　[92] 张丽山：《中国古代土公信仰考》，《宗教学研究》2014年第2期，第259—265页。

[93] 陈于柱、张福慧：《敦煌藏文写卷S.6878V〈金龟择吉占走失法〉研究》，《中国典籍与文化》2014年第4期，第17—21页。

[94] 宋神秘：《继承、改造和融合：文化渗透视野下的唐宋星命术研究》，上海交通大学，2014年。

[95] 刘圆婧：《〈尚书纬〉初探》，《淮南职业技术学院学报》2017年第2期，第128—131页。

[96] 张巧：《敦煌占卜文献中的占病及其文化》，兰州大学硕士学位论文，2017年。

[97] 赵贞：《国家图书馆藏BD16365〈具注历日〉研究》，《敦煌研究》2019年第5期，第86—95页。

[98] 杨帅：《出土文献所见7—14世纪中国历注研究》，宁夏大学硕士学位论文，2019年。

[99] 吴飞：《董仲舒的五行说与中和论》，《中国哲学史》2020年第4期，第74—82页。

[100] 刘楚昕：《阴阳五行观念在先秦及汉代思想中的演变》，武汉大学博士学位论文，2021年。

[101] 马托弟：《晚唐五代宋初敦煌疾疫医疗史研究》，兰州大学博士学位论文，2022年。

[102] 杜修庆：《敦煌本占候文书整理与研究》，上海师范大学硕士学位论文，2023年。

# 后 记

　　文献，是文化的载体，也是历史的见证。对文献进行整理和校录，有助于挖掘和传承我国丰富的历史文化遗产，也可以为相关研究提供丰富的资料。敦煌莫高窟藏经洞所出的时日宜忌文书，是一类特殊的敦煌占卜文献。不同于其他具有专业性和规律性的敦煌占文，它更像是一部"生活指南"：事象杂芜，使用便利，内容明确，占断全息；既是"民生占卜"，又是"行为规范"；既是珍贵的文献写本，又能从中窥见唐五代敦煌社会诸相。但一直以来，学术界对敦煌写本时日宜忌文书的关注度却未能与其重要价值成正比。敦煌占文中，只有此类占文尚未被系统校录。

　　本书在黄正建先生提出的"时日宜忌"类敦煌占文概念的基础上，从敦煌文献中搜集整理出28件敦煌文书，作为研究和校录的对象。确定研究范围后，即对每一件文书进行整理校录。校录是研究的基础，也是研究的第一个难题，而文书的残损与文字的难以辨识，都给研究带来很多阻碍。通过对文书进行校录并反复核对、修订，本书尝试将事象条目分类细化，以进一步探讨敦煌写本时日宜忌文书的背景、编撰、占断、内涵等，以期为敦煌唐五代时期历史、民俗、社会生活的研究提供具体而微的资料。

书稿是在我博士论文的基础上修订完成的。从选题到成文，都凝聚着我的导师——兰州大学敦煌学研究所郑炳林教授的谆谆教诲与殷切关怀。回首读博求学的日子，充实而又快乐，最感谢的就是我的导师。郑老师以他严谨的学风和强大的人格魅力感染着我，教导我要谦逊认真，不慕浮华，甘于坐冷板凳才能做好学问。还要感谢王晶波教授。她说我"啃了一块难啃的骨头"，热心地给了我很多好的建议。同时，感谢我的授课老师陆庆夫教授、杜斗城教授、王冀青教授、伏俊琏教授和研究所的魏迎春教授、刘永明教授、陈双印副教授，他们给了我很多支持和激励，让我受益良多。张善庆师兄、赵青山师兄，还有刘全波、王金娥、许松等同班同学，都在我撰写书稿的过程中给予文献资料的支持和文字释读等方面的帮助，在此一并感谢！

书稿修改期间，我调入兰州大学图书馆工作。新的工作岗位与工作内容促使我不断学习、不断拓展。查新报告的撰写是很好的科研训练，完成工作的同时提高了我获取、分析、利用信息的能力。图书馆工作的实践经验带给我很多新的感悟，前辈和同仁的指导也让我进步颇多。计量分析法、比较研究法、内容分析法、系统分析法、案例研究法等情报学的研究方法也进入了我的视野，丰富了书稿的内容。所有的遇见都是最好的安排，感恩兰州大学图书馆领导的支持和同仁的帮助！

书稿的顺利完成，还要感谢我的父母、爱人和孩子。感谢父母的鼎力相助，从东北到兰州来帮我照顾孩子，让我有时间进行学术研究；感谢爱人无条件的包容，从求学到工作都给予我一如既往的支持；感谢两个乖巧懂事、内心阳光的儿子，他们的快乐成长，最使我心安。

每每思及此，心中充满感激。

时光如白驹过隙，今年已是我博士毕业的第十年。十年磨一剑，本书虽不甚完美，却是对先前学习和研究的纪念。由于个人水平有限，书稿中必然还存在一些错误或疏漏，将文书与唐五代历史的结合也不够深入，有待进一步研究，敬请批评指正。

宁宇

二〇二三年十二月